新幹線全史

「政治」と「地形」で解き明かす

竹内正浩 Takeuchi Masahiro

NHK出版新書
706

はじめに

本書は新幹線の路線の成り立ちに焦点を当てた一冊である。どのように新幹線の構想が生まれ、やがて実現するにいたったのか。最初に開業した東海道新幹線の予想を超えた成功を受け、新幹線を取り巻く内外の環境がどのように変容して現在にいたったのか。新幹線の路線経路や停車駅の位置や名称がどのような過程を経て決められていったのか。こういった点を徹底的に深掘りした。

新幹線を扱う一般向けの書籍で、明治時代の高速鉄道計画の歴史から書き起こしたものはあまりなかったのではないかと思う。その意味で「全史」と謳ったのである。落胆させるようで申し訳ないが、もとより新書一冊で新幹線のあらゆる事象を語り尽くせるはずもない。それに、すでに諸先輩方が、新幹線のさまざまな分野に関する良書をものしておられる。あるいは「路線史」とでもしたほうがよかったのかもしれないが、いずれにせよ、書名に「全史」を謳うことについて、読者諸兄姉の御賢察と御海容を願うしだいである。

最初に実現した東海道新幹線が着工されたのは、昭和34年（1959）である。それから60年以上が過ぎた今も新幹線は建設されつづけている。新幹線の歴史イコール日本の戦後の歴史であるというのは言い過ぎだとしても、日本の戦後の歩みの一面を象徴しているのはまぎれもない事実であろう。

本書の第一部では、明治時代の高速鉄道に始まり、「弾丸列車」の名前で知られた戦前の新幹線構想を語った上で、最初の新幹線である東海道新幹線が誕生し、およそ10年後に博多まで延長開業する歴史を扱っている。新幹線といえば、一直線の線路という漠然とした印象があるが、細かく見ると、一見不可解な曲線区間がつづいていることも珍しくない。そうした区間がなぜ生じたのか。地質や地形によるものなのか、あるいは政治家の介入など人為的な理由によるものなのか。探ってみたら、興味深い結果が出た。

駅の立地も謎が多い。そもそも東京駅にしたところで、最初から新幹線駅に決定していたわけではない。戦前の新幹線計画では東京側の新幹線駅が決まらないまま事業が始まり、戦時中に計画が中断する時点になっても結局決めることができなかった。現在の東海道新幹線の計画においても、東京駅とその周辺の混雑が悪化することなどを理由に東京都は新幹線駅併設に反対していたのである。それが一転して、なぜ新幹線の東京駅乗り入れが決定されたのか。

京都駅も最初から新幹線乗り入れが決まっていたわけではない。国鉄は当初、ずっと南に新幹線駅を建設する予定だった。それがなぜ京都駅に併設されることになったのか。

本書でとりわけ心血を注いだのは、政治と新幹線の関係である。東海道・山陽新幹線の建設計画は、東海道本線や山陽本線における輸送量の増大と近い将来飽和に達するというせっぱ詰まった事情が、建設への強い動機付けとなった。国鉄側の事情が大きかったわけだが、東海道新幹線の成功をつぶさに見た政治家が黙って指をくわえているはずもなかった。その後の新幹線建設の局面では、政治の影が見え隠れするようになる。

本書の第二部は全国新幹線網とでもいうべき新幹線拡大路線と、その第一陣として建設が始まった東北新幹線と上越新幹線を取り上げた。主役はなんといっても田中角栄である。「コンピューター付きブルドーザー」と謳われた田中角栄が新幹線建設に果たした役割をつぶさに検証した。

同時に、東北新幹線の那須塩原《なすしおばら》駅や上越新幹線の燕三条《つばめさんじょう》駅といった、政治家や地元関係者の介入が噂された駅に関して、先行研究の助けを借りながら、「噂」に関する真偽の検証を試みてもいる。

第三部は、昭和48年(1973)の石油ショック後の総需要抑制策と昭和57年(1982)の臨調答申で凍結の方針が明示された新幹線建設がいかにして復活を遂げたか。運輸省(国土交通省の前身の一つ）や国会議員が果たした役割とその道筋を追った。

政治もまた人間の営為だから、政治を語る文脈には当然ながら政治家が多数登場する。当時は飛ぶ鳥を落とす勢いだった政治家でも、今となっては、名前すら忘れられている人がほとんどだ。他界した人も多い。そのため、政治家の名前の後ろには、極力、当選回数とか当時の所属派閥、あるいは簡単な経歴を記すよう心がけた。

時代の寵児として一世を風靡したあの田中角栄とて、忘却の例外とはなりえない。総理辞任後も絶大な影響力を行使していた田中角栄が世を去って、早30年なのである。

新幹線は過去の歴史ではない。北陸新幹線や西九州新幹線の未成区間をどうするのか。リニア中央新幹線はどうなるのか。北海道新幹線と並行在来線の問題、開業から30年を超えた山形新幹線の今後のあり方など、新幹線をめぐる課題は山積している。さらに、「山陰新幹線」「四国新幹線」「東九州新幹線」を具体化する話も関係自治体から出てきている。未来の日本国民に是非の判断が求められる案件が目白押しである。

なお本書は、筆者の過去作品を改稿・再構成した部分があることをおことわりする。また、本文中の敬称はすべて略させていただいた。

添付した図には多数の計画線や経路案が掲載されているが、完成した路線以外すべて推定であることをあらかじめおことわりしておく。

新幹線全史――「政治」と「地形」で解き明かす　目次

校閲　金子亜衣
図版作成　手塚貴子
ＤＴＰ　佐藤裕久

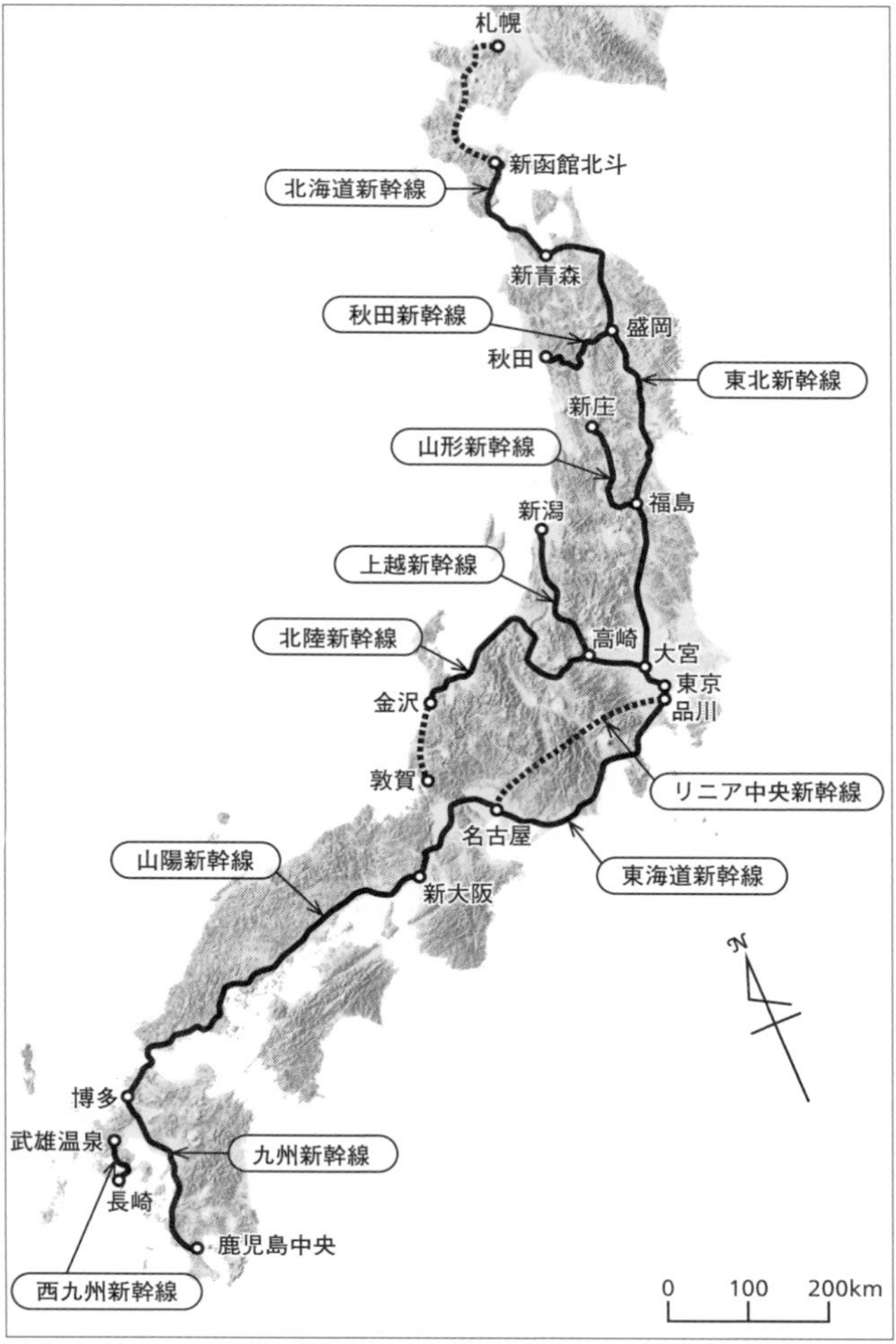
札幌
新函館北斗
北海道新幹線
新青森
秋田新幹線
盛岡
秋田
東北新幹線
新庄
山形新幹線
福島
新潟
上越新幹線
北陸新幹線
高崎
大宮
東京
品川
金沢
敦賀
リニア中央新幹線
名古屋
山陽新幹線
東海道新幹線
新大阪
博多
武雄温泉
九州新幹線
長崎
鹿児島中央
西九州新幹線
0
100
200km

全国の新幹線路線

第一部

新幹線の誕生

第一章　新幹線計画の原点

明治時代に存在した最初の高速鉄道計画

昭和39年（1964）10月1日は木曜日だった。9日後には、日本で初めて開催される東京オリンピックの開会式が迫っていた。

この日、東海道新幹線が開業した。午前6時発の始発列車「超特急ひかり1号」に合わせて、東京駅では午前5時40分から石田禮助《いしだれいすけ》国鉄総裁のテープカットやくす玉割りなどのセレモニーが行われた。当日の東京の日の出時刻は午前5時34分。テープカットの記念写真が夜間撮影のように見えるのは、夜が明けきる前だったからである。

午前6時、「超特急ひかり1号」の発車と同時に、21発の花火の音が東京の空に轟《とどろ》き渡った。はたして何人が気づいたのだろう、この花火は礼砲の代わりだった。21発の礼砲といえば、最高の栄誉礼である。

そして新大阪を発した上り一番列車「超特急ひかり2号」が、4時間かけて、午前10時ちょうどに東京駅に到着。それを見届けると、10時10分から天皇皇后臨席のもと、東京駅前の国鉄本社新館9階大会議室で開業式典が挙行された。石田総裁の式辞につづいて、昭和天皇のお言葉である。

「日本国有鉄道の東海道新幹線が、幾多の困難にうちかって見事に完成し、本日その開業式を迎えるに至ったことは、私の深く多とするところであります。

わが国の鉄道は、近年著しい発達を遂げ、国民生活の向上と産業、経済の発展に多大の貢献をしてきましたが、関係者は、今後更に力を合わせ、輸送力の充実と安全の確保に努め、その使命を達成するよう希望します」

この日は、昭和24年（1949）から翌38年に及んだ国鉄の歴史の中で最も輝かしい一日だったといって過言ではない。

ほぼ60年経った現在においてもなお日本の復興と技術発展の象徴のように繰り返し反芻《はんすう》される新幹線だが、東京～大阪間に高速鉄道を走らせる計画は、東海道新幹線以前にも存在した。「新幹線」は、高度経済成長時代の専売特許ではなかったのだ。

明治40年（1907）、安田財閥を一代で築いた安田善次郎《やすだぜんじろう》は、大師《だいし》電気鉄道（京浜急行の前身）を創業した立川勇次郎《たちかわゆうじろう》や甲武《こうぶ》鉄道（中央本線の都内区間の大部分を建設した鉄道会社）を経営するなど甲州財閥の頭目として君臨した雨宮敬次郎《あめみやけいじろう》らと「日本電気鉄道」の設立を申請していた。この鉄道は、東京の渋谷と大阪の野田《のだ》（現在の京橋駅付近）をわずか6時間で結ぶ計画だった。当時、東京の新橋と大阪の間を結ぶ列車は、のちの特急列車に相当する「最急行《さいきゅうこう》」でも12時間以上かかっていた。夢物語のように思えたが、大真面目な計画だった。

出願書によれば渋谷〜野田間の総延長はおよそ463キロである。最急勾配は50パーミル、最小曲線半径は400メートルだった。軌間を広軌（標準軌）の複線とし、各車両200馬力のモーター2個を据え付けた電車3〜4両編成で、集電は第三軌条方式で運行。時速はだいたい80〜110キロ、東京〜大阪間を6時間で結ぼうとしたのである。最も画期的だったのは、優等列車の運転本数が1日数本という時代に、30分間隔で長距離高速列車を運転しようと考えたことであろう。

途中駅は、松田《まつだ》（東海道本線〔現在の御殿場《ごてんば》線〕松田駅付近）、静岡、名古屋、亀山《かめやま》（関西本線亀山駅付近）のみだった。駅を6つにしぼったのは高速運転のためだろうと考えられがちだが、既存の鉄道線への影響を最小限にする目的があったようである。つまり、政府ににらまれる事態を避け、認可を受けやすくするためだった。

設立申請が却下された日本電気鉄道

出願書には、「其ノ建設ノ当初ニ在リテハ官線ノ乗客収入多少ノ減少ヲ免ルヘカラサルは勿論ナルヘシト雖《いへど》モ本計画タル日本電気鉄道ハ長距離乗客ヲ目的トスルモノナレハ官線ハ此《こ》ノ電鉄ノ建設ニ因テ節シ得タル余力ヲ以テ貨物運輸ノ方面ニ傾注セハ彼此《ひし》得失相償フニ至ルヘキハ勿論是ノ便利ナル機関ノ建設ハ社会ノ交通状態ヲ一変シ長距離乗客ノ増加スルト同時ニ短距離乗客モ亦《また》増加シ互ニ因果トナリテ相共ニ事業ノ盛況ヲ見シハ確然疑フヘカラサルコト」とあった。

つまり、当初多少は官鉄の旅客収入の減少を生じさせるかもしれないが、旅客の一部を日本電気鉄道が引き受けることで官鉄の東海道本線に余力が生じ、貨物輸送を拡充できる、この便利な交通機関により交通事情は一変し長距離の乗客も短距離の乗客も相乗効果で増加は確実と訴えたのである。

この考えは、のちの新幹線の前触れというか新幹線開業後の状況を50年以上前に先取りしたともいえる卓見である。さらに、当時の世間を騒がせていた広軌改築論（当時の1067ミリの軌間では輸送量が小さく、高速が出せないと、欧米で主流の「広軌」〔1435ミリの軌間。現在では標準軌ということが多い。本書で広軌といえば、標準軌を指す〕に線路を改築すべきという論を軍部や後藤新平《ごとうしんぺい》らが唱えていた）を踏まえた上で、蒸気機関車による輸送力の限界を指摘し、広軌による高速度電気鉄道の必要性を訴える文言も並んでいた。出願書に添付された「日本電気鉄道線路図」を見ると、路線の経路選定は非常に現実的で、この鉄道が当時の技術水準からみてもけっして夢物語ではなかったことが推測できる。

具体的に経路を見ていこう。東京側の駅は広尾《ひろお》である。出願書に「下渋谷村《しもしぶやむら》」(実際には明治22年(1889)の町村制以降、下渋谷村は行政上の村としては存在せず、渋谷村の大字《おおあざ》だった)とあるところを見れば、出願前年の明治39年(1906)に旅客営業を開始したばかりの恵比寿《えびす》駅の北側あたりである。

その後は相模川《さがみがわ》を横切るあたりまで南西に直行。現在の東海道新幹線よりやや北側を通る経路である。神奈川県内の駅は松田のみ。当時は松田村《まつだむら》だったが、足柄上《あしがらかみ》郡の郡役所が置かれていた主要集落だった。明治22年(1889)の東海道本線の停車場開設とともに発展し、日本電気鉄道出願後の明治42年(1909)に町制を施行している。松田に新鉄道の駅設置を計画した理由は、東海道本線の乗り換え客が期待できたことも理由の一つだろう。

その先、東海道本線が沼津を経由したのに対し、日本電気鉄道は都市には目もくれず、富士山と愛鷹山《あしたかやま》の間の鞍部《あんぶ》を横断する経路を採用した。このあたりは富士山の原生林が鬱蒼と繁り、人家もほとんどなく、駅位置を考慮する必要がなかったため、もっぱら短絡優先でこの経路になったのだろう。

次の停車駅は静岡だった。静岡の先は東海道屈指の難所の宇津ノ谷《うつのや》峠付近を横断し、旧東海道の宿場町だった岡部《おかべ》・島田《しまだ》付近を通過。その後、浜松方面には向かわず西進し、森町《もりまち》を経て、木材の集散地として栄えた二俣町《ふたまたちょう》(現在の浜松市天竜《てんりゅう》区二俣地区)の南で天竜《てんりゅう》川《がわ》を渡る。浜名湖《はまなこ》北岸をかすめ、宇利《うり》峠で静岡・愛知県境を通過。御油《ごゆ》付近（現在の豊川《とよかわ》市内）から旧東海道沿いに岡崎《おかざき》を目指し、その後も北西に進んで東から名古屋駅に合流する予定だった。

名古屋からは関西本線に並走するような経路で亀山駅に到達し、そのまま三重・京都の府県境を越え、木津《きづ》まで西進して、脇目も振らず終点の野田を目指した。

残念ながら日本電気鉄道の設立申請は却下され、計画は日の目を見なかった。その理由として、出願前年の明治39年（1906）に制定された鉄道国有法の第1条「一般運送ノ用ニ供スル鉄道ハ総テ国ノ所有トス但シ一地方ノ交通ヲ目的トスル鉄道ハ此ノ限ニ在ラス」に抵触することが大きかった。つまり、地域交通目的の鉄道を除き、幹線鉄道は官営でなければならないという規定である。さらに、大都市圏の既存の鉄道事業者からの有形無形の妨害があったとも伝わる。

出願書で興味深いのは、遅くとも「明治四十五年大博覧会」に間に合わせると書き添えていたことである。後年の東海道新幹線が昭和39年（1964）の東京オリンピックを目指して建設工事を急いだ歴史を彷彿とさせる。

「明治四十五年大博覧会」は、明治45年（1912）に東京で開催予定だった「日本大博覧会」のこと。経費が増大して準備が遅れていたことや、明治41年（1908）に西園寺公望《さいおんじきんもち》内閣から桂太郎《かつらたろう》内閣へ政権が交代したことによる方針転換も影響し、博覧会は5年先まで延期となった。そのため3度目の出願書では、その部分が「明治五十年大博覧会」と書き直されている。「明治50年」（1917）の天皇即位50年を記念した博覧会に模様替えしたわけだが、こちらの博覧会計画も明治45年（1912）7月の明治天皇崩御で沙汰止みとなった。因みに博覧会会場は、南豊島《みなみとしま》第七御料地《ごりょうち》（旧代々木《よよぎ》御料地）と旧青山練兵場《あおやまれんぺいじょう》が予定されており、予定地はその後、明治神宮の内苑と外苑に充てられた。

幻に終わった民間資本の画期的計画

日本電気鉄道の設立認可申請はその後もつづいたが、ことごとく却下された。発起人は、日本電気鉄道の建設目的に関して、あくまで幹線輸送力の欠陥を補うものだとし、一朝有事の場合には直ちに軍用の急に応ずることなど、国策への全面協力を謳《うた》ったが、徒労に終わった。関係者の証言では、大正13年（1924）1月に成立した清浦奎吾《きようらけいご》内閣で認可直前までこぎ着けたというが、清浦内閣がその年の6月に総辞職したため、認可は幻に終わった。

大正15年（1926）に出願された計画では、東京の青山《あおやま》（豊多摩《とよたま》郡渋谷町《しぶやまち》〔現在の渋谷区〕）を起点に、西横浜（神奈川県都筑《つづき》郡新治村《にいはるむら》〔現在の横浜市緑区〕）、御殿場《ごてんば》（静岡県駿東《すんとう》郡御殿場《ごてんば》町《ちょう》〔現在の御殿場市〕）、静岡（静岡市）、北浜松（浜松市）、岡崎（愛知県岡崎市）、名古屋（名古屋市）、亀山（三重県鈴鹿《すずか》郡亀山町《かめやまちょう》〈現在の亀山市〉）、北奈良（京都府相楽《そうらく》郡木津町《きづちょう》〈現在の木津川《きづがわ》市〉）を経て大阪の桜ノ宮《さくらのみや》（大阪市北区中野町《なかのちょう》〈現在は都島《みやこじま》区〉）を結ぶ総延長481キロの計画となった。

第三軌条方式の直流600ボルトだった当初の線路規格は、技術革新などを背景に直流架空単線式の3000ボルトの規格に変更されている。このほかの特記事項としては、有力出資者だった安田善次郎が大正10年（1921）に歿《ぼっ》し、出資者の中心が安田財閥から根津《ねづ》嘉一郎《かいちろう》（東武鉄道などを経営）率いる根津財閥に移ったことが挙げられる。

ともかく東京と大阪間に民間資本で高速鉄道を建設しようという試みは、昭和3年（1928）の7度目の申請・却下で途絶えた。推測だが、政府が認可する可能性が完全に潰えたことを発起人らが悟ったことや、震災復興などを契機として、東京近郊や京阪神の中距離鉄道建設に関心が向いたためといったことが考えられる。昭和2年（1927）に発生した金融恐慌による大不況も一因として挙げられるだろう。出願書に名を連ねた有力発起人の一部は破産に追い込まれていた。

最後の出願では起終点が若干変わり、東京の渋谷町から大阪の野江町《のえちょう》（現在の地下鉄谷《たに》町《まち》線野江《のえ》内代《うちんだい》駅付近）までの480キロとなった。大阪側の駅が都心から離れたのは、大阪市会の要望によるものだった。「市営高速度交通線路」（現在の地下鉄谷町線）との将来的な連絡を考慮してのことである。さらに大阪市会からは、市内の経路は地下もしくは高架にすべきことなどが要望された。これらの具体的要望は、民間資本の高速鉄道計画がけっして夢幻のレベルではなかったことを物語る。だが、鉄道は政府の認可事業である。認可が下りなければ手も足も出ない。明治以来の画期的計画は、実現することなく幻に終わった。

輸送量の飽和と、過熱する「不要不急の旅行」

昭和に入ると、大陸で事変が続発した。そもそもの原因は、イギリスが仕掛けたアヘン戦争以降の大清帝国《だいしん》（清朝）の弱体化や、日本の完勝に終わった日清戦争後の列強各国の露骨な権益獲得までさかのぼるのだろうが、直接的な蠢動《しゅんどう》としては明治44年（1911）の辛亥《しんがい》革命に端を発していたといって過言ではあるまい。清朝が倒れて、中華民国が成立した動乱である。ただし「革命」という勇ましい響きとは裏腹に、樹立された中華民国は弱体そのもので、数年おきに政権崩壊を繰り返していた。各地に軍閥が割拠し、自己の勢力圏を支配下に置く国家分裂状態といってよかった。

一方、日本を含む各国は、清朝から手に入れたさまざまな権益を維持する必要があったから、大陸の状況には無関心ではいられない。新天地を求めて自国民が多数大陸に渡っており、居留民として生計を立てている現実もあった。

辛亥革命を起こした孫文《そんぶん》の死後、急速に台頭した蔣介石《しょうかいせき》は、大正15年（1926）に広東省《かんとん》を地盤に軍を組織し、北京《ぺきん》にあった北洋政府や各地の軍閥打倒、いわゆる北伐《ほくばつ》に乗り出す。その中で日本との軋轢は増し、昭和2年（1927）の田中義一《たなかぎいち》内閣による山東《さんとう》出兵につながる。

北伐の動きは万里の長城の北の満洲《まんしゅう》まで及び、奉天《ほうてん》軍閥の頭目である張学良《ちょうがくりょう》が蔣介石の旗下に加わることを表明。危機感を抱いた日本の関東軍《かんとうぐん》は昭和6年（1931）9月、謀略事件により満洲事変を起こして満洲全域を占領し、昭和7年（1932）に傀儡国家の満洲国を建国するのである。

これをきっかけに日本と大陸を結ぶ輸送量は格段に増加する。新天地を求めて満洲に渡る人々の急増や独占的な市場を得ての物流の飛躍的拡大である。

大陸情勢が一旦落ち着いたかに見えた昭和12年（1937）7月、北平《ぺいぴん》（北伐完了後、蔣介石は首都を南京《なんきん》と定め、北京を北平に改称）郊外の盧溝橋《ろこうきょう》で日華両軍の武力衝突が発生。早期停戦の楽観的見通しは破れ、やがて戦火は華北から華中に波及し、日本軍はその年の暮れには首都の南京を攻略する。蔣介石は、南京を脱出して、漢口《かんこう》（武漢三鎮《ぶかんさんちん》の一つ）ついで重慶《じゅうけい》に指導部を遷して抵抗を継続した。

昭和13年（1938）4月には、国家総動員法や陸上交通事業調整法などが帝国議会で相次いで成立。これらの法律は、国内の人的および物的資源の軍用への優先配分や統制方針を定めていた。日本政府は紛争を「支那事変」と呼称したが、「事変」どころか実態は「戦争」、それも空前の総力戦だった。投入された兵員・物資は日露戦争をはるかにしのぐ規模で、長期戦の様相を呈していた。物流も含めた大陸への輸送量は飛躍的に増大し、鉄道の輸送量の飽和が迫ってきた。

九州を除く陸軍の各部隊は、広島の宇品《うじな》から大陸に向けて出征していったから、東海道・山陽本線は全国からの兵馬や軍需品輸送を一手に引き受けるかたちとなる。事変勃発後まもない昭和12年（1937）下期から早くも輸送の逼迫が始まり、おもな鉄道幹線の主要駅には、しわ寄せを受けた滞貨の山が積み上がったという。軍隊輸送や軍需品輸送を優先したこともあって、輸送状況はいよいよ逼迫の度を高めていった。

昭和13年（1938）10月には武漢三鎮を攻略し、各地で提灯行列などの祝賀行事が盛大に催されたが、その先の重慶を攻略できる見通しはなく、戦闘終結の見込みは立たなかった。

日本政府は重慶に脱出した国民政府を「地方政府」「非合法政府」と切り捨て、和平派の汪兆銘《おうちょうめい》を重慶から脱出させて南京に汪兆銘を首班とする「南京国民政府」を樹立。日本政府による「東亜新秩序」に組み込んだが、現実には日本軍の占領地は都市と交通路を押さえたにすぎず、米英両国からの援助を受ける重慶政府との際限ない戦いが継続していた。出口の見えない状況がつづく中、昭和14年(1939)10月には国内一般旅客の行楽旅行を制限する措置が実施された。だが、焼け石に水だった。軍需景気でにわかに懐が暖かくなった一部の層が、温泉地などの観光地にくり出したのである。

翌昭和15年(1940)夏ごろから不急不要の旅行を戒める官製キャンペーンが始まるわけだが、そうしなければならないほど「不急不要の旅行」をしていた人が多かった表れだろう。

急浮上してきた弾丸列車構想

事変勃発以降、大都市圏の郊外には次々と軍需工場が新設され、鉄道による工員の通勤が増加していく。昭和14年(1939)11月のダイヤ改正では、大都市圏の通勤列車を増発させたために輸送密度が急増した。多数の列車を運行させるため、大都市圏内では優等列車の速度を普通列車と同等の速度にする措置がとられた。

現行の線路事情では、主要幹線の輸送力は逼迫し、列車の高速化がはかれないことが明瞭になった。そこで輸送力増強の抜本的な解決策として急浮上してきたのが「新幹線」、いわゆる「弾丸列車」構想だった。

こうした事情が予想されたからだろう。昭和13年(1938)に当時の鉄道省は、東海道・

山陽・北陸・東北・長崎の各本線などの線路容量と今後の予測を立てていた。そして東京～大船《おおふな》間、大府《おおぶ》～名古屋間、草津《くさつ》～京都間など、東海道・山陽本線の一部区間では昭和18年（1943）に飽和してしまい、そのほかの区間も昭和25年（1950）には行き詰まってしまうという結論にいたる。

当初は、在来線の線路を増設して優等列車を別線に移してしまおうということで検討を始めたようだ。つまり東海道本線の複々線化である。ところがそれだと東京～大阪間の所要時間は、どんなに短縮しても6時間くらいが限度だという。

考えてみれば、東京～大阪が6時間というのも驚くべき速さだった。当時の最速列車だった特別急行「燕《つばめ》」の東京～大阪間の所要時間が8時間だったから、2時間もの大幅な時間短縮である。戦後の昭和33年（1958）から走り始めた初代の電車特急「こだま」の東京～大阪間の所要時間でさえ6時間50分だったから、6時間というのは、すでに破格の速度だった。速度問題はどのように解決するつもりだったのだろう。相当の技術革新なしには6時間運転は実現しなかったのではないだろうか。

だが、東京～大阪6時間では鉄道省部内を満足させることはできなかった。日帰りできないようでは意味がないという意見から到達時間短縮を目指す方向になった。6時間でも遅いとなれば、抜本的に計画を練り直すほかない。そこから出てきたのが、「広軌別線」

の考えである。これは、広軌によるまったく新しい線路を建設する計画だった。

昭和13年（1938）12月、鉄道省の企画委員会に鉄道幹線調査分科会が設立され、東海道本線と山陽本線の輸送力強化に関する調査研究が開始された。担当技師に抜擢された稲葉《いなば》通彦《みちひこ》はその年の4月、満洲国と中華民国（日本の占領下で華北に成立した中華民国臨時政府と華中に成立した中華民国維新政府の支配地に限られただろうが）に出張して調査を行っている。広軌による高速運行を実現していた満鉄《まんてつ》（南満洲鉄道）を視察することで新幹線計画に生かす方策を探ったものだろうし、満洲だけでなく、中華民国まで足を延ばしたところを見れば、「鮮満支《せんまんし》連絡」を意識した出張だった可能性もある。

因みに満洲の鉄道は、日露戦争後のポーツマス条約により、ロシアが保持していた哈爾《はる》浜《びん》～大連《だいれん》間の鉄道のうち長春《ちょうしゅん》以南の経営権ならびに鉄道附属地（線路や駅などの鉄道施設に隣接した土地）の行政権が日本に移管されており、満鉄の経営幹部には日本人が多数送り込まれていた。満洲事変後の昭和10年（1935）には、ソビエト連邦が運営していた満洲北部の鉄道も満鉄に譲渡されている。また昭和12年（1937）以降、万里の長城以南の都市部の鉄道沿線の大半は日本軍が占領しており、鉄道も日本側の管理下にあった。

鉄道幹線調査分科会は、昭和14年（1939）7月に鉄道幹線調査会へと昇格。輸送力拡大のための方策が具体的に検討されるようになった。設置理由としては、「東海道本線及山陽本線ニ依ル旅客貨物ノ輸送量ハ逐年増加シ来レル処《ところ》支那事変勃発以来其ノ増加ノ趨勢《すうせい》他ノ線路ニ比シ顕著ナルモノアリ、現在ノ施設ヲ以テシテハ本線路ニ於ケル国有鉄道ノ輸送力ハ近ク其ノ限度ニ達スベキヲ予想セラルルヲ以テ其ノ輸送力拡充ニ関シ速《すみやか》ニ之ガ対策ヲ樹立スル為調査会ヲ設置スルノ要アリ」とある。戦後の新幹線計画の始まりが、第4代国鉄総裁に就任した十河信二《そごうしんじ》の周囲のひと握りの人材だったのと比較すれば、よほど大掛かりな取り組みだった。こうした動きを受け、稲葉通彦は昭和14年(1939)8月、建設局計画課から大臣官房の幹線調査課に異動し、新幹線計画に専念することになる。

戦前の新幹線計画の顚末

昭和14年(1939)11月6日付で鉄道幹線調査会長から鉄道大臣に「東海道本線及山陽本線ニ於ケル国有鉄道ノ輸送力拡充方策ニ関スル答申」がなされた。因みに鉄道幹線調査会長と鉄道大臣の両職とも、立憲民政党《りっけんみんせいとう》の永井柳太郎《ながいりゅうたろう》逓信大臣《ていしん》(阿部信行《あべのぶゆき》内閣)が兼務していた。

答申の内容は以下のとおり。

「東海道本線及山陽本線ノ輸送力拡充方策トシテハ東京下関《しものせき》間ニ線路増設ノ要アルモノト認メ其ノ具体的事項ニ関シ左ノ如ク決議セリ

一　増設線路ハ現在線ニ並行スルコトヲ要セザルコト。

二　増設線路ハ之ヲ複線トスルコト。
三　増設線路ニ於テハ長距離高速度ノ列車ヲ集中運転スルコト、シ貨物列車運転ノタメ高速度運転ヲ阻害セザルコト。
四　増設線路の軌幅ハ一四三五粍《ミリ》トスルコト。
五　前二号ニ関スル工事中ノ過渡的措置ニ就《つい》テハ随時具体的ノ調査研究ヲ要スルヲ以テ之ヲ当局ノ善処ニ俟《ま》ツコト。
六　増設線路及建造物ノ規格ハ之ヲ鮮満ノ幹線鉄道ト同等若《もしく》ハ夫《それ》以上ノモノトスルコト。

　希望決議

一　増設線路ニ於テハ東京大阪間四時間半東京下関間九時間運転ヲ目標トスルコト。
二　本計画ハ物資及労務動員計画ニ重大ナル関係アリト思料《しれう》スルヲ以テ此ノ点ニ就キ充分ナル考慮ヲ払ヒ且速《かつすみやか》ニ之ガ実現ヲ期スルコト。

以上」

　平たくいえば、東京~下関間に広軌の高規格別線の建設と高速の旅客・貨物列車の走行を求めたのである。しかも将来的に「東京大阪間四時間半東京下関間九時間運転」という高い目標を掲げていた。

昭和15年（1940）1月17日に東京駅前の鉄道省（戦後、この庁舎は運輸省〔鉄道省の後身〕と国鉄本社が使用。国鉄民営化後はJR東日本本社となり、現在は取り壊されて丸の内オアゾの敷地の一部）で開催された鉄道会議の席上、東京〜下関間の新幹線計画が「東京下関間新幹線増設ニ関スル件」という議題で議論されている。鉄道会議は鉄道計画などを諮問する会議で、絶大な権限があった。昭和に入ると鉄道大臣が議長を務めたが、それ以前は陸軍の参謀次長が議長を務めることがほとんどで、国防と不可分だった鉄道の位置づけがかいま見える。

有事の際の互換などを考慮して共通の規格を重視する軍部は、当初広軌別線による新幹線構想に難色を示したらしい。しかし広軌による輸送力増大と高速運転、さらに大陸との一貫輸送といった長所を理解し、広軌別線賛成の立場に転換する。

こうして原案どおり了承された新幹線計画の予算案は、第75回帝国議会に上程され、当時の金額で5億5610万円を鉄道改良費に上乗せするかたちで可決された。建設期間を昭和29年度（1954年度）までとする15年計画だった。

鉄道省案では、所要時間は、東京〜下関間9時間、東京〜大阪間4時間半とされたが、東京〜大阪間を3・5時間で走る「特殊列車」を運行するよう要望もあった。これを実現するためには最高時速200キロが必達である。

戦前の新幹線計画が、戦後に実現した東海道新幹線と大きく異なる点は、貨物列車を多数運行する予定だったことと、機関車方式を採用したことである。機関車方式だったのは、電化が一部区間に制限されていたことによる要因が大きかった。電化予定区間は当時の文書に「差当り東京静岡間及び名古屋姫路間」とある。静岡～名古屋間は外洋に面した海沿いの区間が多く、敵艦船からの艦砲射撃による配電施設破壊の危険を避けたのである。

運転の安全及び線路保安に関して講ずる処置の対象が「空爆、洪水、地震、山崩等」となっており、「空爆」を保安に対する最大の障害と見なしていたのは、いかにも戦前という時代を表している。列車は最大15両（機関車は別）、停車駅のホームの長さは４００メートルを想定していた。

戦前の新幹線計画で最後まで決まらなかったのが、東京市内の始発駅と、終点の下関駅の位置と付近の経路だった。結局、始終点駅が決まらないまま、昭和17年（１９４２）3月20日、熱海の新丹那隧道《しんたんなずいどう》（トンネル）予定地で鉄道次官や静岡県知事、工事関係者が出席して起工式が行われている。新丹那のほか、日本坂《にほんざか》（静岡県）、新東山《しんひがしやま》（京都府）という一部のトンネルが先行して着工された。このうち新丹那トンネルは、資材難と労働者不足から昭和18年（１９４３）1月に東京方《かた》６４９メートル、大阪方１４３３メートルまで掘り進んだところで中断したが、日本坂と新東山トンネルは昭和19年（１９４４）に竣工していた。

そのほかの経路では測量や用地買収が進められたものの、実際の工事については着手されることはなく、戦局が厳しさを増した昭和19年（1944）6月には、全面的中断に追い込まれた。戦前の新幹線計画は幕を下ろしたのである。

ただ、途中の相模川《さがみがわ》～早川《はやかわ》（神奈川県内。約24キロ）、伊豆山《いずさん》～函南《かんなみ》（静岡県内。約20キロ）、二川《ふたがわ》～塩津《しおつ》（愛知県内。約30キロ）、大高《おおだか》～笠寺《かさでら》（愛知県内。約6キロ）は用地買収が完了しており、沿線の測量調査が実施されていたことと併せ、戦後の東海道新幹線がわずか5年で完成した要因の一つとなった。

国鉄総裁、十河信二の執念

戦後の復興が軌道に乗るにつれ、東海道本線の輸送需要は日ましに増大の度を加えていた。昭和30年（1955）当時の東海道本線の旅客輸送量は国鉄全体の約25パーセントを占め、貨物輸送量は約24パーセントに達していた。東海道本線の営業キロが国鉄全営業キロの約3パーセント（約590キロ）にすぎなかったにも拘《かかわ》らずである。昭和32年（1957）の東海道本線の列車発着本数は東京～新橋間で片道210本に上っており、飽和に近づきつつあった。戦前と似た状況が再現されていたのである。

昭和31年（1956）5月、国鉄本社に東海道線増強調査会が設置された。これは、東海道本線の輸送力増強の解決策などについて、「広軌別線建設」「狭軌別線建設」「腹付け線増（狭軌複々線化）」など、資金計画などの要素に留意しつつ、さまざまな角度から検討する会合だった。当初有力だったのは、「狭軌複々線化」（在来線を徐々に複線化）だった。のちの新幹線計画につながる「広軌別線」ではなかったのだ。

のちに国鉄総裁を務める磯崎叡《いそざきさとし》（当時国鉄営業局長）は、「狭軌複々線化」が最有力案だった理由として、「現有設備が使えるし、必要な部分から着工、実用化でき、万一工事が中断しても完成部分だけは使えるからで、私たち事務当局の多くはこの案を支持した」と証言する。

結局、増強案は、「狭軌併設」、「狭軌別線」（新たに狭軌別線を敷設する）、「広軌10駅」、「広軌23駅」、「広軌電鉄」（広軌新幹線を建設する）に絞られたが、最終的には「広軌電鉄」、すなわち現在の新幹線に近い案に落ち着いた。

国鉄部内で有力とされた「狭軌併設」案が「広軌電鉄」案に変わった背景には、磯崎曰く、「言い出したら聞かない十河《そごう》総裁のことなので、国鉄部内も次第に広軌別線建設にまとまっていった」ということらしい。確かに組織のトップの意向が反映された面が少なからずあっただろう。むろんそこには、国鉄総裁に就任してまもない十河信二の炯眼《けいがん》と政治的手腕があったことはいうまでもない。

愛媛県出身の十河は、東京帝国大学卒業後に鉄道院に入り、帝都復興院で関東大震災復興事業に携わったのち、満洲に渡って南満洲鉄道理事などを歴任した戦前の鉄道人である。戦後は鉄道の実務から離れていたが、2代続けて引責辞任した国鉄総裁の職に請われて就任したのであった。それが昭和30年（1955）5月。就任時点で満71歳という老齢（当時の平均寿命は男性が満63歳）である。同じ年の12月には、十河信二の説得で国鉄に復帰した島秀雄《しまひでお》が技師長に就任。新幹線建設を技術面で支えることとなった。島秀雄は車輌設計に名を馳せ、戦前の新幹線計画にも深く関わっていた。

新幹線計画を盛り上げた要因の一つに、昭和32年（1957）5月30日に国鉄の鉄道技術研究所が銀座7丁目のヤマハホールで開催した「超特急列車、東京―大阪間3時間への可能性」という公開講演会があったことも忘れてはならない。

最高時速250キロの電車により東京〜大阪を3時間で結ぶことができる可能性を、鉄道技術研究所所員が具体的に論理立てて力説していたのである。事前に車内広告を掲示し、朝日新聞が取り上げるなどして大きな話題を呼んだこの講演会は、世論を新幹線建設に導く最初の着火点となった。

講演会を企画したのは、1月に所長に就任したばかりの篠原武司《しのはらたけし》だった。技術者として昭和5年（1930）に鉄道省に入省した篠原は、後年日本鉄道建設公団《にほんてつどうけんせつこうだん》（鉄建公団）副総裁に就任して、整備新幹線建設に腕を振るった人物でもある。

篠原が鉄建公団副総裁だった昭和42年(1967)5月、兼任していた土木学会会長として、全国におよそ5200キロの新幹線網を張り巡らせる全国高速鉄道網構築構想を発表する。この構想に都市政策調査会長の田中角栄《たなかかくえい》が関心を示し、やがて全国に9000キロの新幹線網を整備するという全国新幹線鉄道整備法案につながっていった。

昭和32年(1957)8月、十河による有力政治家への根回しと、十河の考えに共鳴した中村三之丞《なかむらさんのじょう》の運輸大臣就任で、運輸省に日本国有鉄道幹線調査会が設置され、新幹線を含む輸送力増強・近代化計画が審議されることになった。これは、新幹線問題が国鉄部内から運輸省全体の課題に昇格したことを意味した。

因みに「幹線調査会」の「幹線」は「新幹線」を指す。東海道新幹線建設の局面においても、「幹線調査事務所」「東京幹線工事局」「名古屋幹線工事局」「大阪幹線工事局」といった具合に、新幹線担当の部局名には「幹線」がしばしば用いられた。

また、当初の東海道本線複々線化構想とは似ても似つかない規模のプロジェクトに変貌したとしても、名目は「東海道線改良工事」のままだった。新幹線という新しい鉄道体系を法的に整備するとなれば、既存の鉄道敷設法から全面改正しなくてはならず、手間と時間がかかると判断されたのが一因だっただろう。そういった経緯から、新幹線の線路名称

東海道新幹線路線図

は、昭和39年（1964）3月に「東海道本線（新幹線）」と決定されていた。東海道本線の線路増設という位置づけである。

開業前に新幹線の名称を含んだ法律といえば、開業当日の昭和39年（1964）10月1日に施行された「東海道新幹線鉄道における列車運行の安全を妨げる行為の処罰に関する特例法」（略称：新幹線特例法）が制定された程度である。この法律における「新幹線」とは、「東海道新幹線鉄道（東京都と大阪府とを連絡する日本国有鉄道の幹線鉄道であって、その軌間が一・四三五メートルであるものをいう。以下同じ。）」（第一条抜粋）としていた。あくまで法律の適用範囲を明示するために東海道本線とは異なる新幹線の特殊な規格を述べたにすぎなかった。
幹線調査会の会長には互選で大蔵公望《おおくらきんもち》（鉄道院官僚、南満洲鉄道理事を経て、戦時中は東亜交通公社総裁などを歴任。戦前の鉄道幹線調査会委員にも任命されていた）が選出されている。その後、早期着工方針が決まるわけだが、「昭和39年度まで」という期限が設定されたことからみても、東京オリンピック開催までには開業という空気が濃厚だった。それまでオリンピックとは関係なく検討されてきた事業が、オリンピックに関連付けられたのである。

起工式は昭和34年（1959）4月20日、オリンピック招致が決まる1ヶ月前だった。場所は新丹那トンネル熱海口（東口）と、戦前の「新幹線」起工式と同じ場所だった。戦時中に工事中止命令が出た新丹那トンネルだが、その後も現場では保守・整備が間断なく続けられ、工事再開の時を静かに待っていたのである。

当日の鍬入《くわいれ》は十河信二総裁が行ったが、三度も鍬を振り下ろした挙句、力を込めるあまり鍬の頭が柄から抜けてしまった。

第二章　東海道新幹線

東京のどこに駅を設置するかという大問題

ここからは、戦前と戦後の新幹線計画について、実現した東海道新幹線との関係に触れつつ、経路や駅位置について説明していこう。因みに現在の東海道新幹線は、東京～新大阪515・4キロ（実距離）を最短2時間21分で結んでいる。

戦前の計画では、東京の新幹線駅の位置が最後まで決まらなかったことは先に述べた。そのため、始発駅から相模川までの経路は未定のまま終わった。当時、新幹線駅の最終候補に挙がっていたのは、東京駅、市ヶ谷《いちがや》、新宿駅、高井戸《たかいど》の4ヶ所だった（それ以前には目黒や中野も候補）。戦前の計画では、機関車牽引で貨物列車も想定されていたから、操車場や貨物駅の設置が構想されていた。

市ヶ谷もしくは新宿に旅客駅を設置する場合は、板橋区志村《しむら》に操車場が開設される予定だった。東京駅併設案の場合は足立区西新井《にしあらい》に操車場が予定されていた。高井戸案の場合、中央本線を越えて保谷《ほうや》（現在の西東京市東部）付近に設置予定だった。どの位置に駅を設け

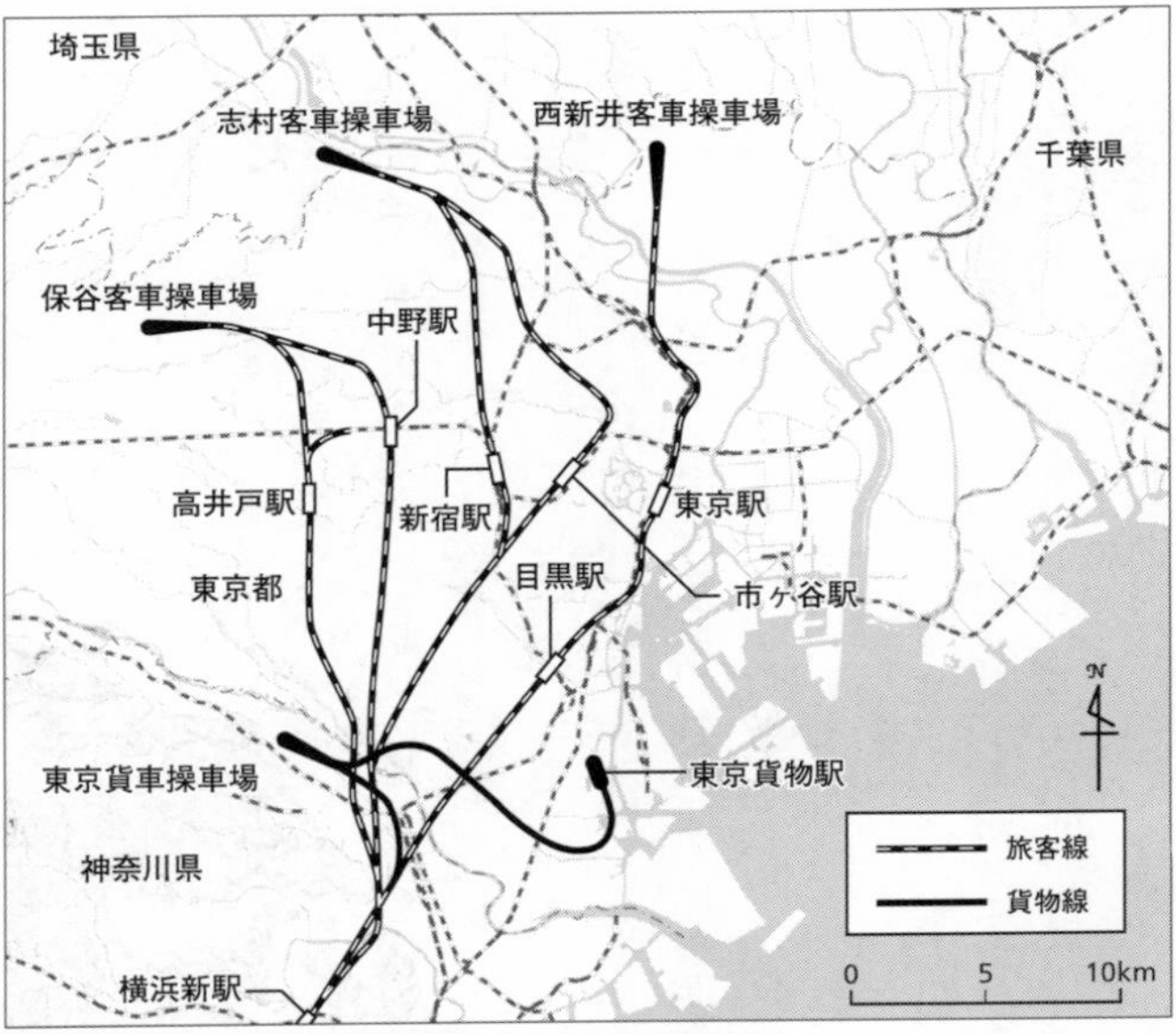

戦前の東京側の新駅の位置をめぐるさまざまな経路案

るかで、付属施設の位置は大きく変動した。

貨物列車用の貨物線も計画されており、その場合は武蔵《むさし》小杉《こすぎ》付近で本線から分岐し、南武線の武蔵中原《むさしなかはら》駅付近に貨車操車場を建設し、大森海岸沖（現在の勝島《かつしま》・平和島《へいわじま》付近）に埋立地を造成して東京貨物駅が設置される計画だった。

この計画に携わった稲葉通彦の戦後の講話では、東京駅併設案について、「当時軍の意向としては空襲を考慮して絶対反対、また東京の市街地に入ることは困ると強硬な反対論があって」と発言しているから、軍部が難色を示した可能性が高い。防空上の問題点以外でも、既存の東京駅に併設することに関しては、設計・施工が難しく、工事費が高い点も懸念された。

新宿駅案も繁華街に面している点が、用地買収や防空上の問題などから懸念された。高井戸案は防空上の懸念もなく、用地買収や工事費の点で長所が多かったが、都心から遠く交通が不便で都心との連絡交通機関を整備する必要があった。

結局戦前の計画は、市ヶ谷案に絞られつつあった。乗り換えの便利さ、防空上の問題、設計・施工の難易度、工事費など、どれを取ってもほぼ満足できる点が評価された。市ヶ谷案といっても既存の市ヶ谷駅に新幹線駅を設置するのではなく、市谷濠《いちがやぼり》から外濠公園あたりの地下に新駅を新設し、多摩川付近までの約20キロをトンネルで結ぶ計画だった。

昭和30年代に新幹線計画が再び始動すると、東京都内の経路は、山手ルート、中間ルート、東海道本線ルートを基本に検討され、三つのルート上に多数の新幹線駅案が検討された。山手ルートの新幹線駅候補としては、ワシントンハイツ（旧代々木練兵場。現在の代々木公園）、淀橋《よどばし》浄水場（現在の新宿副都心高層ビル群）、新宿駅西口広場、明治神宮外苑。中間ルートの新幹線駅候補として、市ヶ谷付近（現在の防衛省用地もしくは外濠）、代官町《だいかんちょう》付近（現在の北の丸公園）、竹橋《たけばし》付近（現在の地下鉄東西線竹橋駅付近）、飯田町《いいだまち》貨物駅（現在のアイガーデンエア)。東海道本線ルートの新幹線駅候補は、品川駅、汐留《しおどめ》貨物駅(現在の汐留シオサイト)、東京駅、皇居前広場地下だった。

どの案にも難点があり、候補地は東京駅、品川駅、汐留駅の3案に絞られた。国鉄は都心の位置や乗り換えの便などから東京駅を主張したが、東京駅周辺の交通混雑を避けたかった東京都は品川もしくは汐留を主張。東京都は、仮に東京駅に新幹線駅を設置する場合は在来線の東海道本線の大部分の始発を品川駅に移すこと、東京駅の東西間の交通が分断されている現状を改良するため、丸の内の赤煉瓦駅舎を解体して高層ビルに建て替え、南北2ヶ所に東西を結ぶ自由通路を設けることなどを要望していた。国鉄と東京都の溝はなかなか埋まらず、両者の調整に1年以上手間取ったが、昭和34年(1959)12月、東京駅の八重洲口にホームを設けることで決着している。懸案だった始発駅問題がようやく解決したのである。

何もない土地に新横浜駅が誕生した理由

東京の駅位置が決まらなかったために、横浜の駅もなかなか決まらなかった。

戦前の新幹線計画では、横浜の新幹線駅の位置は、既存の横浜駅ではなく横浜線と交差する位置とされていた。計画に携わった稲葉通彦の言を借りれば、「横浜は菊名《きくな》の交差点付近に駅を置く」として、当時から「新横浜駅」が構想されていたわけである。なぜ横浜駅は新幹線駅から外されたのだろう。

戦前の新幹線計画では最初、「現在の横浜駅に連絡する」案と「現菊名駅北西約700メートルの位置に設置する」案の2案があった。後者の案は、現在の新横浜駅の位置と近接しており、戦前からこの付近が最有力候補だった。

『新幹線50年史』には、「東海道本線横浜駅乗り入れ案が当初計画されたが工事上の難点が多いため、東急東横線と横浜線との交点を菊名駅付近とすれば東京西南部住宅街から中原街道により便利に連絡できる」という記述がある。

横浜駅乗り入れを断念させた「工事上の難点」とは、①防空上不利（空襲の危険）、②横浜の代表駅の位置として適当でない、現行の駅位置では発展が見込めない、③密集地通過、④半径1500メートルの急曲線を生じ、距離も長くなる、⑤東横線高架に阻まれ、貨物取扱設備設置困難、といった点だった。

戦後の新幹線計画でも、横浜線との交差位置に「新横浜駅」が設置される案が有力だった。戦前と異なっていたのは、横浜駅の東隣の東神奈川駅が新幹線駅候補の一つだった点である。これは、新幹線の始発駅が新宿付近になることが前提だった。山手線西側の新宿付近に新幹線駅が設置された場合、東京駅をはじめ、山手線東側や東海道本線沿線の利用者が新幹線を利用しづらくなる。解決策として、東神奈川に新幹線駅を設置することで、東京駅方面の旅客需要を取り込もうとしたのである。

こうして「新横浜駅」候補は、戦前以来の菊名〜小机《こづくえ》間の新駅案に加え、東神奈川駅併設案、さらに横浜線の小机駅に併設する3案に絞られた。ところが東京側の始発が東京駅に決まったことでまず東神奈川駅案が消え、小机駅に関しては横浜市側が北過ぎると難色を示し、将来的な拡張が見込める現在の新横浜駅の位置に新幹線駅設置が決まった。

駅の予定地は鶴見川《つるみがわ》水系の鳥山川《とりやまがわ》が流れる一帯で、戦前から戦後にかけて付近に養蛙《ようあ》場《じょう》（食用ガエル〔ウシガエル〕を飼育）があったほどの低湿地である。当時は一面の水田で、人家はほとんどなかった。毎年のように水害に襲われ、新幹線駅がなければ地価など知れたものである。ところがどこからか情報が漏れ、土地買い占めが噂される事態となった。その後の新幹線新駅をめぐる政治家の暗躍や土地投機といったさまざまな問題が、新横浜駅開設の時点ですでに顕在化していた。

実現しなかった箱根を貫く長大トンネル

戦前内定していた相模川から先の経路については『日本鉄道請負業史　大正・昭和（前期）篇』を引用しながら説明していこう。多くの資料が終戦を機に焼却あるいは散逸した中にあっては、具体的な経路を記した貴重な情報源である。

相模川以西の経路は、「横浜市神田（註：相模川以西に横浜市はなく、横浜市内の新幹線沿線に神田という字《あざ》や町名が見当たらないことから、現在は平塚《ひらつか》市内の中郡神田村《なかぐんかんだむら》と思われる）から国府《こくふ》、下中《しもなか》、下府中《しもふなか》を経て小田原駅に至り、さらに足柄下《あしがらしも》郡大窪《おおくぼ》に至る延長二五粁《キロ》」と記してある。この区間の経路は現在の東海道新幹線と同一だが、その理由は戦前に用地買収が終わっていたためである。この区間に東海道新幹線の「モデル線」が先行して建設されたのも、用地買収が完了していたからにほかならない。

小田原から先は、「大窪から米神山《こめかみやま》ずい道（延長一・三粁）、吉浜《よしはま》ずい道（延長三・五粁）、泉越《いずこし》ずい道（三・二粁）、熱海《あたみ》駅、丹那ずい道（延長九・六粁）、函南《かんなみ》、観音松ずい道（延長一・一粁）、三島《みしま》駅、沼津《ぬまづ》北方を経て、吉原《よしわら》駅の西方で東海道本線を越え、砂丘上を海岸線に沿って田子《たご》ノ浦《うら》を経て富士川《ふじかわ》を渡り東海道本線を越えて北側に出て、由比《ゆい》を経て、薩埵《さった》ずい道（延長二・八粁）、興津《おきつ》ずい道（延長一・六粁）を貫き袖師《そでし》に至る」とある。

戦前の計画では熱海駅の設置計画はなかったが、「地形上止むなく現在の裏手五、六米《メートル》高い所を通るように取っている」（稲葉通彦の講話による）。たしかに熱海駅の位置はこの証言どおりだ。現行の新幹線は根府川《ねぶかわ》付近から熱海まで湯河原でやや西に迂回している線形だが、戦前の計画は根府川付近から熱海までは直線の線形だった。湯河原付近の

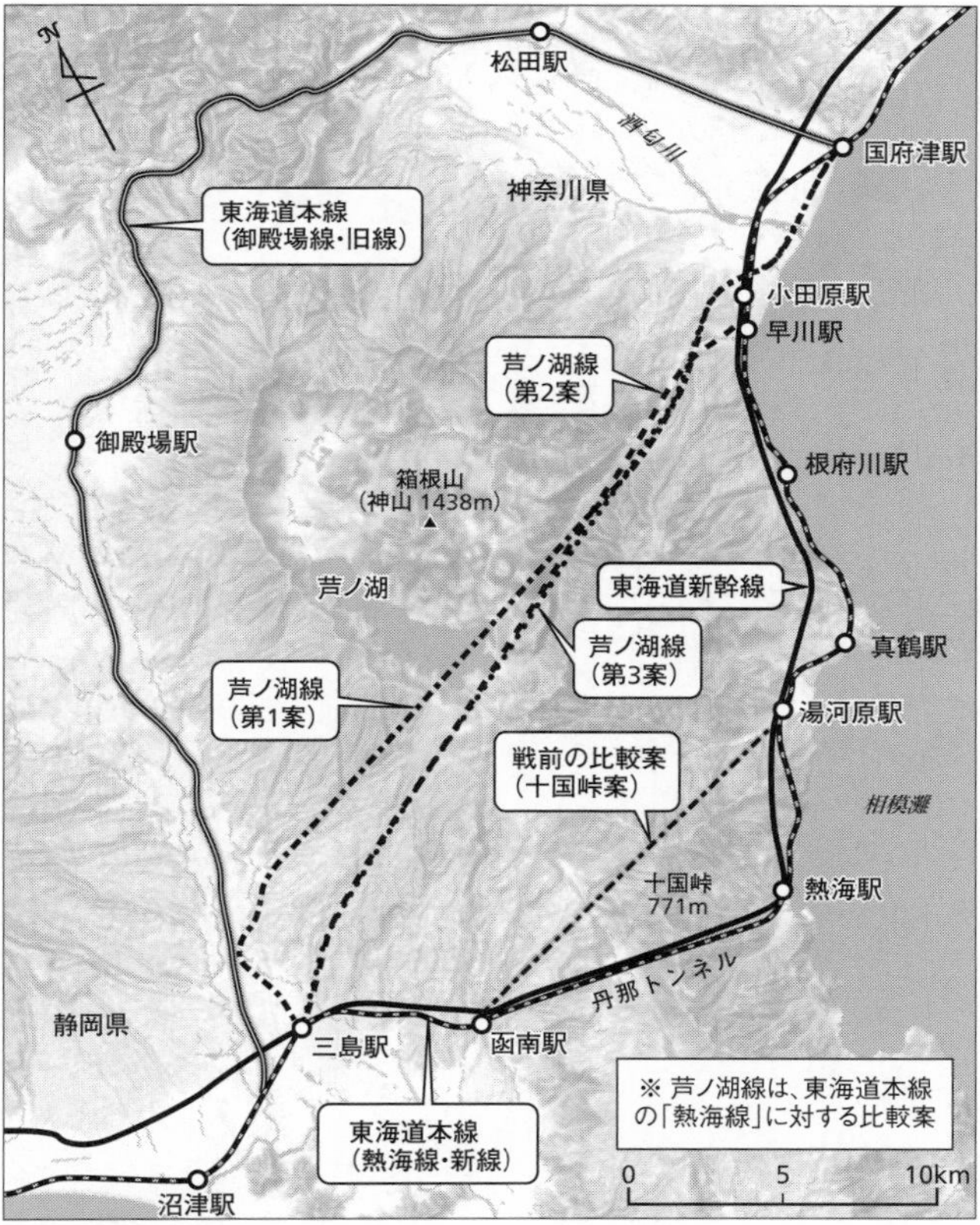

明治時代から鉄道関係者を悩ませてきた箱根越えの経路

山側を抜ける現行の新幹線とは異なり、海側を抜ける計画だったと思われるが、早川付近から湯河原付近までの線路選定は完結しないままだった。

東海道本線が明治22年（1889）に全通した時は、現在の御殿場《ごてんば》線回りだった。それが熱海回りの丹那トンネルが完成して大いに短縮されたわけだが、この経路が国府津《こうづ》〜沼津間の最短経路だったわけではない。直線距離でいうなら芦ノ湖《あしのこ》直下を掘削する経路が最も短く、有力案として検討されていた。結局、地質調査や工期などを加味し、あるいは熱海立ち寄りを強力に推進する熱海在住の三浦梧楼《みうらごろう》（陸軍中将。朝鮮の閔妃《びんひ》暗殺に関与したとされる。後年は政界の重鎮・黒幕的存在）を旗頭とした政治勢力の存在もあって、掘削区間が最も短い熱海経由の現在の経路になったのである。

新幹線計画では、小田原〜三島付近の区間について二つの案が存在した。一つは途中の湯河原付近から函南までの間を直線で結ぶ経路にする案である。つまり十国《じっこく》峠のほぼ直下を約12キロの長大トンネルで掘り抜くのである。稲葉通彦によれば「若い連中」がこの案を支持したという。

昭和14年（1939）6月15日付の読売新聞には、「箱根十国峠を貫き日本一の新隧道　弾丸列車通す一万米《メートル》　愈《いよい》よ実地測量へ」という大きな見出しとともに、十国峠案で決定したかのような記事が掲載されている。

「東京―下関間をわづか七時間四十分で突破しようといふ超高速度弾丸列車を通す新丹那隧道をどこに掘るかは非常な注目を集めてゐたが難工十六年の丹那をはじめ魔の宇佐美を征服した誉れの熱海建設事務所では県下の景勝地十国峠の胴腹《どうはら》にその新丹那を掘り抜かうといふ計画を樹《た》て十四日の会議でいよ〳〵十八日同建設事務所今井主任技師、相川技手以下廿《にじふ》名の測量部隊が十国峠へ登山して実地測量を開始することに決定した、新丹那は湯河原から一直線に海抜七七四メートルの十国峠をぶち抜き、ちやうど現在の十国峠航空燈台の真下を通つて東海道線函南駅付近へ出ようといふ延長実に一万メートル、上越線清水隧道《とんねる》の九千七百三メートルよりも長くまさに日本一の大隧道で、今秋十月末までに測量を終つて明春四月一日から着工、総工費二千万円五ケ年間に完成させる計画だが十国峠の真下にも相当の悪断層があり、かつて丹那征服に三千万円の巨費を投じて六十七の尊い犠牲者を捧げた熱海建設事務所ではこんどの新丹那にもまた悪断層と戦ふ隧道戦士たちによつて悽愴《せいさう》な死闘が展開されようといはれてゐる」

記事は「難関必ず征服　星野所長の決意」という小見出しを付して、さらにつづく。

「星野熱海建設事務所長は十四日午後四時地図を拡げながら今井主任技師とともに語る

現在丹那隧道のある丹那山を掘るのなら既に経験ずみで楽だと思ふがこの方は距離も長いのみか途中に泉越隧道といふ一寸《ちよつと》難物もあるから面白くない、湯河原から十国峠を抜けば泉越隧道を掘らなくても新丹那隧道を一つだけ掘ればよいわけであり、而《しか》も一直線のコースで超快速列車の通る隧道には十国峠が最も理想的である、丹那以上の難工はもとより覚悟してゐる、今日の進歩した隧道掘鑿《くつさく》技術と今までの経験とを以て如何なる困難をも突破し必ず十国峠を征服して見せよう」

記者の作文であろうが、鼻息の荒さが伝わってくるような文章である。

もう一つの案は既存の丹那トンネルの隣に並行して新幹線のトンネルを掘り抜く計画である。東海道本線の丹那トンネル工事の際に出水事故が相次ぎ、67名の殉職者を出したことは広く知られている。

箱根山塊の地質は不明確で悪断層といわれ、未知の危険が潜んでいたが、すでに開通している丹那トンネルに並行して新トンネルを掘削すれば、安全性が高く、なおかつ丹那トンネル工事の際に地下水はほとんど抜けているはずだという目論見もあった。

こちらは丹那トンネル工事の苦労を知っている経験者が支持したという。地質などが明らかでない経路は、完成期限にも影響するので避けるべきだという経験者ならではの見識だった。結局、距離が延びても施工や工期に問題の少ない丹那トンネル並行案に決まった。

丹那トンネルを抜けて最初の駅は当初、沼津の予定だった。当時の沼津は交通の要衝で、なおかつ静岡県東部の中核都市だったからである。ところが、線形などの関係だろう、途中から三島駅に併設する案に変更されている。

三島から先は、戦前と戦後で経路が大きく異なっていた。戦前の計画では、駿河湾沿いの区間は、海岸沿いの小高い砂丘状の砂礫洲《されきす》を通る予定だった。東海道本線に並走するような経路である。ところが現在の東海道新幹線の三島〜新富士間は、海岸から遠く離れて大きく北に迂回し、富士山から長く延びた裾野をかすめるかのように通過している。

なぜ大きく迂回するにいたったのか。それはこの付近の地質が関係していた。線路敷設が可能だった硬い地質の海岸線の帯状の砂礫洲は、すでにほとんど市街化されていた。しかも昭和30年代は、田子ノ浦海岸西部の沼川《ぬまがわ》と潤井川《うるいがわ》の合流する河口部を大規模に掘り込み、工業港を造成する計画が進行していた。

素人目には砂礫洲の北側に線路を建設すればいいと思うのだが、そこは低湿地かつひどい軟弱地盤で、線路の敷設が不可能だったのである。実は砂礫洲の北側は、かつて浮島沼《うきしまぬま》と呼ばれた湖沼群が点在する、東西14キロ、南北2キロの浮島ヶ原と呼ばれた大湿地帯だった。周囲は普通の水田（乾田《かんでん》）ではなく、「湿田《しつでん》」だったため、昭和30年代まで田下駄《たげた》や田舟《たぶね》を用い、腰から胸まで浸かって田植えをしなければならなかったほどだという。現在は排水事業で乾田に転換し、ようやく一部が宅地や工場用地として開発が始まった。

しかし新幹線の経路には溺れ谷による軟弱地盤が深さ50メートルまでおよんでおり、迂回は不十分だった。地質を考慮すれば、現在の東名高速道路の経路あたりまで愛鷹山《あしたかやま》中腹を迂回する必要があったという。

計画の中断とトンネルの在来線への転用

富士川から先は、戦前の計画では「袖師《そでし》から有土《うど》（註：おそらく有度《うど》の誤り）を経て草薙《くさなぎ》付近で東海道本線に並行し、静岡駅、用宗《もちむね》から日本坂ずい道（延長四粁）を貫き、東益津《ひがしましづ》を経て藤枝《ふじえだ》駅の東方で東海道本線を越え、一直線に大井川《おおいがわ》を渡り牧之原《まきのはら》台地を通過、掛川《かけがわ》、袋井《ふくろい》に至る」とあり、これは戦後の東海道新幹線と同様である。

静岡駅は当初在来線の北側に地上で併設する予定だった。だが、昭和15年（1940）1月の静岡大火で静岡駅舎も焼失。復興計画により、高架駅に変更されている。戦前の新幹線計画では、電化区間は東京～静岡間にとどまり、外洋に面した静岡～名古屋間は、防空上の懸念から蒸気機関車による運転だった。そのため、静岡駅には機関区と貨物駅が旅客駅の約3・5キロ東に地上式で計画されていた。むろんこれらの設備は戦後の東海道新幹線では必要ないため、存在しない。

静岡駅から先の区間は、日本有数の大断層帯である糸魚川静岡構造線を横断することになるが、ここは古くから交通の難所として知られていた。

古代の東海道は、海岸寄りの日本坂峠《にほんざか》を通る経路がおもに使われていた。「日本坂」という印象的な名は、日本武尊《やまとたけるのみこと》が東征の際に通ったことに由来するというから歴史は古い。ところが最高所の標高が300メートルを超える険路を嫌ってだろう、しだいに4キロ以上内陸側の宇津ノ谷峠《うつのや》を通る経路が使われるようになり、江戸幕府は宇津ノ谷峠経由を正式な東海道と定めた。宇津ノ谷峠の道もやはり険路ではあったが、最高所は200メートルたらずで日本坂峠よりは通行が容易だった。

明治の東海道本線は、宇津ノ谷峠も日本坂峠も通らなかった。急勾配とトンネル建設の困難さを避けたのである。結果として大崩《おおくずれ》海岸沿いに築堤《ちくてい》を造成して線路を敷設することになった。海岸沿いとはいっても外洋の荒波が打ち寄せる断崖が連続していたから、石部《せきべ》トンネル（910メートル）と磯浜《いそはま》トンネル（970メートル）を掘削する必要があった。いみじくも「大崩」という名が示すように、断層帯の脆弱な地盤が災いして建設工事は難航。落盤事故で12名の犠牲者が出ている。

ところでなぜ江戸時代までの東海道は海岸沿いの経路を採用しなかったのだろう。そんな疑問が浮かぶ。実は大崩付近は断崖がそのまま海に落ちており、通行可能な街道を通すことが不可能だった。ところが嘉永7年（1854）の冬に発生した安政大地震（安政東海地震）で海底が隆起し、突如として数メートル幅の海浜が出現したのである。

戦前の新幹線計画では、大崩海岸そばの石部・磯浜両トンネルの内陸側に日本坂トンネルを掘削する予定で、昭和16年（1941）8月に着工されている。総延長2174メートルにすぎない日本坂トンネルが先行して建設されたのには理由があった。東海道本線の石部・磯浜両トンネルの改良工事を行うための一時的な代替トンネルとして使用するためである。これら二つのトンネルはトンネル断面が狭小で、それがために闊大《かつだい》貨物（制限以上の容積や重量の鉄道貨物）はわざわざ中央本線経由で迂回輸送しなければならない不便が生じていた。さらに両トンネルの間の築堤は崖と海が迫っており、しばしば土砂崩壊が発生して列車が不通になった。やはり海岸沿いの経路には無理があった。

こうした事情から、新幹線の日本坂トンネルを先に完成させて東海道本線の線路を一時的に移設し、その間に石部・磯浜両トンネルを含む在来線路の改良に着手することになったのである。

日本坂トンネル工事は、着工から3年後の昭和19年（1944）9月に開通している。東海道本線と日本坂トンネルをつなぐ築堤が建設され、同年12月に東海道本線の線路が日本坂トンネル経由に付け替えられた。

これらは一時的な措置だったはずである。だが、石部・磯浜両トンネルの改良工事どころか、終戦後は戦争で傷ついた設備の復旧で手一杯だった。むろん新幹線計画も中断（実質的に中止）されたままだった。そのため東海道本線は、20年近く日本坂トンネルを経由しつづけることになった。

石部・磯浜両トンネル区間の大規模な改良工事が実施されて新たに総延長２２０５メートル（上り線）の石部トンネルが完成して供用が開始されるのは昭和37年（１９６２）９月である。このあとようやく日本坂トンネルは、本来の目的である東海道新幹線のトンネルとして改築されることになる。

明治の駅位置が後まで影響した浜松

袋井《ふくろい》から先は、戦前の新幹線計画と戦後の東海道新幹線では大きく経路が異なる。「袋井から西進し、見付《みつけ》を過ぎ天竜川を国道の天竜川橋りょうの上流で渡り、浜松市北方の島《しま》之郷《のごう》に新駅を設置し、浜名湖を東海道本線沿いに横断し、新居《あらい》、鷲津《わしづ》に至る」というのが戦前の予定経路だった。

袋井から先は、西南西方向に線路が延びる東海道本線から離れ、西北西方向に向かう経路で天龍川を横断。そのまま浜松北方の三方原《みかたがはら》台地を西進し、途中、遠州《えんしゅう》電気鉄道（現

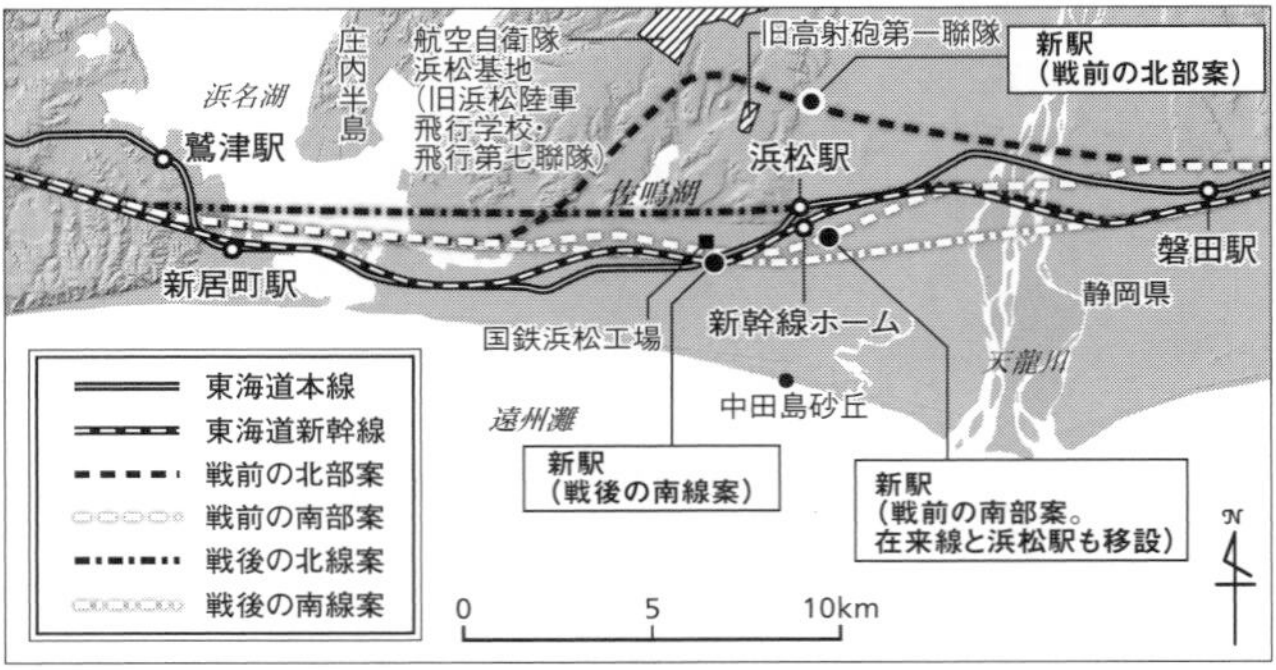

浜松付近の戦前・戦後の北線案と南線案

在の遠州鉄道）と交差する島之郷駅（現在の曳馬《ひくま》駅）付近に新幹線新駅を設置する。その先は浜松陸軍飛行場（現在の航空自衛隊浜松基地付近）の手前から南下し、浜名湖を横断した。横断位置は東海道本線より1キロ程度北側だったから、湖上に長い高架橋を建設する必要があった。

『新幹線50年史』によれば、戦前の新幹線計画の浜松駅は「当初、在来駅に高架乗り入れ案があったが、市の中枢部を横断する欠点があるため、対案として南方約500m付近に総合旅客駅新設案が検討されたが、結局、市外北方約2・6㎞の島之郷付近への高架新駅設置案を採用」とある。

戦前の新幹線計画では、在来線駅とは別に新駅を開設する方針だった。既存の浜松駅の南500メートルに新駅を設置して既存駅ごと移転する「南線案」と、市街の北に大迂回して、既存駅の約2・5

キロ北の遠州電気鉄道交差地点（現在の助信《すけのぶ》～曳馬駅間）に高架新駅を設置する「北線案」が検討され、北線案に一本化されていた。北線案にした場合、新駅利用者は少なくなるが、乗降人員数から見て影響は少ないと判断された。有事の際、艦砲射撃で線路が破壊される事態を想定したのだろうが、極端な迂回である。その危惧は的中し、浜松市街は米英艦船による艦砲射撃で徹底的に破壊された。

戦後の基本計画では、新幹線は既存の浜松駅の約1・5キロ南を通過し、在来線と新幹線が立体交差する浜松駅の約2・8キロ西の国鉄浜松工場付近に新駅を設置する予定だった。これは、線形への配慮や買収費用の軽減とともに、新幹線車両を修繕する浜松工場出入りの便を図るねらいもあった。ところが、この案は、新幹線駅が既存駅から離れることに加え、線路敷の築堤が南北を分断して市街の発展が阻害されることを危惧した浜松市議会や地元の通過予定地区が猛反対する。

浜松市当局は対案として、既存の浜松駅に新幹線駅を併設して、そのまま西に直進して佐鳴湖《さなるこ》南岸を経て浜名湖を渡る「北線案」を提唱する。ところがこの北線案を実現するためには、590戸もの立ち退きを必要とした。さらに浜松湖に広がる牡蠣《かき》養殖場や養鰻場への漁業補償問題も立ちはだかっていた。浜松市は立ち退き料として20億円の捻出を表明するが、通過予定地区の反発は大きかった。

結局、基本案（「南線案」）を修正し、既存の浜松駅に近づけるかたちで新幹線ホームを建設する経路で決着した。天龍川から浜名湖にかけて、新幹線らしからぬ曲線が右に左にうねっているのは、路線をめぐってさまざまな微調整を重ねた結果なのである。

浜松駅の位置が二転三転した原因を探ると、明治時代の東海道本線建設まで遡《さかのぼ》るといえなくもない。当初予定された浜松停車場の位置は、現在の駅より1キロほど南方の市街地の外れだった。浜松は、東に天龍川が流れ、西には浜名湖が広がり、城下町には北から三方原台地の急峻な崖が迫っていた。徳川家康が出世の糸口を摑んだ逸話で知られるように、要害としては非常にすぐれていたが、近代を迎えて、駅の位置は難儀をきわめることになったのである。停車場が市街地から離れることを憂慮した地元住民の誘致運動により、不自然なまでに線路を城下町に近づけて設置されたのが東海道本線の浜松駅だった。

ところが戦後の東海道新幹線計画では、市街に近づけた浜松駅の位置が災いする。東海道本線の線形が浜松駅のところだけ北西側に膨らんでいたため、東海道新幹線のホームは、在来線ホームや既存の駅舎とは150メートルも離れることになった。在来線と新幹線ホームをつないでいたのはわずか1本の跨線橋だけで、両者の間には民家が密集していた。「浜松駅」を名乗ってはいたが、別の駅といっていい状況だった。

新幹線ホームが在来線駅と極端に離れた浜松駅の特殊な構造は、浜松駅高架化事業が完成する昭和54年(1979)までつづいた。在来線ホームと在来線の駅舎を南東の新幹線ホームのそばに寄せる大規模な工事によって難問を解決したのである。

愛知県における戦前の用地買収の実態

浜名湖の先は「鷲津《わしづ》から西北西に進み、二川《ふたがわ》から東海道本線に沿って豊橋駅に至る」とある。愛知県内に入った二川駅付近から先、塩津《しおつ》(註:宝飯《ほい》郡塩津村《しおつむら》。現在は蒲郡《がまごおり》市内)までの約30・1キロは用地買収済みだった。そのため、東海道新幹線は買収済みの区間に建設された。

当時の地権者によれば、用地買収といっても売値交渉などはなく、突然杭を打たれて、相場よりずっと安い国の言い値で一方的な通告だったという。文句でも言おうものなら非国民という烙印を押される時代だった。

豊橋からは、「豊川《とよがわ》を渡り大塚《おおつか》で東海道本線を越え、三谷《みや》、塩津から坂野坂《さかのさか》ずい道(延長二・四粁)を貫き、幸田《こうだ》で再び同本線を越え、野場《のば》から東に曲がり矢作川《やはぎがわ》を渡り、桜井《さくらい》を経て直進し刈谷《かりや》付近で東海道本線を越え、横根山《よこねやま》から同本線沿いに大高《おおだか》に至る」経路である。

一読すると名古屋まで東海道新幹線と同一のようだが、戦前の計画では幸田以西は現行経路より約2キロ南側を一直線に北西に進む経路だった。

戦前の路線が実現しなかった大きな理由は三つあった。一つめは東海道本線をまたぐ刈谷跨線橋が刈谷駅西側に新設され、この上を三重交差しなければならなくなったこと。二つめは刈谷駅付近の経路に織機《しょっき》や自動車関連の大工場が多数新設されたこと。三つめはアメリカ海軍が接収した依佐美《よさみ》送信所の無線塔支持線が経路上にあったことである。東西冷戦期のアメリカ海軍は、この送信所から全世界に展開する潜水艦に向けて超長波の無線を発信していたのだ。

現在の新幹線の経路は、坂野坂トンネルを出てから幸田町《こうたちょう》の市街地を南に避け、幸田《こうだ》駅の南側で在来線と交差し、軟弱地盤をできるだけ避けて永野《ながの》トンネルと羽角《はすみ》トンネルを通過。一路北西に進んで矢作川を渡り、安城市街の南端をかすめ、刈谷市北部の自動車関連工場地帯を迂回して二ツ池《ふたついけ》をかすめて横根山の丘陵を切り通しで抜け、大高駅付近の戦前の買収地に連絡するものである。支障区間を巧みに回避した経路だったことはいうまでもない。

戦後に市街化した名古屋の予定区間

大高《おおだか》から名古屋までの経路は以下のように記されている。

「大高から東海道本線に並行(山側)して進み、天白川《てんぱくがわ》を渡り笠寺《かさでら》付近で同本線を越え、堀川《ほりかわ》と直交し千年《ちとせ》を通り中央臨港貨物線に沿って北進し、笹島《ささしま》貨物駅を高架で渡り名古屋駅裏に至る」

大高〜笠寺間約6・0キロが用地買収済みで、そのまま東海道新幹線に引き継がれた。名古屋駅は昭和12年(1937)に現在の新駅に移転したばかりで、新幹線ホームを2面4線設ける余裕があった。

戦前の計画では、笠寺から先、新幹線はまっすぐ熱田《あつた》方面には向かわず、熱田台地を避けるかのごとく左の低湿地に向きを変え、堀川を渡り、南から名古屋駅へと進入している。なぜ迂回するような経路をたどっているのだろう。

おそらく家屋が密集する東海道本線沿線とは異なり、新幹線の予定経路のほとんどが市街化されていなかったのが理由だろう。当時予定区間は大半が水田になっており、用地買収が容易と考えられたのではないか。戦後の新幹線計画でも戦前同様の経路が採用された。『東海道新幹線工事誌(名幹工)』によれば、「この区間のルートも戦前計画と大差はない」「この地区はビル、工場、家屋が密集しているので専ら図上でルートを選定し、34年一杯で大体の作業を終り37年5月認可を得た」とある。水田だった戦前の予定経路が市街化されていたのは大きな誤算だった。

名古屋市南部の区間は開通後の昭和49年(1974)3月、新幹線による騒音・振動やテレビの受信障害などが受忍限度を超えるとして、名古屋新幹線公害訴訟が提起された区間に当たる。この区間は、東海道本線の貨物線の線増も予定されていた。現在の名古屋貨物ターミナル駅の位置に貨物の八田《はった》操車場を建設して、笠寺〜名古屋間に専用の貨物支線を建設する南方貨物線の計画が実現に向かって動き出していた。新幹線開業後の昭和42年（1967）から用地買収が開始され、鉄道開業百年の節目に当たる昭和47年（1972）10月の開通を目途に工事が進められたが、騒音が悪化するなどの懸念から、未成線のまま現在にいたっている。

『新幹線50年史』によれば、戦前の名古屋駅の計画案は、「旅客駅を海側に高架式で併設し、貨物駅、客車操車場、機関区等を別に新設するというものであった」とある。このうち貨物駅は、庄内川《しょうないがわ》に面した日比津町《ひびつちょう》付近が予定されていた。貨物駅の用地は東海道新幹線の車両基地（名古屋車両所）として使用されている。

関ヶ原を通るか、鈴鹿山脈に穴を開けるか

名古屋から先の区間についての戦前ルートは、以下の内容だった。「この区間は次の二つの比較線があった。すなわち、濃尾《のうび》平野の南端を西南西に進み、養老《ようろう》山脈の南を福王《ふくおう》山麓から鈴鹿《すずか》山脈の八風《はっぷう》峠の直下を一二粁余のずい道で貫き、西進して治田《はるた》（現在の草津《くさつ》）に

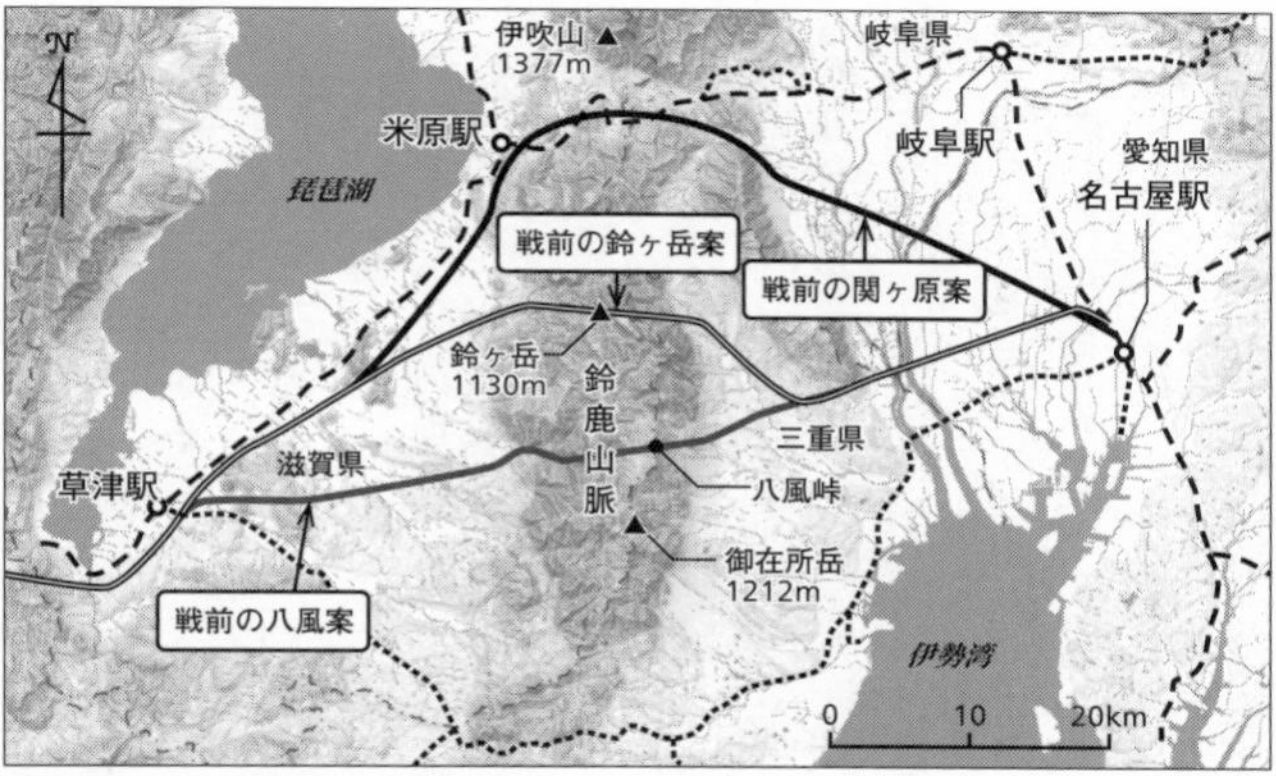

名古屋～京都間の戦前の経路案

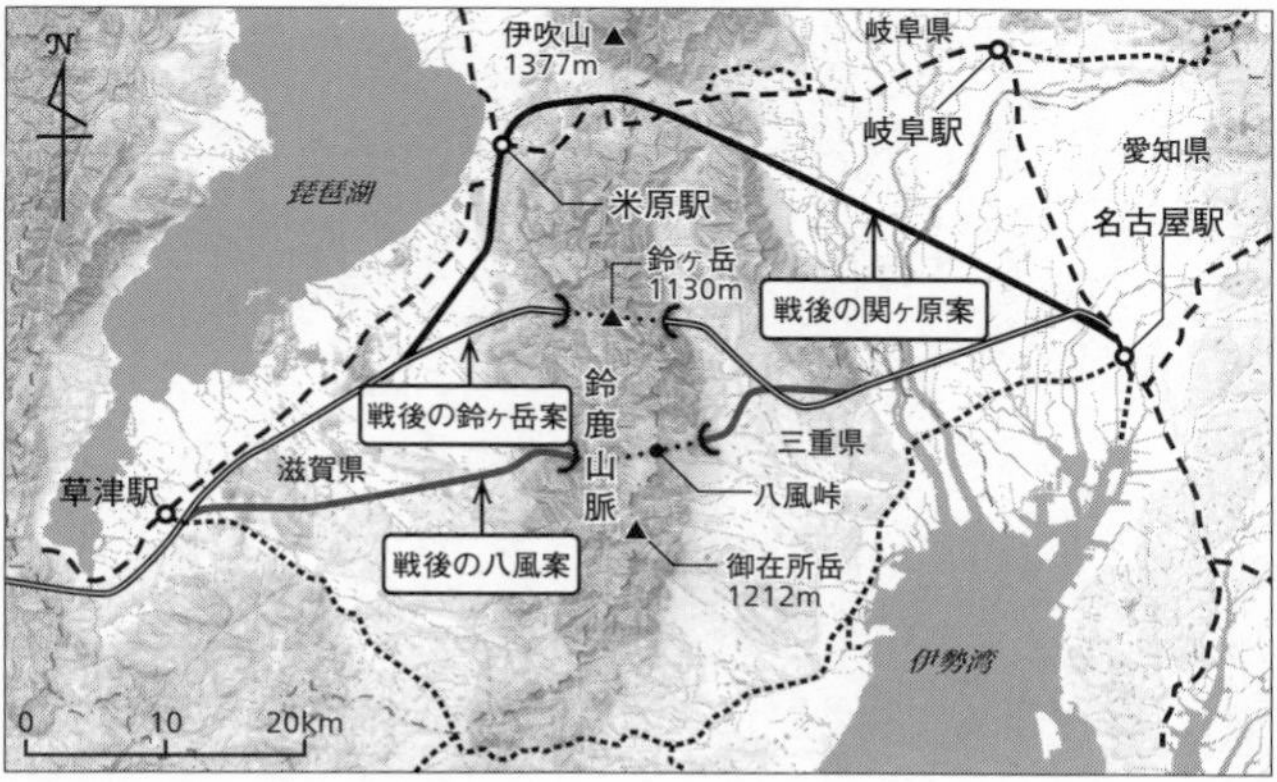

名古屋～京都間の戦後の経路案

至る路線と、このルートよりやや北寄りの本郷《ほんごう》付近から鈴ケ岳《すずがたけ》の下を一二・四粁のずい道で貫き、犬上川《いぬかみがわ》上流の樋田《ひだ》の北方に出て南西進して安土《あづち》付近老蘇《おいそ》、野洲《やす》を経て治田に達する鈴ヶ岳越えの二ルート」である。

ここでいう二つの比較線とは、いずれも鈴鹿山脈を横断する経路である。戦前の計画では早々と関ヶ原《せきがはら》ルートが選外となっていたため、比較対象は鈴鹿山脈越えの経路だった。ただし、「いずれのルートも東海道本線から一〇数粁の短縮となる利点はあったが、ずい道掘さくに当っては多くの断層と湧水などによる難工事と長い工期が予想されたためルートの決定には至らなかった」とある。戦前の新幹線計画では、鈴ヶ岳案が有力だったものの、決定にはいたらず、名古屋～京都間の経路問題は棚上げされたまま、計画自体が戦争で潰えた。

戦後の新幹線計画でも戦前の計画と似た鈴ヶ岳案と八風案の2ルートが考えられたが、むしろ関ヶ原ルートがメインだった。その理由として、両案とも鈴鹿山脈に12キロ余りの長大トンネルを掘らなければならず、工期に自信がもてないことや、鈴鹿山脈は大部分が古生層で地質が複雑な上、断層地帯でもあり、また石灰層が多量の地下水を含んでおり、出水事故が懸念された。

つまり、昭和39年度（1964年度）までの開通厳守という強い縛りと、米原《まいばら》口の北陸本線連絡（当時、湖西《こせい》線は存在せず、北陸方面からの列車は米原乗り換えのみだった）が優先されたのである。東海道新幹線以外の新幹線が想定されていない昭和30年代の国内事情からすれば、選択肢は米原を経由する関ヶ原ルートしかあり得なかっただろう。

戦前の新幹線計画を担当した稲葉通彦曰く、「なぜ南を通したかという、当時の私どもの知識においては、やはり経過地として岐阜、大垣《おおがき》という所は前々から非常にうるさい所で、関ヶ原を回すことは、岐阜までは引き寄せられないにしても、大垣付近まではどうしても引き寄せられるようなおそれがある。だから先《ま》づ最初は南を通しておこう、これには種々批判もあったが、そういう多少政治的な意味も含んで南の一二キロのトンネルを通す、こういう構想であった」。政治的な問題に巻き込まれることを危惧して関ヶ原ルートを避けたことを認めている。岐阜県内の経路と岐阜羽島駅設置で大揉めする戦後の東海道新幹線を予見しているかのようだ。

東海道新幹線の名古屋〜京都間の経路は関ヶ原経由に決まったが、今度はその経路が問題となった。当初の計画案は、名古屋からほぼ一直線に関ヶ原を目指す経路だった。ところが先行していた名神高速道路と同じ狭隘な牧田川《まきたがわ》の谷を通る点や途中で軟弱地盤を通ることが判明したことから修正された。修正案は岐阜県内の経路をやや北に移し、東海道本線の垂井《たるい》駅付近から関ヶ原の谷を越える経路だった。いずれの経路案も、岐阜市や大垣市の中心部から離れていた。

昭和34年（1959）11月の時点で、すでに羽島《はしま》市付近に駅を設置する話が国鉄部内で進んでいた。国鉄の立場としては、新幹線駅を建設するとすれば、名古屋と米原の中間付近が最適だった。米原に近い大垣付近より羽島付近のほうが運転の都合上よかったということがある。大垣南方が極度の軟弱地盤で駅を設けづらかったという話もある。

ところが昭和35年（1960）1月、国鉄の十河総裁が愛知・岐阜両県知事を表敬訪問したところ、岐阜県知事の松野幸泰《まつのゆきやす》（岐阜県議会議長を経て知事1期目）から突然「岐阜県民案」なる私案が提示された。これは、岐阜市に近い経路案を求める岐阜県内の政財界を中心とした「北上《ほくじょう》運動」を取り入れたもので、岐阜市付近まで大きく迂回する経路案である。一方これに対抗して愛知県北西部の関係市町では新幹線通過に反対する北上反対運動が起こって、約1年間紛糾した。

愛知・岐阜両県の対立が解けぬまま、昭和36年（1961）1月、東海道本線清洲《きよす》駅付近から分かれて北西に直行する「最終案」を国鉄が公表して、半ば強引に事態を決着させたのである。これには、地元選出の自民党の有力政治家、大野伴睦《おおのばんぼく》を担ぎ出し、大野の了承を取りつけることで岐阜県側をなだめた面が大きかった。

しかしなぜ岐阜県内の駅が大垣市内ではなく羽島市内だったのか。むろん地質の問題も

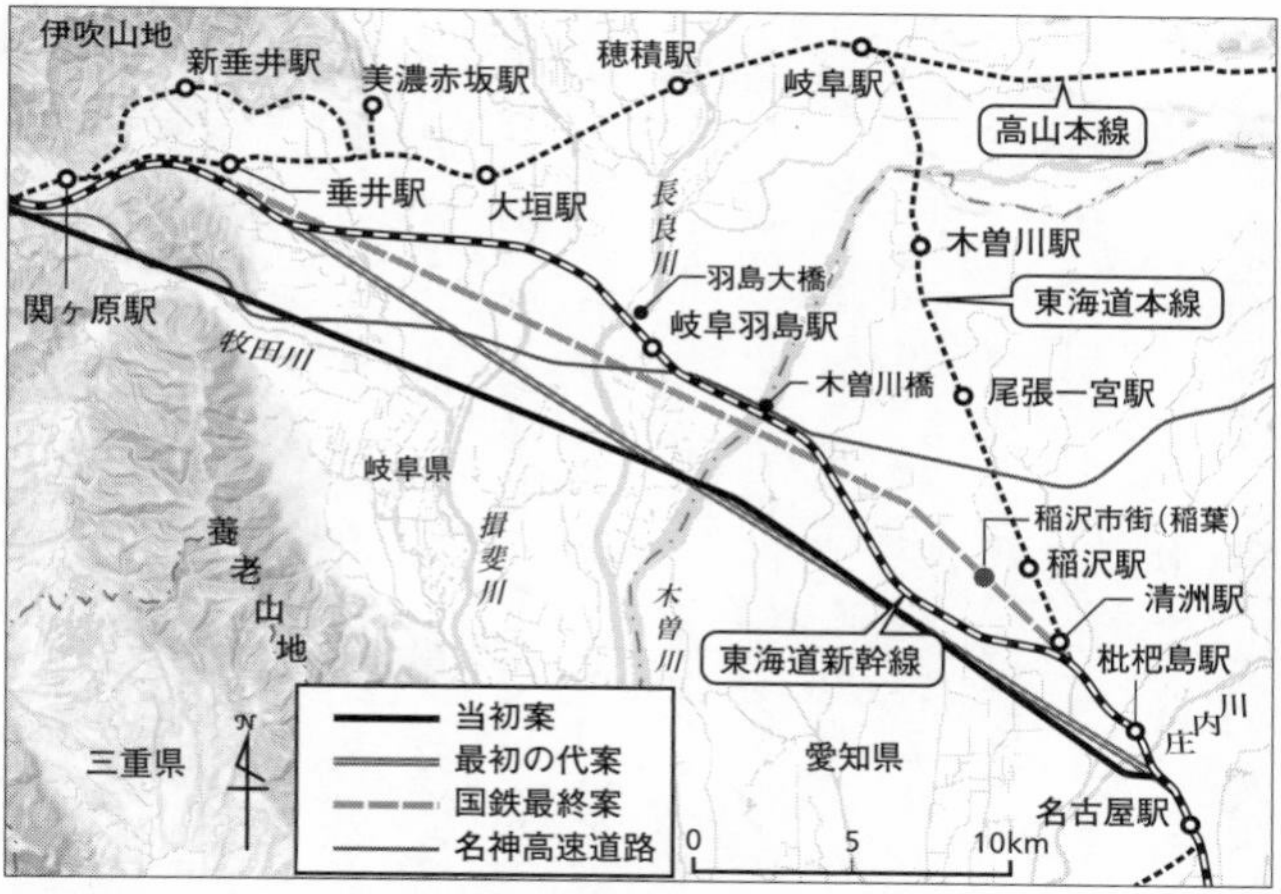

さまざまな理由から紛糾した濃尾平野の経路

あっただろう。それは否定しないが、運転上、国鉄が羽島案を推すのは当然として、大野伴睦にとっても、大垣より羽島のほうが都合がよかったからではないか。

当時の衆議院は中選挙区制で、大野伴睦の選挙区である岐阜一区は、岐阜市や大垣市を含む県南西部一帯の広大な選挙区だった。定数5で、自民党候補も3〜4名立候補しており、同じ党とはいえ選挙戦は激しかった。大野の出身地盤は山間部の美山村《みやまむら》(現在の山県《やまがた》市)で自邸も構えていた(現在も大野邸はその地にある)。ただし美山村の人口は約1万3000人にすぎず、地元票だけでは選挙を勝ち抜けなかった。大野伴睦が抜きんでて選挙に強かったのは、選挙区全域でまんべんなく票を獲得したからだった。

岐阜一区は、岐阜市を地盤とする立候補者が多かったが、県内第二の都市である大垣市にも当落を繰り返していた自民党の候補者がいた。もし大垣市内に新幹線駅が設置された場合、その人物が新幹線誘致の功績を誇ることは容易に想像がつく。大野にとっては、特定政治家の「色」のついた大垣より、誰も地盤にしていない（ということは大野「色」が強い）羽島のほうが都合がよかったのではないか。

大野が羽島案を提案したわけではなかったが、国鉄の意向に乗るかたちで羽島案を受け入れれば、政治家としての手腕や力量を大きく見せる効果があった。それはのちの上越新幹線の浦佐《うらさ》駅と田中角栄の関係に似ている。

岐阜羽島駅頭に大野伴睦夫妻の銅像が建てられたのも、政治力幻影のなせる業《わざ》であろう。大野は新幹線開業を見ずに急逝してしまうが、これ以後大野家と羽島市は強く結びつき、選挙地盤を継いだ子孫（参議院議員）の選挙事務所も羽島市内にある。

「最終案」として提案された国鉄案は、稲沢《いなざわ》市の中心市街を通るため、さらに修正され、小刻みに振れる現在の経路で決着している。平坦な水田地帯なのに一直線ではなくうねっているのは、河川管理の便宜（治水や工期短縮など）を考慮し、長大橋梁を工事予定の道路橋に併設して建設することにしたためでもある。それが名神高速道路木曽川橋《きそがわばし》に並行する木曽川橋梁と、大垣羽島道路（有料道路。現在の県道18号の一部）の羽島大橋《はしまおおはし》に並行する長良《ながら》川《がわ》橋梁だった。地質の問題と河川の問題、愛知県内にあった工業団地を避けたこと、そして工期の短縮と待避線の必要性といったさまざまな要素が相まって、現在の経路と現位置の岐阜羽島駅設置が決まったわけである。

新幹線の路線はなぜ湖岸から離れているのか

戦前の計画では鈴鹿山脈横断を想定していたため、野洲付近でようやく東海道本線付近に出て、京都方面に向かうことになる。「治田《はるた》から草津《くさつ》を経て、瀬田川《せたがわ》を東海道本線の琵琶湖方《かた》で渡り、音羽山《おとわやま》ずい道（延長四・三粁）を掘さく、山科《やましな》盆地を西進して東山《ひがしやま》ずい道（延長一・九粁）を掘さくし、京都駅から東海道本線に沿って大山崎《おおやまざき》を経て新京阪線（註：現在の阪急京都線）に並行して高槻《たかつき》に至る」とある。

　ところが戦後の東海道新幹線は、関ヶ原回りに決まったため、名古屋〜京都間の経路はゼロから構築する必要があった。たとえば当初、新幹線駅として検討されていたのは、米原駅ではなく南隣の彦根《ひこね》駅だった。おそらくもとは琵琶湖に面していた米原駅付近の地盤に不安を覚えたためだった。ところが結局、「北陸本線への乗り換え設備の新設が困難であると判断され、地質的にはやや不良であったが米原に駅を併設することとなった」（『新

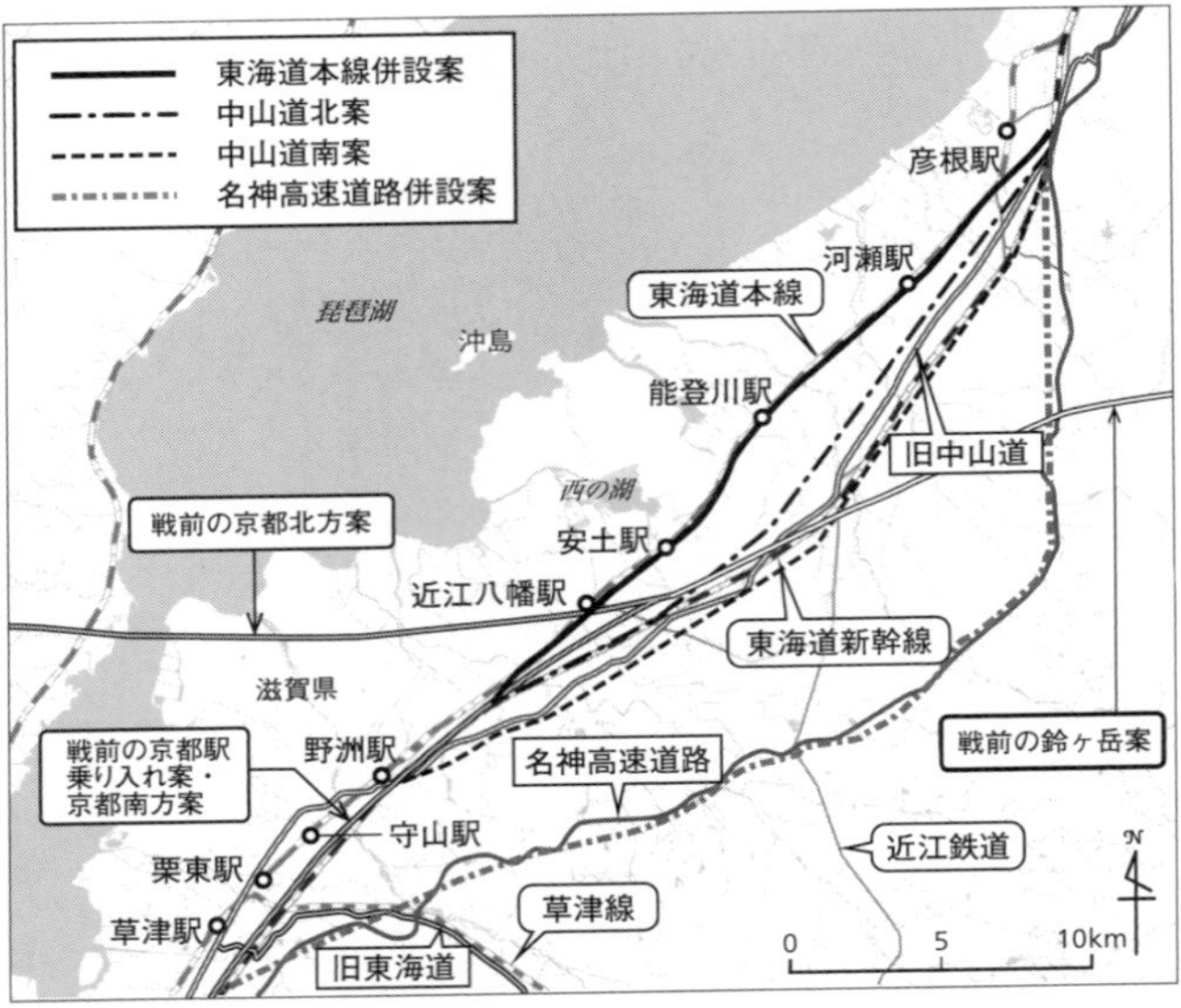

琵琶湖周辺の経路。戦前の経路案とは大きく異なる

幹線50年史』)のである。

滋賀県内の米原〜京都間の経路としては、おもに四つのルートが検討された。琵琶湖に近い順に、従来の東海道本線に併設する案、旧中山道の北側を通る案、旧中山道の南側を通る案、山沿いを迂回して建設中の名神高速道路に併設する案である。

なぜ湖岸近くを通らないのか。『東海道新幹線工事誌　土木編』によれば、「琵琶湖岸沿いは地質が不良で軟弱地盤が多いため、主として標高90m以上にルートを選定することとした」とある。標高90メートルとはずいぶん高いようだが、滋賀県側の標高を見ると、いずれも90メートル近い。

日本一広い面積を誇る琵琶湖の湖面の標高は海面とあまり変わらないと考えられがちだ。しかし実際の湖面の標高は約84メートルもある。それゆえ、標高90メートルの等高線といっても、山間部ではなく近江《おうみ》盆地の低地を通る。おおむね東海道本線と同位置と見ていい。

東海道本線の経路は今でこそ平野部の中央部分だが、かつての内湖の湖岸ぎりぎりに敷設されていた。東海道本線の北側の土地は、内湖が点在して、地盤が不良だった。新幹線駅が最初、彦根駅で検討されたのも、米原駅の位置が干拓前の入江内湖《いりえないこ》すれすれに隣接（往古は湖だった）しており、地盤や線形に難ありとみなされたからだろう。

四つの案のうち、「東海道本線併設案」は、軟弱地盤が多かった点をはじめ、沿線に人家が密集していたこと、在来線の曲線部との間に数多くの袋地が生じてしまうこと、多数の道路の平面交差と立体交差があることから早々と除外された。「中山道北案」も、集落が途中に点在しており、そのたびに蛇行を繰り返すという線形上の問題があった。「名神高速道路併設案」は距離の長さや工費の面などから除外されたと思われる。

結局、地質に優れ、工費もいちばん安価な「中山道南案」に決まった。人家のほとんどが、並行する近江鉄道の琵琶湖側に集中していることから、近江鉄道の東に併設する経路が採用されている。

京都駅は最初の計画では通らなかった

戦前の新幹線計画で、新丹那トンネルと日本坂トンネルとともに先行着工された区間が新東山トンネルである。

新東山トンネルの着工理由は、静岡県内の新丹那トンネルや日本坂トンネルとは異なっていた。もともと東海道本線の膳所《ぜぜ》（大津市内）〜京都間は、新幹線とは関係なく昭和15年（1940）から線路増設工事が始まっており、その一環として昭和16年（1941）7月から東山トンネルの下りトンネル工事が着手されていたのである。ところが昭和18年（1943）1月に新幹線京都駅設置が決まったため、いずれ新幹線上り線用トンネルに使用できるよう急遽設計変更したものが「新東山トンネル」だった。当面在来専用として供用するが、1・2メートル掘り下げれば新幹線に転用できる構造だったのである。

新東山トンネルは昭和19年（1944）8月に竣工し、予定どおり東海道本線用に使用された。新丹那トンネルと日本坂トンネルが戦後の東海道新幹線に使用されたのとは異なり、新東山トンネルはひきつづき在来線が使用している。そういう経緯もあってか、東海道新幹線は、新たな東山トンネルを在来線トンネルより約800メートル南（山科盆地側）に掘削している。

戦前の新幹線計画では、京都の新幹線駅は既存の京都駅の北側に併設され、貨物駅が約

2・5キロ西の西大路《にしおおじ》駅付近に高架線で新設される予定だった。戦前の経路案には、既存の東海道本線に並行する「現在駅乗入案」のほか、野洲《やす》川《がわ》河口付近から琵琶湖を横断する大鉄橋で堅田《かたた》付近に渡り、比叡山《ひえいざん》をトンネルで抜けて修学院離宮《しゅがくいんりきゅう》付近から京都市街北方をかすめて二条城付近から洛西《らくせい》を南下して高槻《たかつき》を目指す「北方案」と、逢坂山《おうさかやま》の南から東山連峰が途切れる奈良線桃山《ももやま》駅付近を経て伏見方面に出る「南方案」の三つの案があった。ただし明治22年（1889）に制定された皇室典範に「即位ノ礼及大嘗祭《だいじょうさい》ハ京都ニ於テ之ヲ行フ」（第十一条）とあり、最大の皇室行事である即位礼と大嘗祭の京都開催が定められている以上、京都市街を素通りする「北方案」と「南方案」は受け入れられなかったと思われる。

なにしろ、「御大典《ごたいてん》」と称された即位礼と大嘗祭は、大日本帝国最大の国家的行事だった。大正3年（1914）に東京駅が開業し、京都駅駅舎が位置を変えて新築されたのも、同年秋に予定されていた大正天皇の御大典（同年4月に明治天皇の皇后である昭憲《しょうけん》皇太后が崩御したことにより御大典は大正4年（1915）に延期）を意識してのことだった。

一方戦後の新幹線計画では、「南案」「併設案」「北案」の3案が検討されていた。南案は、滋賀県境の音羽山トンネル、東山トンネルを経て、京都市南郊の伏見付近を通過し、奈良線稲荷《いなり》駅の北側に奈良線と京阪電鉄線との乗り換え可能な新駅を設置する案である。

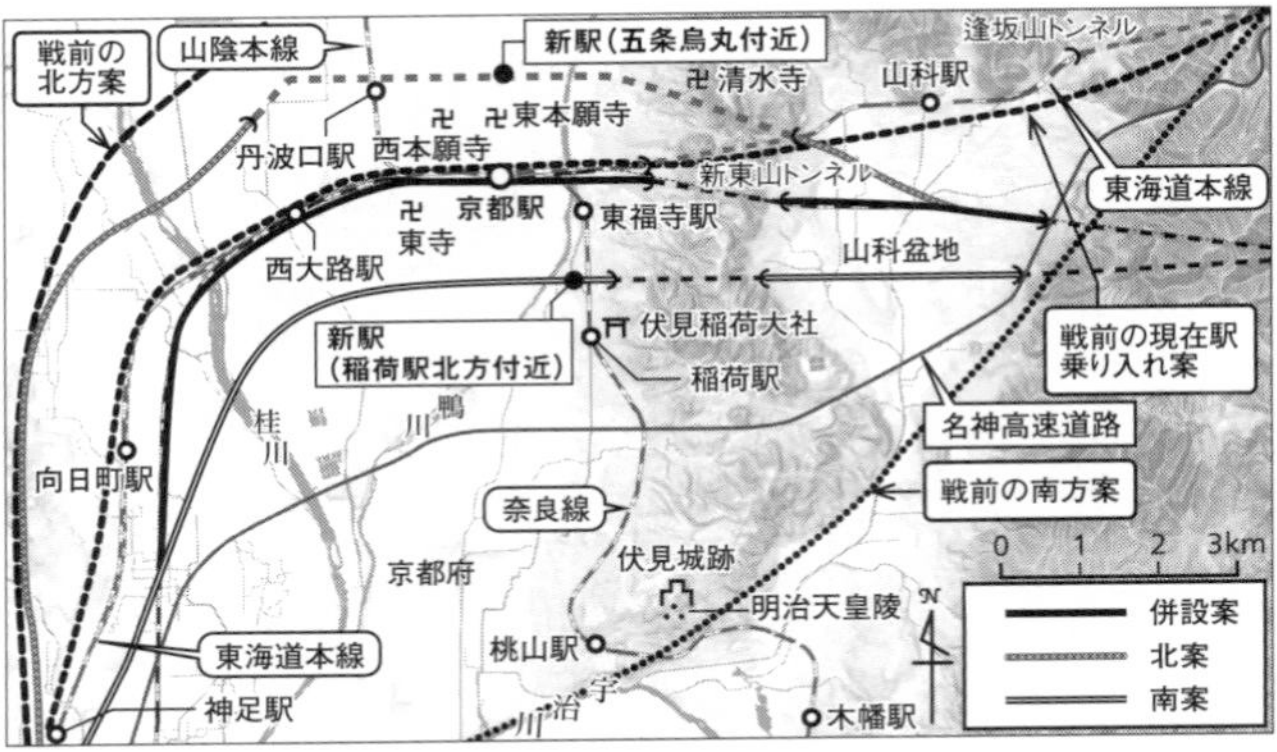

京都の新幹線駅の位置をめぐる戦前と戦後の経路案

距離が最短で、中心市街地を通過しないため、工費、工期、用地買収という面のすべてが有利だった。ただし京都市街から2キロほど離れていたため、乗り換えの不便さが難点だった。

併設案は東山トンネルの出口を在来の東海道本線の南側に併設し、そのまま京都駅の南側にホームを新設する案である。利用者目線では便利なことこの上なかったが、駅南の市街地の用地買収問題や東山トンネル西口の家屋移転、さらに清水焼《きよみずやき》の窯元への補償が予想され、費用や時間がかさむ懸念があった。

北案は山科付近からトンネルで東山を横断。東山五条付近を経て、戦時中の建物疎開《たてものそかい》（空襲の延焼防止目的であらかじめ建物を撤去して防火帯を形成すること）をきっかけに道幅60メートルに拡幅された五条通《ごじょうどおり》の地下を西に進み、五条烏丸《からすま》に地下新駅を設置。丹波口《たんばぐち》の先まで五条通地下に線路を建設する案である。新たな用地買収の必要がないというのはいちばんの長所だったが、工費は最も多額となり、現在の京都駅との連絡が問題となる。ただし、新駅が京都市街の中心部に位置するのは魅力的だった。国鉄京都駅は駅名こそ「京都」を名乗るが、開業当時「七条《ひっちょう》の停車場」と呼ばれたように、上京《かみぎょう》の中心からは外れた場所に立地していた。

工費の面では、南案が一番安く、次いで併設案、北案の順となっていた。国鉄は南案を基本案としたから、当初は京都駅に新幹線が停車しない予定だった。ところが、国際観光都市の表玄関に新幹線が横付けできないのは不便だという地元自治体や政財界からの強い要請もあって、昭和35年(1960)4月に国鉄は京都駅併設案を採用している。

当初、限られた駅しか停車しない「超特急」(昭和39年〔1964〕7月7日の国鉄理事会で列車名を「超特急ひかり」と命名)は京都駅を通過する設定だった。ところが市長や市議会、商工会議所などが陳情を繰り返した結果、開業直前の8月18日の国鉄理事会で京都駅への全列車停車が決定している。

要望された大阪駅とは別の新駅設置

東海道新幹線は東京と新大阪駅を結んでいる。一方、戦前の新幹線は下関まで結ぶ計画だったから、大阪(新大阪)で区間選定を区切ることなく、高槻《たかつき》から兵庫県の魚住《うおずみ》までの区間が一体として計画され、昭和16年(1941)8月に承認されている。

「この区間は高槻からほぼ淀川《よどがわ》に並行して進み、味生《あじふ》に貨車操車場、東淀川《ひがしよどがわ》に貨物駅を設け宮原《みやはら》北部に新大阪駅を設け」とある。

すでに戦前の計画で「新大阪駅」の名称が浮上していた。新幹線が既存の大阪駅を避けたのは、その位置に問題があったからである。

京都~大阪~神戸を結ぶ東海道本線の経路は途中の大阪駅で大きく南に迂回している。淀川(新淀川)を渡って大阪駅に入り、大阪駅を出るとまた淀川を渡る。前後2回淀川を渡り、しかも大阪駅に入る直前には東西両方向に半径400メートルという急曲線がある。これは大阪市街が立地する位置と地形に起因する宿命といってよかった。

大阪駅前後の悪い線形を解決する試みがなかったわけではない。大正7年(1918)には吹田《すいた》~神崎《かんざき》(現在の尼崎《あまがさき》)間に北方貨物線が開通し、大阪駅を経由しない列車運行が可能になる。さらに昭和9年(1934)、大阪駅の北隣に開業していた梅田《うめだ》貨物駅が竣工。大阪駅は旅客専用駅へと変わった。

戦前の新幹線計画では、大阪側の新幹線駅は、東海道本線の東淀川駅の北方で斜めに交差して新幹線駅を設置する案が採用されていた。当時の計画では、客車を高速の機関車が

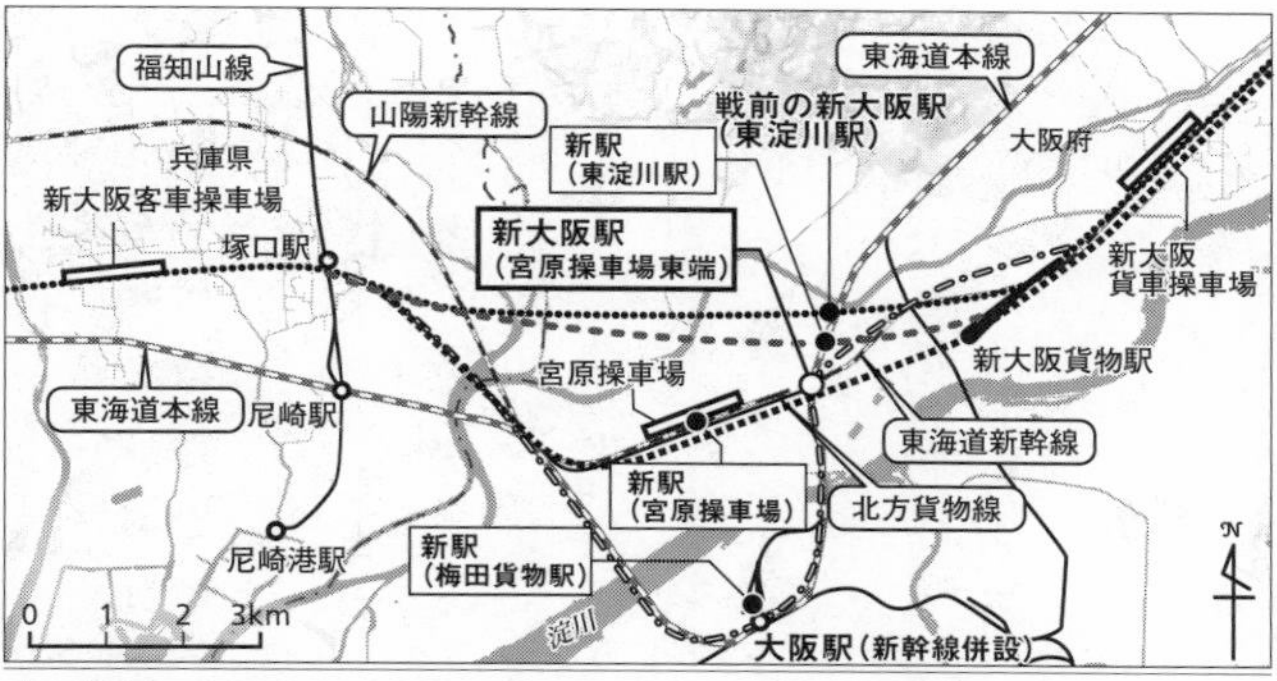

大阪付近は山陽方面への延長を考慮して、さまざまな経路が検討された

牽引する方式だったから、客車操車場を尼崎《あまがさき》市立《たち》花町《ばなちょう》付近に設置し、貨車操車場を現在の摂津《せっつ》市別《べ》府《ふ》(当時は味生《あじふ》村《むら》別府)、貨物駅を現在の東淀川区豊《とよ》里《さと》に新設する予定だった。貨車操車場予定地が東海道新幹線の鳥飼《とりかい》車両基地である。

戦後の新幹線計画では、大阪市内の新幹線駅に関して、おもに四つの案が検討された。「大阪駅併設案」「東淀川駅案」「宮原操車場付近案」「梅田貨物駅付近案」である。大阪駅併設案と戦前の計画をほぼ踏襲した東淀川駅案についてはすでに市街化した土地であり、土地買収が難物だった。また大阪駅併設案にはホーム数が限られる短所があり、列車の円滑な運行を図るためには京都駅の番線の数を拡充する必要が出てくる。梅田貨物駅付近案には、神戸方面に延伸する際、列車の向きを変えなければならないという致命的な欠点があった。

宮原操車場付近案は、国鉄用地を活用できる点が長所だった。その位置をめぐり、さらに2案があった。一つは宮原操車場を移転してその跡地を新大阪駅とする案である。これは宮原操車場の移転先がなかなか見つからないことで断念した。もう一つは東淀川駅の南約700メートルの東海道本線、北方貨物線、宮原回送線に囲まれた三角地帯に新駅を建設する計画である。用地買収が容易で、国鉄用地を転用できる長所もあった。

国鉄側の検討が始まっていた昭和34年（1959）9月、大阪経済振興連絡協議会から、大阪府知事・大阪市長・大阪商工会議所会頭の連名で、新幹線駅の位置に関する要望が国鉄に届いた。国鉄側の案は示されていなかったと思われるが、協議会内部に設置した「東海道新幹線特別委員会」の独自検討結果として、東淀川付近が望ましいとする案が絶対多数意見と明記されていた。既存の大阪駅の混雑がすでに飽和状態で、これ以上状況を悪化させたくないというのが本音だったといえるかもしれない。

国鉄では、梅田貨物駅案を除いた3案を最終案として審議し、宮原操車場付近案（操車場東側に新駅）に内定した。昭和35年（1960）1月のことである。

第三章　山陽新幹線

昭和47年春の開業を死守した理由

山陽新幹線は、新大阪〜博多553・7キロ（実距離）を最短2時間21分で結んでいる。東海道新幹線より約40キロも距離が長いのに所要時間がほとんど変わらないのは、最高時速が東海道新幹線より15キロ速い300キロに設定されているからだ。

山陽新幹線は、設計段階から時速250キロ走行を考慮して建設基準が設計されていた。東海道新幹線の場合、最小曲線半径が2500メートル、最高勾配が20パーミルだったのに対し、最小曲線半径が4000メートル、最高勾配が15パーミルとされたのである。こうした線形の余裕と車両の改良などにより、曲線や勾配が目立つ姫路以東の区間も、現在は最高時速275キロ運転を実現している。

「モグラ新幹線」というありがたくない渾名《あだな》が生まれたのも山陽新幹線からである。なにしろ東海道新幹線のトンネル区間が13パーセントにすぎなかった（それでもトンネルが多いとさんざん叩かれた）のに対し、全区間の50パーセントがトンネルというのだから世間は度肝を抜かれた。当時の鉄道旅行の大きな楽しみが車窓風景だったから、常識外れといわれても仕方なかった。

トンネルが増えた理由としては、土木技術の進歩で理想的な線形を得やすくなったほか、権利意識の高まりなどから新規の用地買収がいっそう困難（費用の高騰や地権者の買収拒否による遅延）になり、トンネルにしたほうが工期や工費を圧縮できるということもあった。

山陽新幹線は、東京〜下関を結ぶ戦前の新幹線計画から胎動が始まったといえる。しかし一部着工にいたった東海道区間ほどの具体的な動きはないまま、戦局悪化で計画は中断。買収した用地も戦後返還されていた。

再び計画が浮上したのは、東海道新幹線開業の翌年である昭和40年（1965）だった。この年を初年度とし、2兆9700億円を投じた国鉄の第3次長期計画（7ヶ年間計画）の一環として山陽新幹線が計画されたのである。昭和40年（1965）当時、山陽本線の大阪〜岡山間は、1日280回前後の運転本数に達しており、輸送限界に近づいていた。東海道新幹線の計画当初と似た状況が生まれつつあった。

昭和40年（1965）8月、東海道・山陽本線の大阪〜岡山間の線路増設が運輸大臣に申請され、翌月認可された。昭和45年（1970）5月に全国新幹線鉄道整備法が制定されるまで、新幹線の位置づけは、在来線の「線路増設」だった。

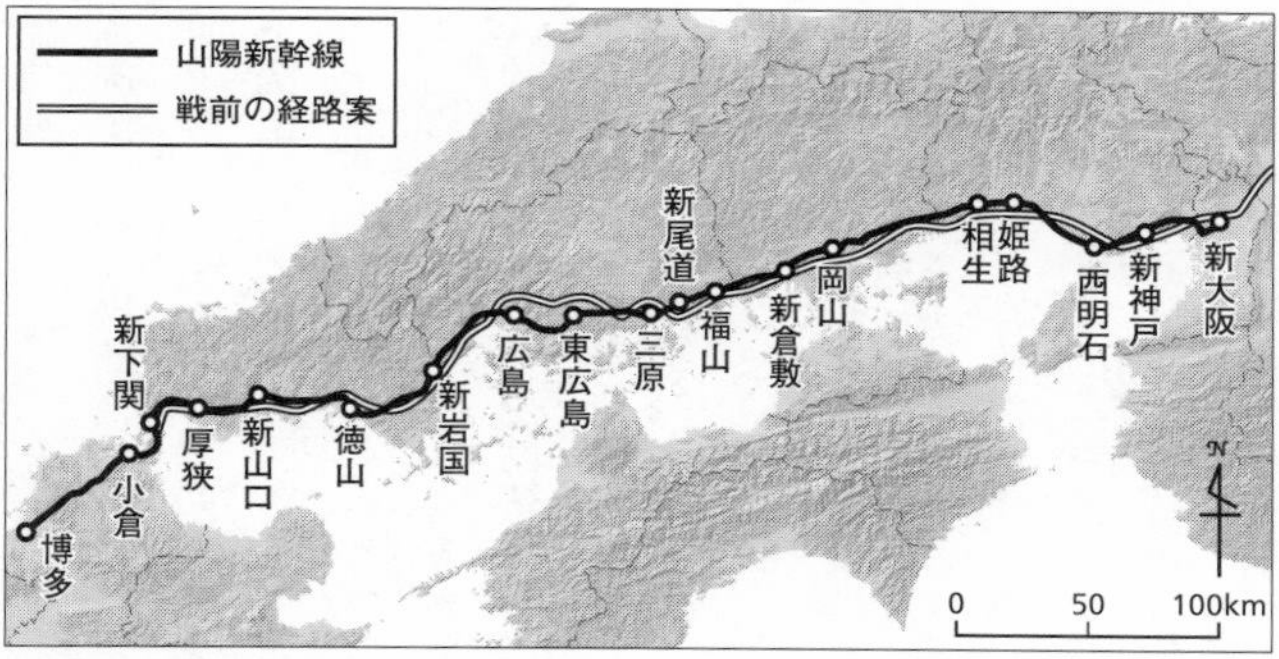

山陽新幹線路線図

山陽新幹線新大阪～岡山間の開業目標が第3次長期計画の最終年度の昭和46年度（1971年度）だったのは、第3次長期計画の目玉と国鉄が位置づけていたためだったからだろう。東海道新幹線が東京オリンピック開会式になんとか間に合わせたように、山陽新幹線の開業も昭和47年（1972）3月15日。ぎりぎり「昭和46年度」に間に合っていた。

ただ、現実は厳しかった。国鉄の財政悪化により、第3次長期計画は昭和43年度（1968年度）をもって打ち切られ、昭和44年度（1969年度）から10年間を再建期間とする「財政再建計画」に移行している。

昭和41年（1966）5月に山陽新幹線の新大阪～岡山間の経路や駅の認可が下り、同年7月、山陽新幹線建設委員会が発足。昭和42年（1967）3月に兵庫県赤穂《あこう》市の帆坂《ほさか》トンネル（長さ7588メートル）東口で石田禮助総裁による鍬入《くわいれ》と起工式が行われ、正式に工事が始まった。

岡山以西の区間については、国鉄財政再建計画の柱と位置づけられた。昭和44年（1969）6月に認可が下り、昭和45年（1970）2月10日、岡山県倉敷市・広島県広島市・山口県下関市・福岡県北九州市で同時に起工式が挙行された。新幹線が通過する4県への配慮だったと思われる。新幹線を起爆剤に地域振興を期待する地方自治体の意気込みが透けて見えるようだ。因みに山陽新幹線建設の合言葉は「ひかりは西へ」だった。「ひかり」が新幹線の代名詞だった時代をしのばせるとともに、新幹線に対する地方の期待の大きさを感じないわけにはいかない。

昭和50年（1975）3月10日の岡山〜博多間の開業で山陽新幹線が全線開通する。最初の認可からちょうど10年かかったことになる。開業当初の最短の所要時間は東京〜博多間が6時間56分、新大阪〜博多間が3時間44分だった。現在はそれぞれ4時間46分、2時間21分と大幅な短縮が図られている。

開業当時から東海道新幹線との共同運用が行われてきたが、九州新幹線の博多開業とともに九州新幹線の「みずほ」や「さくら」が新大阪駅まで乗り入れている。列車本数が目一杯の東海道新幹線とは異なり、列車本数に余裕がある山陽新幹線だからこそ可能だった。

戦前から計画されていた新神戸の位置

新大阪駅以西の区間は戦前このように計画されていた。

「神崎川《かんざきがわ》、藻川《もがわ》を渡り福知山《ふくちやま》線を塚口《つかぐち》の南方で越えて、武庫川《むこがわ》を渡り、阪神急行電鉄の西宮北口《にしのみやきたぐち》を経て夙川《しゅくがわ》、宮川《みやがわ》を渡り岩ケ平《いわがだいら》の西部から六甲山《ろっこうさん》ずい道（延長一四・一粁）を掘さくし、布引《ぬのびき》を経て、神戸駅の北方約二粁に新神戸駅を設け、再びずい道（須磨《すま》妙法寺《みょうほうじ》ずい道・奥畑《おくはた》ずい道）により伊川《いかわ》の谷《たに》に出て、明石《あかし》の北部を通り大久《おおく》保《ぼ》から魚住に至る」

神戸は、背後に六甲《ろっこう》山地が迫り、大半が扇状地の傾斜した土地である。日宋《にっそう》貿易で栄えた大輪田泊《おおわだのとまり》のころから天然の良港として知られていたが、幕末の開港以降急速に発展した。神戸市の人口が１００万人を突破したのは昭和14年（１９３９）で、当時は東京、大阪、名古屋、京都に次ぐ大都市だった。

神戸市は、山陽本線、阪急神戸線、阪神本線という3本の鉄道幹線が東西方向に並行して走り、大阪以西の道路の大動脈である国道2号やバイパス道路も狭い土地を通っている。

戦前の計画では、神戸市街の背後を六甲山トンネルで横断し、山麓の平野《ひらの》に新神戸駅を設置する予定だった。途中で駅位置が神戸港から離れすぎているという声が挙がり、現在の新神戸駅とほぼ同じ布引に駅を設置するよう変更されている。

戦後の山陽新幹線では、神戸付近にはおもに四つの経路案が存在した。山陽本線に沿った「海岸案」、六甲山地の両線の南側の山域をトンネルで通過する「表六甲案」、六甲山直下を貫いて直行する「中央案」、六甲山地を大きく北に迂回する「背山《せやま》案」である。このうち中央案と背山案は、神戸市街の新幹線駅設置をあきらめた経路案となった。人家の密集地を通る実現性の薄い海岸案を別とすれば、表六甲案だけが半地下方式ながら神戸市街の駅設置が可能だった。

中央案は、新幹線駅設置が不可能で、六甲から丹生山《たんじょうさん》にかけて23キロにもおよぶ長大トンネル区間になることから不適格とされた。同様に海岸案も密集地や港湾を高い高架橋で通過することになり、実現は困難だった。背山案は、用地買収と地質の点だけ見れば長所が大きかったが、トンネルを数多く連ね、神戸市内に新幹線駅を設置するとすれば市の北端の道場《どうじょう》付近しか可能性がなく、神戸の市街地に出る手段がなかった。結果として表六甲案しか残らなかったのである。

結局、戦前の新幹線計画に近い案へと回帰したことになる。新幹線の経路や新駅の位置に言及した当時の新聞記事を紹介しよう。

「東京下関間を九時間の超スピードで驀進する弾丸列車の神戸地方における通過路線は六甲山麓を潜る日本一の大トンネルのコースも確定、着々用地買収を進めてゐ

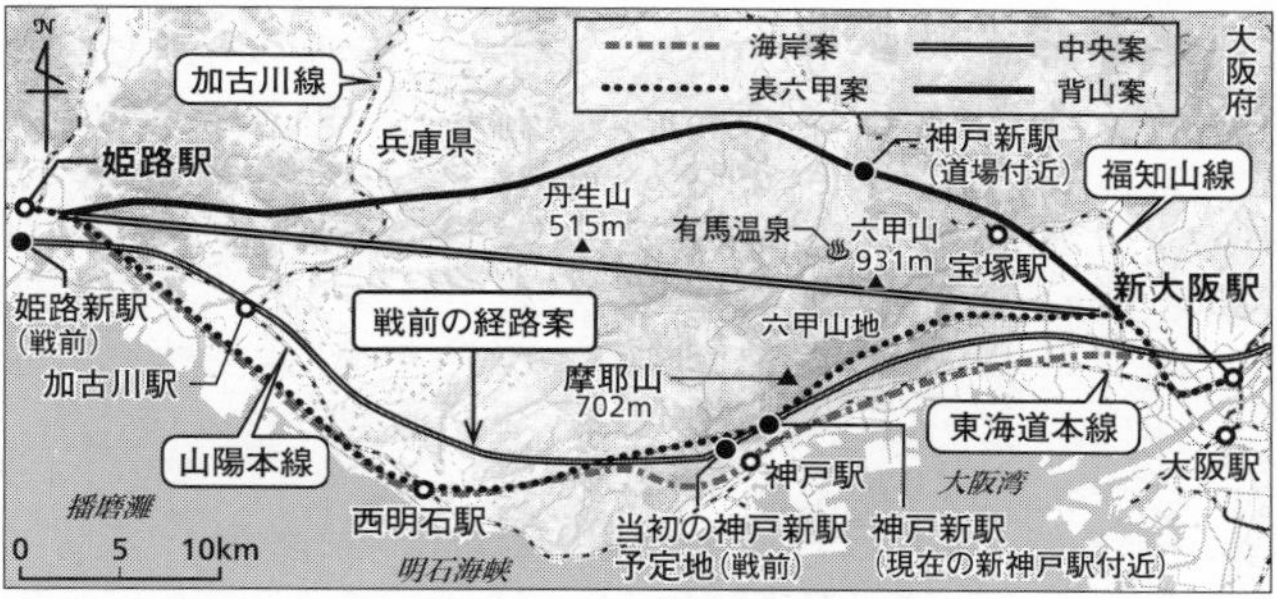

新大阪～姫路間は、神戸市街を外れた経路案も検討された

るが百万市民の注目を集めてゐる港都の停車場は大体平野《ひらの》祥福寺《せうふくじ》北側に新設する予定で計画中だつたところ、大東亜戦争勃発に伴ひ将来大東亜共栄圏との連絡基地となる神戸港の重要性に鑑み、神戸駅も躍進大港都に相応しい雄大なものとすべく計画に再検討を加へた結果神戸港との連絡に最も便利のよい布引に世界第一の防空地下停車場を建設する画期的な計画が具体化し、昨年十二月以来布引旧川崎邸跡に横穴を掘鑿《くつさく》、慎重に地質検査を行つてゐる

検査の結果は地質は非常によく市当局でも〝この分だと世界一地下停車場実現も有望だ〟と大喜びであるが、新停車場の計画は幅四十間、長さ二キロという無類の巨大地下停車場で、非常の際は一度に数万人を収容出来る防空上絶対安全地帯となるわけで、実現の暁は港都防衛に偉大な強みを増すだらう」（昭和17年〔1942〕3月5日付神戸新聞）

平野祥福寺《しょうふくじ》とは、神戸市兵庫区にある臨済宗の名刹である。その北側は六甲山地の一嶺である上ノ山《うえやま》の山裾が迫っているが、この位置に「新神戸駅」が計画されていた。ところがこの場所は神戸港から離れており、しかも市街の西の外れで連絡に不便ということで、三宮《さんのみや》の北側に新神戸駅を設置する案が急浮上したのである。記事にある布引旧川崎邸とは、川崎重工業などの企業を創立し、神戸川崎財閥を築き上げた川崎正蔵《かわさきしょうぞう》の豪邸。昭和14年（1939）に神戸市が買収し、戦時中は市長の公邸に使用していた。空襲でほぼ全焼してしまい、戦後、跡地に布引中学校が開校するが、昭和40年代の山陽新幹線工事に際して移転した経緯がある。現在はANAクラウンプラザホテル神戸の敷地の一部に変貌した。

戦後の計画では、布引のほか、鷹取《たかとり》（市街南西端）、春日野《かすがの》（三宮の東側）、烏原《からすはら》（市街北西の山間部）が比較検討されたが、布引に決まった。現在の新神戸駅が、神戸トンネルと六甲トンネルに挟まれた狭い位置に半地下方式で設置されたことは有名だが、戦前の計画でも、「世界第一の防空地下停車場」として計画されていた。新神戸駅は、けっして山陽新幹線の建設時に初めて見いだされたわけではなかったのである。

なぜ第一期計画では姫路止まりだったのか

魚住《うおずみ》から先は以下の経路が予定されていた。

「この区間は魚住から山陽道に並行（山側）して加古川《かこがわ》を渡り、阿弥陀《あみだ》を経て、山陽線につづいて亀山《かめやま》で播但《ばんたん》線を越え新姫路駅を設け、網干《あぼし》を経て揖保川《いぼがわ》を渡り、竜野《たつの》を経て、帆坂《ほさか》峠を避けて海岸回りに赤穂《あこう》に達し、西進して伊里《いり》に至る」

新大阪以西の山陽新幹線は、戦前の計画とは異なる経路が目立つ。理由としては、土木技術の進歩により長大トンネル掘削を厭《いと》わなくなったこと、東海道新幹線で浮上していた騒音・振動問題、戦前に先行して取得した用地の返還があったこと、さらに戦前の予定地の土地投機による地価高騰といった理由が挙げられる。

山陽新幹線は、西明石《にしあかし》駅で山陽本線と交差して、在来線より海側を一直線に姫路駅に向かう。ところが戦前の計画では、明石市街の北をかすめ、山陽本線よりも北側を通る予定だった。新幹線は西明石駅を通らず、姫路市内の駅は、山陽本線姫路駅の約３キロ南西にあった播但線（現在は廃線となった通称飾磨港《しかまこう》線の区間）亀山《かめやま》駅付近だった。新駅の東約３キロには機関区を設置する予定だったという。名古屋〜姫路間は、東京〜沼津（三島）間とともに電化区間だった。

なぜ姫路は既存駅併設を避けたのか。姫路が電化区間の終端ということで、機関車の付け替えや操車場設備など大掛かりな設備を必要としたことが挙げられる。新駅を設けたほうが自然な線形になるということもあった。

ただ、防空上の理由もあったのではないかとどうしても考えたくなるのだ。姫路は、姫路城を中心とした観光都市という印象が強いが、戦前は軍都として知られていた。姫路城中曲輪《なかくるわ》には、第十師団司令部や歩兵第三十九聯隊、姫路陸軍病院、師団倉庫、さらには火薬庫まで配置されていたのである。市街地は姫路駅と姫路城の間に集中していた。空襲目標にならないよう市街から離したのではないかという思いを消し去れないのである。

昭和16年（1941）4月の時点では、山陽本線の山側を並走してそのまま姫路駅に乗り入れる案（第1案）、山陽本線の山側を並走して姫路駅の東の曽根《そね》～御着《ごちゃく》間で山陽本線を乗り越し、姫路市の南方に出て、亀山駅付近に新駅を設置する案（第2案）、在来線の海側を西進し、第2案よりやや南方に新駅を設置する案（第3案）の3案が検討されていた。その年の6月に亀山駅付近に高架駅を設置する第2案に決定する。当時の新聞記事には、「姫路市に入つて現在の姫路駅、飾磨《しかま》駅、広畑《ひろはた》三者の描く三角地点の中心附近に新姫路駅を造る予定となつてゐる」（昭和16年〔1941〕8月19日付大阪毎日新聞）とある。

戦前の計画では、東京～下関間のうち、東京～姫路間を昭和24年度（1949年度）に開業する予定だった。残りの区間の開業予定は昭和29年度（1954年度）である。暫定ではあるが、姫路（新姫路）が新幹線の終端駅となる予定だった。姫路までの先行開業を目指したのは、第十師団司令部の所在地だったこととおそらく無関係ではあるまい。

姫路から先は、網干を経て、赤穂線に近い経路を通る。赤穂線は戦後の開通だが、戦前の新幹線計画で先行取得した用地を使用した区間もあったらしい。

戦前と著しく異なったのが兵庫県内の駅だった。山陽新幹線の兵庫県内の区間には、新神戸、西明石、姫路、相生《あいおい》の4駅もある。戦前の計画では新神戸と新姫路の2駅だけだった。なぜ2倍に増えたのだろうか。国鉄の磯崎叡総裁は、昭和46年（1971）4月の講演で以下の発言をしている。

「昭和五十年の博多開業までに東京―博多間の夜行をやるかやらないかということが一つの大きな問題でして、これを一～二年のうちには研究をして、車も全部設計しなければならない。また、もし夜行列車をやるとなりますと、実はいまは線路の保守あるいは電気をとる架線の保守を深夜に行なっていますが、その夜中の保守が困難になります。そうすると、ある区間を単線運転にして片線をあけ、そしてあいているほうの線路を保守する、片方は使う、こういう軽業《かるわざ》をやるようなことになります。

そういうことも考慮して、実は今度の山陽新幹線では兵庫県に非常に駅が多いわけです。神戸の次が明石、そして姫路、それから相生ときます。これをつくりましたのは、実はちょうどあの付近が東京と博多の間の中心に位置し、夜行列車があの付近でだいたいすれ違うことになるので、駅を多くつくり、片方の線の列車を駅へとめておいて単線運転を行なう、そして片線をあけておいて保守を行なう。その面を考えて特に兵庫県に駅を多くつくったわけであります。ですから、営業上の問題よりも、むしろそういう夜行列車を動かし得るような輸送形態をとれるように、駅の配置——駅というよりは、むしろ運転上、行違い、追越し等ができるような設備をつくる意味で、このようなかたちにしたわけであります」

兵庫県内の新幹線駅の多さは、いわば、新幹線夜行寝台列車構想の置き土産といえるのである。

線形優先で決まった姫路〜岡山間

その先は「伊里《いり》から片上《かたかみ》、伊部《いんべ》を経て西南方に進み、吉井川《よしいがわ》、百間川《ひゃっけんがわ》、旭川《あさひがわ》を渡り、岡山南方を西進し、宇野《うの》線大元《おおもと》付近に新岡山駅を設置し」とある。

山陽路の兵庫・岡山県境は、旧播磨《はりま》・備前《びぜん》国境にほぼ相当する。県境付近に鯰《なまず》、船坂《ふなさか》、帆坂、福浦《ふくうら》といった峠が南北に連なる険路でもある。

明治24年（1891）に開通した山陽本線の相生（昭和17年〔1942〕までは那波《なば》）〜岡山間は、山がちの県境を苦労して越えていた。山陽本線の線路は北に大きく迂回し、県境の船坂峠をはさんで約15キロにわたって、10パーミルという明治時代では急勾配の区間が連続している。

山陽本線として国有化される前の山陽鉄道は、勾配を10パーミル以下に抑え、曲線半径を300メートル以上とする原則を堅持していた。そのためこの区間も10パーミル以下の勾配で通過できる経路をたどったのである。千種川《ちくさがわ》水系の谷筋を詰めた最後は切り通しとなり、船坂トンネル（1174メートル）で分水嶺を越えて、吉井川《よしいがわ》水系の舟坂川《ふなさかがわ》や金剛川《こんごうがわ》沿いを下って岡山を目指す。

山陽本線から約70年後の昭和37年（1962）に全通した赤穂線の経路のほうが、相生～岡山間で山陽本線より距離が3・2キロも短い。しかも同区間の最高標高地点も、山陽本線が標高110メートル以上なのに対し、赤穂線の最高地点は26・6メートル。約80メートルも低いのである。勾配にしたところで、赤穂線は全区間10パーミル以内に収まっている。ただし赤穂線のトンネルが長短合わせて17本あるのに対し、山陽本線の相生～岡山間のトンネルは船坂山トンネル1本きりである。明治の鉄道と昭和の鉄道を同一に考えてはならないが、いくら勾配が緩いからといって工費や工期がよけいにかかるトンネルを17本掘るのは不可能だっただろう。

戦前の計画で新幹線が通るとされた伊里は赤穂線のちょうど中間付近にある。赤穂線が

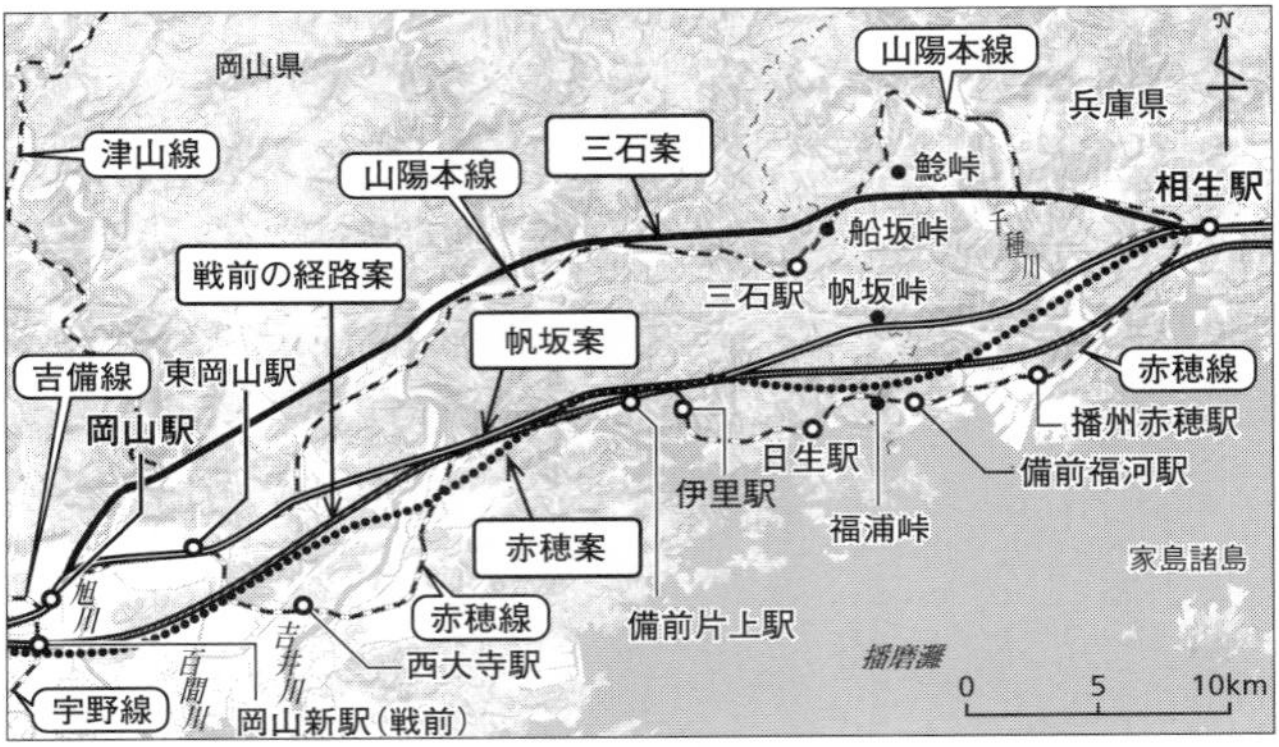

相生〜岡山間の経路は、中間の「帆坂案」が選ばれた

開業するのは昭和30年代だから、戦前の計画は、新姫路から新岡山まで、鉄道のない土地を直線で突っ切る線形だった。

戦後の山陽新幹線では、南から「赤穂案」「帆坂案」「三石《みついし》案」の3案を中心に検討が重ねられた。赤穂案は戦前の計画と似た経路でもある。赤穂案には岡山駅を通らない欠点があり、赤穂市内と日生町《ひなせちょう》（現在は備前《びぜん》市の一部）内で小トンネルが連続し、海岸平地部が往古の入江で地盤が軟弱だったことなども難点とされて却下された。三石案は山と谷の標高差が著しく、中小トンネルと高い橋梁が交互に連続して、防災上の弱点のほか、途中の三石付近では蠟石《ろうせき》（耐火煉瓦などの材料となる柔らかな石）や石灰石の採鉱が行われており、鉱業権補償が生じる点も短所だった。帆坂案は途中で長大トンネルを必要とするものの、現代の技術では工期が長期化する可能性はなく、中小トンネルの連続よりかえって能率がいいと判断された。

相生～岡山の経路で特徴的なのは、途中の集落には目もくれず、徹頭徹尾、地形に配慮していることである。途中駅を設ける可能性がなかったことによるものだろう。因みに相生～岡山間の駅間距離は55・01キロもあり、山陽新幹線では小倉～博多間（55・91キロ）に次いで長い。兵庫県内の新幹線の駅間距離（20～30キロ前後）の約2倍もある。

岡山駅は新駅設置が予定されていた

そこから先は、「宇野《うの》線大元《おおもと》付近に新岡山駅を設置し、さらに西進して笹瀬川《ささがせがわ》までの間に客車操車場を設け、足守川《あしもりがわ》を渡り、山陽本線に並行して庄《しょう》に至る（中略）。庄から山陽本線に並行し、倉敷の西南を迂回し、高梁川《たかはしがわ》を渡り玉島《たましま》駅の南方を通り山陽本線と斜交し、金光《こんこう》を経て鴨方《かもがた》から直進し、今井《いまい》を経て金浦《かなうら》で再び同本線に並行し大津野《おおつの》に至る」とある。

山陽新幹線が山陽本線の山側を、トンネルを多用して通過しているのに対し、戦前の計画は山陽本線沿いに建設する予定だった。ただし倉敷市内の駅設置計画はなく、倉敷駅付近を通過して玉島駅（現在の新倉敷駅である）の南を離れて通過する予定だった。

山陽新幹線の新大阪〜岡山間は、昭和47年（1972）3月15日に開業した。博多延伸までの3年間は、岡山駅が新幹線の西の終点だった。岡山駅は、伯備《はくび》線を介した陰陽連絡の基点であり、宇野《うの》線と宇高《うこう》航路を介して四国とも結ばれていた。岡山駅の新幹線駅併設は戦前からの既定方針のように思われがちである。

ところが戦前の計画では、新駅の位置は岡山市南部の宇野線大元駅付近だった。岡山始発の宇野線の最初の駅で、岡山駅から約2キロの南西の位置にある。区画整理事業により、すでに一部の土地の買収も終わり、用地は確保されていた。新駅の西約2キロの間に客車操車場を新設する予定だったという。

戦前の計画のように、姫路以西の区間を一気に開業するのであれば、途中駅としての「新岡山」もありえたかもしれない。ところが山陽新幹線は新大阪〜岡山間の先行開業と決まり、岡山以西については開業が見通せない状況だった。そうした事情が考慮されて、既存の岡山駅に併設する方針になったのかもしれない。また、新幹線が駅舎付近を通る線形にならざるをえず、駅舎を全面改築している。

岡山駅に乗り入れるため、山陽新幹線は岡山駅の前後に半径1000メートルの急曲線が連続しているが、全列車が停車するため問題なしとされたのだろう。

岡山市の西隣に位置するのが倉敷市である。昭和40年（1965）の国勢調査によれば、岡

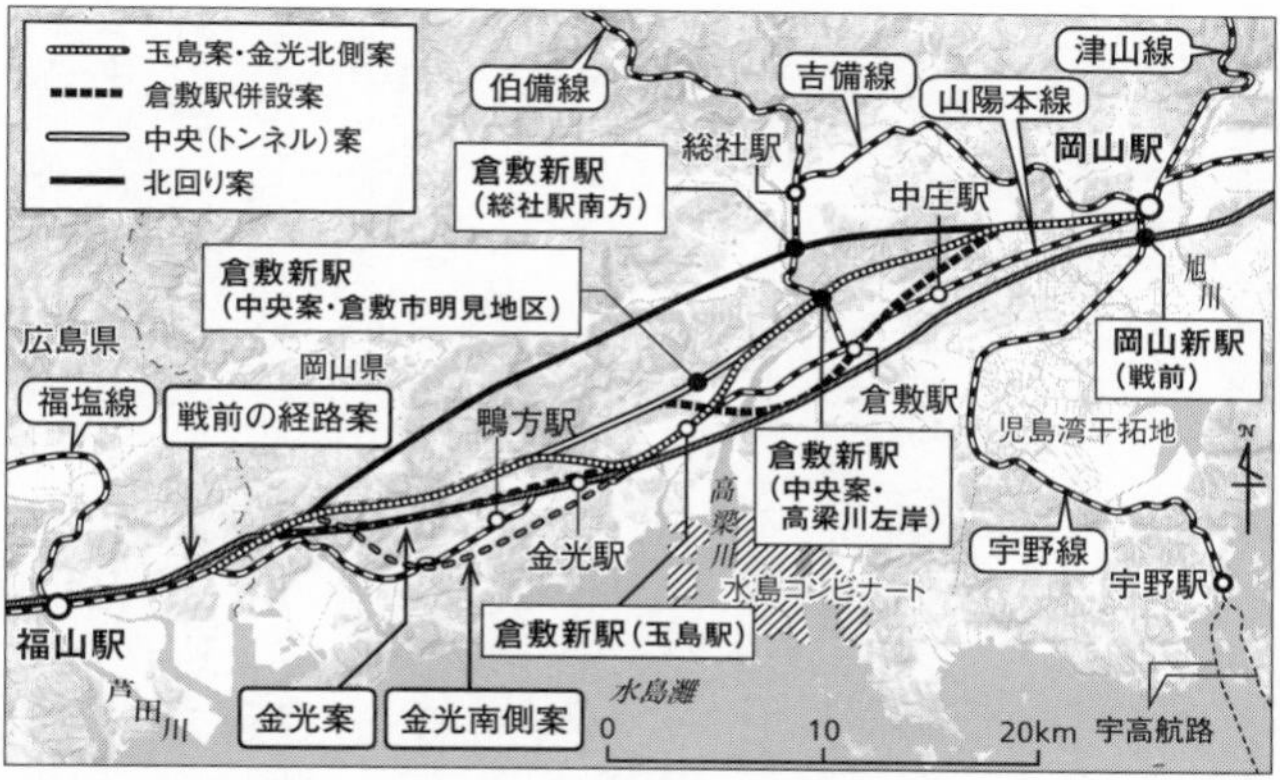

岡山〜福山間の経路。倉敷の新幹線駅が難問だった

山市の人口は29万人と岡山県内で突出していた。中国地方では人口54万の広島市に次ぐ規模だった。それに比べて、隣の倉敷市の人口は14万人。ずいぶん少ないようだが、神戸以西の山陽本線沿線でいえば、北九州、広島、姫路、岡山、下関、福山《ふくやま》、宇部《うべ》に次いで8番目だった。

駅設定の難点があるとすれば、岡山〜倉敷間の距離が15・93キロしかなかったことだろう。当時開業していた東海道新幹線の場合、最も長い静岡〜浜松間の実距離が71・48キロあり、いちばん短い小田原〜熱海間の駅間距離でも18・78キロあった。三島駅が開業して最短の駅間距離が熱海〜三島の15・87キロとなるのは、昭和44年(1969)である。因みに戦前の新幹線計画では、倉敷付近の新幹線駅はまったく想定されていなかった。

山陽新幹線の駅選定が困難をきわめたのは、沿線に中規模の都市が連なっていたためでもあった。倉敷の駅勢人口は約60万人と算定され、新幹線駅設置基準はほぼ満たしていたものの、駅の位置がなかなか決まらなかった。既存の倉敷駅併設案には、岡山との駅間距離の近さや線形上の難点に加え、家屋密集地の買収問題という難問が控えていた。『山陽新幹線岡山博多間工事誌』によれば、「駅設置箇所を決定するに当たって考慮した基本的事項」として、以下の6項目が挙げられている。

(1) 現在の優等列車の停車駅をまず考慮する。
(2) 停車駅数は新幹線の高速性を阻害しないよう、現在の東海道新幹線における「こだま」の表定速度130km／hを維持しうる数とする。
(3) 県庁所在地、もしくはこれに近接した都市で駅勢人口の多いこと。
(4) 在来線の分岐駅あるいは道路など各種機関への連絡が便利な場所であること。
(5) 駅の設置により新たな旅客需要が見込まれ、誘発旅客収入により駅設置による全経費が賄えること。
(6) 駅間距離は過大、過小に失しないこと。

(2)の表定速度とは、途中駅の停車時間を加えた運転所要時間で列車の運転区間の距離を割った速度。(3)の駅勢人口とは、鉄道駅を利用する輸送需要が存在する範囲の人口規模。

結局倉敷市内の新幹線駅は、高梁川《たかはしがわ》を隔てて倉敷市街から9・3キロ離れた玉島《たましま》駅に設置されることになり、ここが新倉敷駅となった。この位置は昭和42年（1967）まで倉敷市ではなく玉島市だった場所。玉島の南東には、日本屈指の水島《みずしま》コンビナートが広がり、高度経済成長期の昭和38年（1963）に「新産業都市」に指定されていた。いわば国策と合致しての駅位置選定といえなくもない。

岡山～新倉敷間は25・8キロ。理想的な駅間距離になったわけだが、新倉敷駅は既存の倉敷駅とは9キロ以上離れていた。しかも全列車が停車する岡山駅とは異なり、新倉敷駅に停車する列車は、各停の「こだま」以外ほとんどない。上下それぞれ1時間に1本程度しか停車しないのだ。東京・大阪方面から倉敷美観地区へのアクセスは、新倉敷駅より岡山駅を利用したほうがずっと便利である。

福山、尾道、三原をめぐる駅設置騒動

西隣の広島県では、駅の高架化計画があった県東部の福山駅に新幹線駅を併設することが早々と決まった。昼間の特急・急行列車のほとんどが停車する備後《びんご》地区の中核駅で、岡山～福山間の距離は約58キロ、倉敷～福山間でも40キロ以上離れており、福塩《ふくえん》線の分岐駅でもある。福山市の人口は約17万人だったが、駅勢人口は約53万人と見込まれており、新

幹線駅設置基準を満たしていた。山陽新幹線開業とともに模様替えした福山駅は、3階が新幹線ホーム、2階が山陽本線・福塩線（井原《いばら》鉄道直通含む）ホーム、1階は駅ビル・コンコースという三層構造の高架駅となった。新幹線と在来線の初の二重高架駅である。

この付近の戦前の予定経路は、「大津野《おおつの》から山陽本線に並行し、福山を通り芦田川《あしだがわ》を渡り、松永《まつなが》を迂回して尾道《おのみち》市の北を通り、漁師《りょうし》で同本線に接し新尾道駅を設け、西進して鉢ケ峯《はちがみね》をずい道で短絡し、糸崎《いとさき》、三原《みはら》を山沿いに進み、山陽本線、山陽道、沼田川《ぬたがわ》と斜交して沼田東《ぬたひがし》に至る」となっている。

意外なことに、戦前の岡山〜広島間の新幹線駅候補は、倉敷でも福山でも三原でもなく、尾道ただ一つだった。尾道が唯一の駅とされたのは、瀬戸内海運が盛んで、四国連絡口としての機能を期待されたからだろう。新駅予定地が海岸に面していたのもそのためだった。

戦前の新尾道駅は、既存の尾道駅の西方約1・5キロの山陽本線沿いに計画されていた。おそらく尾道駅の北方をトンネルで通して海岸部に新尾道駅を設置し、その後は北西に進路を変えて三原の北を通すつもりだったのであろう。

昭和16年（1941）1月24日付の日本工業新聞には、「福山市南部から海岸線を進み、尾道市千光寺山《せんこうじやま》をトンネルで抜けて三原、本郷に至るものと予想される」とある。

千光寺山とは、尾道市街の背後に聳える標高144メートルの風光明媚な山。昭和32年

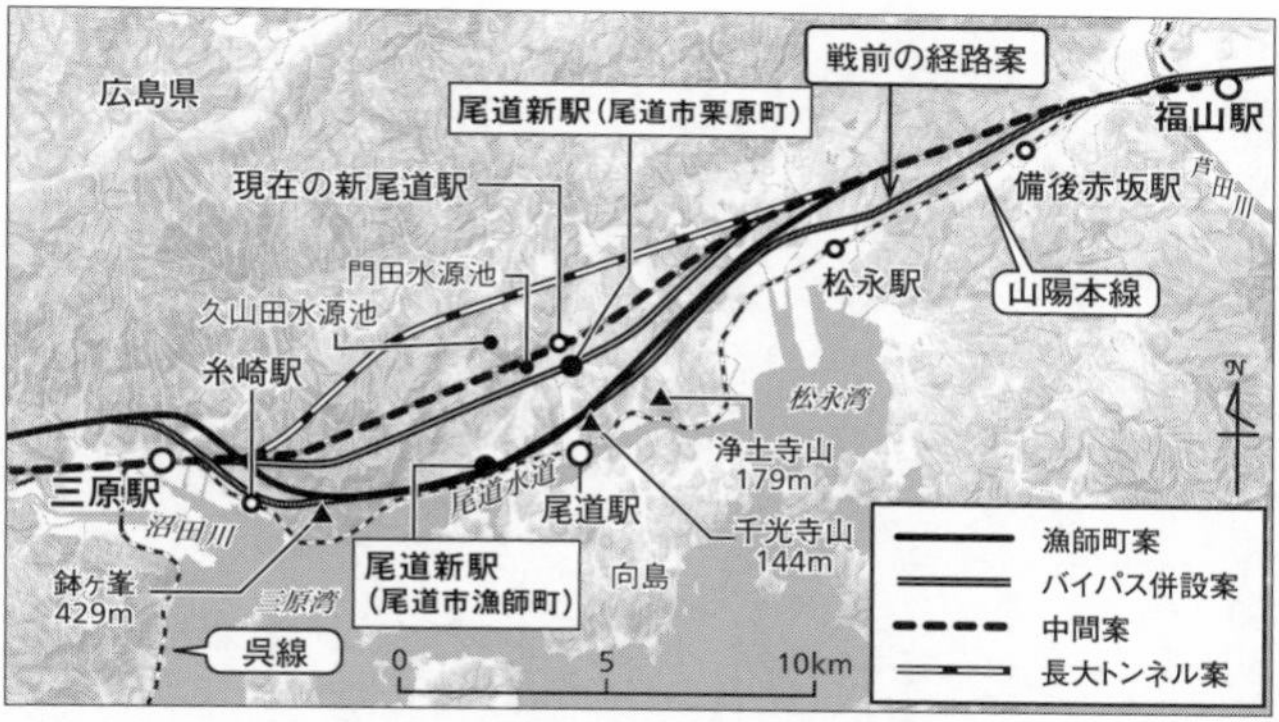

福山〜三原間の経路。尾道の新幹線駅設置は意外な結果に

（１９５７）に開業した市営のロープウェイが山麓と山頂を結んでいる。山名にもなった千光寺は、浄土《じょうど》寺《じ》と並ぶ尾道屈指の古寺で、山腹にはさまざまな奇岩とともに堂宇が点在していた。この山の真ん中にトンネルを貫通させようとしたのだ。

因みに前掲文中の「漁師」とは「漁師町《りょうしまち》」のことである。一般名詞ではなく、吉和川《よしわがわ》河口付近に成立した固有の地名を指す。昭和42年（１９６７）に住居表示が実施され、江戸期以来の歴史のある漁師町の名前は惜しくも消滅した。

戦前の新幹線担当技師だった稲葉通彦は、尾道の新幹線駅について「尾道は現在駅より海岸寄りの埋立地」と証言している。「埋立地」とは、おそらく漁師町南東に広がっていた塩田跡の土地を指すのではないかと思われる。当時の空中写真を見ると、塩田跡がまるで広大な埋立地に見え、誤認してもおかしくなかった。塩田跡の広大な更地の存在は、四国連絡の貨物輸送の拠点としての開発余地もあったにちがいない。

一方、現在の山陽新幹線新尾道駅は、福山と三原の間に割り込んだ窮屈な立地に見える。いかにも途中開業した新駅である。

山陽新幹線建設に際しては、「漁師町案」「バイパス併設案」「長大トンネル案」が考えられていた。このうち長大トンネル案は、尾道市街からあまりに離れていたことや工期が長くなることが見込まれたため不採用となった。漁師町案は、おそらく戦前の新駅の位置とほぼ同一と思われるが、海岸と山裾の間の狭い土地を国道2号や山陽本線と並走するかたちとなり、斜面を連続するトンネルで通すことになるので不適格とされた。

国道2号バイパスに併設するバイパス併設案は市街地に近いことで用地買収の困難さが予想される上、地形変化も激しく、トンネルの入り口に大きな断層帯が走っていることから見送られている。結果として新幹線の経路に決定したのが「中間案」と呼ばれたもので、バイパス併設案のやや北を通り、断層帯と水源池（久山田《ひさやまだ》水源池と門田《もんでん》配水池）を回避した経路である。

尾道付近の経路を選定する過程で、駅の設置をどうするかという問題があった。戦後の山陽新幹線の計画では、尾道駅に併設する案のほか、尾道市内北方の栗原町《くりはらちょう》付近に新駅を設置する案、尾道の西方約4キロの漁師町付近に新駅を設置する案、三原駅併設の4案が検討された。

尾道は坂の町である。海から延びる市街地の背後には急坂がつづき、坂の途中にびっしりと家々が密集している。こういう条件下では、海岸沿いに新幹線の線路を敷設するのは困難である。目の前の海も海峡（尾道水道）になっており、大規模な埋め立ては不可能だった。

尾道市内に駅を設置する複数案のうち、既存の尾道駅に併設する案は、海岸線に位置する駅のすぐ裏手まで山が迫っていた上、周辺には家屋や寺社が密集しており用地取得が困難ということで候補から外された。戦前の新幹線案に近い経路だった漁師町案は、市街から離れていることやフェリーターミナルから離れていることから不適当とされた。栗原町案は用地取得が容易で市街から約3キロと近く、国道184号と交差し国道2号バイパスとも近いなど交通の要衝に位置しており、新幹線駅としては最適と考えられた。

しかし栗原町新駅案は実現しなかった。尾道市の西隣に位置する三原市の市長に当選した長尾正三《ながおしょうぞう》（当選1期目）が強力に運動して、新幹線新駅を三原駅にと強く訴えたからである。三原駅に新幹線駅を併設する上での最大の難問が駅付近の用地買収だったが、この点に関して、地権者などからの新幹線誘致同意署名を国鉄本社に持参したのが大きな後押しとなった。予定地には日本酒の醸造蔵として全国に知られた酔心《すいしん》の工場があり、用地提供は難しいと思われたが、酔心も新幹線駅に協力するというのである。候補地が分散し、誘致の賛否もはっきりしない尾道市が、伏兵の三原市にしてやられた格好である。

冷静に見れば、たしかに三原駅のほうが尾道の外れの新駅より、あらゆる面で優れていた。山陽新幹線が全線開業する昭和50年（1975）を想定した推計値では、三原駅の利用者のほうが尾道の栗原町新駅と比べて約1・9倍多いと算出された。三原駅は呉《くれ》線の分岐駅で、優等列車の停車駅である。駅前の三原港からは、四国や瀬戸内の島々を結ぶフェリーや渡船が発着していた。福山〜広島間（約85キロ）における駅間距離を考慮した場合も、福山との駅間が18キロほどしかない尾道新駅（栗原町駅案）より、駅間距離が約28キロある三原駅のほうがバランスがよかった。

尾道新駅（栗原町案）・三原両駅設置案も検討されたが、両駅の距離が約10キロと近接しており、運転上や工費の関係で見送られた。こうして福山〜広島間の新幹線駅は昭和44年（1969）に三原駅単独設置に決定している。総工費62億円を全額地元負担した「請願駅」の新尾道駅が開業するのは昭和63年（1988）。山陽新幹線開業からさらに13年を要することになる。

磯崎叡国鉄総裁は、退任後ずいぶん経った平成2年（1990）の日本経済新聞「私の履歴書」で、「山陽、東北、上越各新幹線の新駅建設は、私が総裁となってから、交渉の矢面に立ったが、嫌な仕事だった。交渉といっても、大部分はさまざまなルートで持ち込まれる案の断り役だからである」とし、「実際に断り役をやってみて感じたのは、代議士パワーよりも、地元の住民パワーの強さだった。東北の水沢《みずさわ》駅の新設や広島県下の尾道か福山かなどでは、郷土愛が高じて感情論にまで発展してしまった。憂鬱な毎日だった」と述懐している。「尾道か福山か」というのは、「尾道か三原か」の思い違いではないかと思われるが、ともかく40万職員のトップである国鉄総裁をして「憂鬱な毎日だった」と言わせるまでの嫌な仕事だったのである。

広島東方の急勾配区間をどう通過したか

鉄道好きにはおなじみだが、セノハチこと瀬野《せの》〜八本松《はちほんまつ》（東京方面から順に記述すると、八本松〜瀬野となる）といえば全国的に有名な急勾配区間である。国鉄最急勾配の66・7パーミルの勾配区間だった信越本線横川《よこかわ》〜軽井沢間が廃止されて以降、補機（補助機関車）をつけて貨物列車が走行する区間は、セノハチの上り区間（瀬野→八本松）のみとなった。最大勾配は22・6パーミルである。

「セノハチの上り区間（瀬野→八本松）のみとなった」と書いたが、最近地下線が完成した大阪駅付近の東海道線支線（西九条《にしくじょう》～大阪〔うめきた地下駅〕～新大阪）は、大阪駅付近だけ地下化した関係で、地上と地下を結ぶ区間に新大阪方面で最大23・5パーミル、西九条方面で22・6パーミルの急勾配が生まれた。そのため、貨物列車に補機を連結する必要が生じている。補機連結といえば山岳地帯という印象があるが、大都市の真ん中で補機を増結する時代が到来するとは、思いもよらなかった。

ともあれ、三原から広島まで、戦前の計画ではどう通そうとしたのか。

「この区間は沼田東《ぬたひがし》から西条《さいじょう》盆地までは高低差が二〇〇米《メートル》余、距離は三〇粁《キロ》足らずで最急勾配千分の一〇であるためルートはやや曲線が多くなっている。すなわち沼田東から沼田西《ぬたにし》を通り、右曲して南方から日名内《ひなない》ずい道（延長三・二粁）、枌谷《そぎだに》ずい道（延長三・二粁）を掘さく、入野《にゅうの》において山陽本線を越え、北側を並行して西 条《さいじょう》を過ぎ、再び同本線と交差して西条盆地の馬場台《ばばだい》に至り右曲して曽場ケ 城 山《そばがじょうやま》ずい道（延長三・八粁）により八本松—瀬野間のほぼ中間で山陽本線および山陽道と交差して、上瀬野《かみせの》から井谷ずい道（延長二・三粁）等により下瀬野《しもせの》、庄田地を経て右曲し、立石《たていし》ずい道（延長二・七粁）等により長者山《ちょうじゃやま》、木宗山《きのむねやま》を貫き、狩小川《かこがわ》地内から芸備《げいび》鉄道に並行し中深川《なかふかわ》付近で左曲し、落合《おちあい》を経て矢口《やぐち》付近で芸備鉄道を越え、太田川《おおたがわ》を渡り己斐《こい》に至り山陽本線と並行し、新広島駅を設け、さらに本線沿いに進み井口《いのくち》に

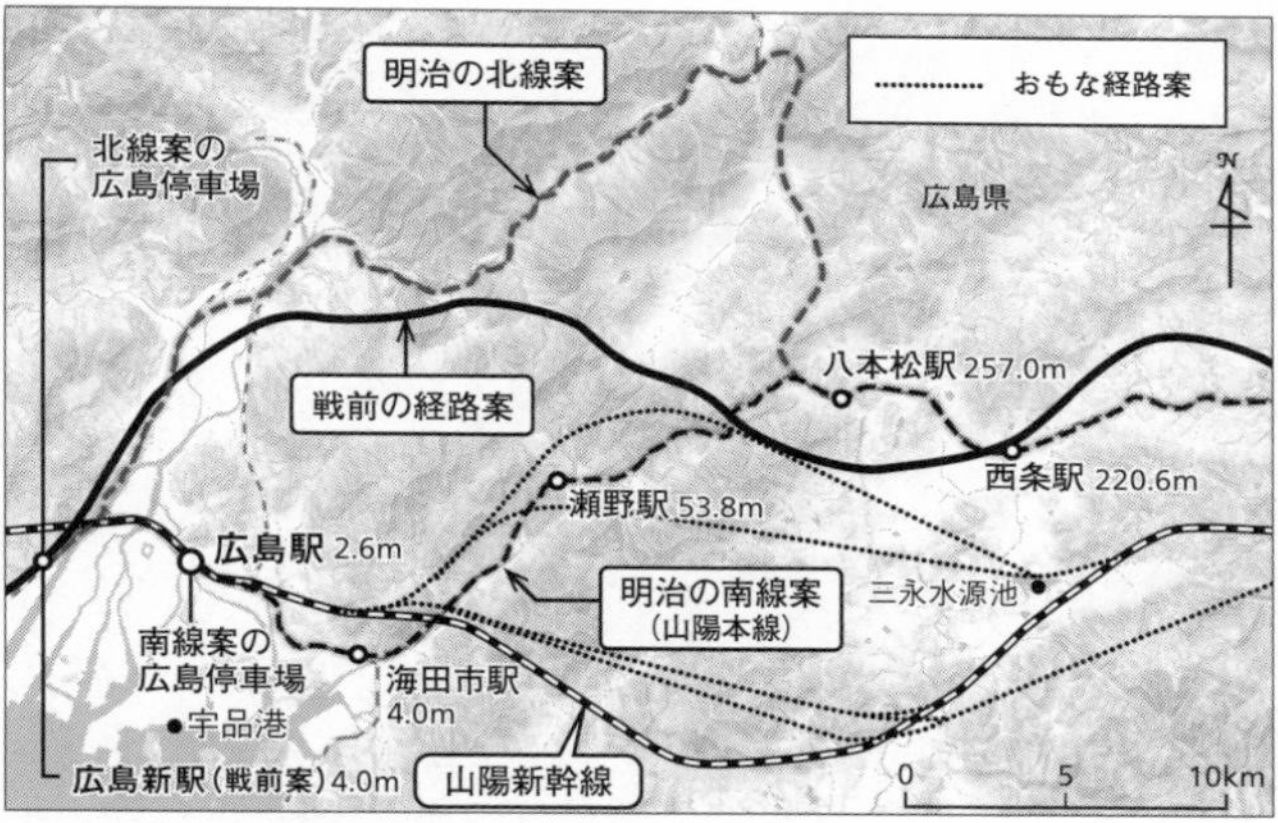

箱根越えと並ぶ難所だった広島駅までの経路

至る」

明治時代、三原~広島間の経路をめぐり、「南線案」と「北線案」があった。南線案は、急勾配に臆することなく瀬野川沿いにほぼ一直線で広島平野に乗り入れる経路、対する北線案は大きく北に迂回して関川《せきかわ》、三篠川《みささがわ》、太田川沿いに広島平野に乗り入れる経路である。北線案の広島停車場の位置は、現在の広島駅の約4・5キロ西方に位置する己斐町《こいちょう》(現在の西広島駅付近)に設置される予定だった。

急勾配・急曲線を極端に嫌った(勾配は10パーミル以内、曲線は半径300メートル以内の原則を堅持した)山陽鉄道(のちの山陽本線)の方針からすれば、北線案を採用してもおかしくなかったはずである。ところが実際は22・5パーミルの連続勾配と半径300メートルの連続カーブがつづき、標高差250メートルを一気に駆け降りる南線案で建設が始まる。おそらく建設を急がせた軍部からの圧力があったのではないだろうか。なにしろ、明治27年（1894）8月の日清戦争開戦は、山陽鉄道の広島乗り入れを待った形跡すらあったからである。山陽鉄道の糸崎《いとざき》〜広島間が開通したのは同年6月10日。大陸に向けて出征する陸軍の拠点が広島の宇品にあった関係で、鉄道が広島にあるのとないのでは兵站《へいたん》に雲泥の差があった。8月の開戦後、広島停車場から宇品までの軍用線が突貫工事で建設されている。

戦前の新幹線計画でも、大きく北に迂回する経路だった。姫路以西の区間は非電化で蒸気機関車による客車牽引とされていたから、補機連結を必要としたセノハチの急勾配は、迂回してでも避けたかった。新幹線駅は、既存の広島駅ではなく山陽本線の己斐駅に高架で設置され、その手前の太田川沿いに機関区が設置される予定だった。明治の北案における幻の広島停車場が、よみがえったのである。

昭和16年（1941）1月24日付の日本工業新聞にも、「ここで山陽線の難関八本松、瀬野間の急勾配にぶつかることとなるが多分トンネルを避けて大きく迂回、広島市に入るものと思はれる」とある。おそらく明治の北線案に近い経路で広島を目指すことになったのだろう。

戦後の新幹線計画では、大きく北に迂回する戦前の経路案が顧みられることはなかった。だが、三原〜広島間の経路はおもなものだけで八つの案が存在した。この区間には軟弱地質や断層、水源池回避の問題があり、さらに、全国屈指の酒どころとして知られる西条の日本酒醸造の生命線である水脈を傷つけないように細心の注意を払ったからである。大きく南に迂回した現行ルートが採用された理由は、地形や勾配だけではなかった。

なお、広島駅の前後には半径500メートルや800メートルの急曲線が連続するが、岡山駅同様全列車停車のため、問題は生じなかった。

逆の結末を迎えた岩国と徳山の駅

戦前の計画では、新広島（己斐）を出た新幹線は、山陽本線、岩徳《がんとく》線（当時は山陽本線だった）に沿った自然な線形で徳山《とくやま》市（現在は周南《しゅうなん》市）内を目指した。戦後の山陽新幹線は、このあと紹介する理由で無理な曲線を生じさせてまで既存の徳山駅に併設したが、戦前の計画では徳山駅の北西約1・5キロに新駅を建設する予定だった。

まずは戦前の計画を振り返ってみよう。

「この区間は井口《いのくち》から山陽本線の北側を同本線にほぼ並行して大野《おおの》を経て、玖波《くば》に至り大竹《おおたけ》の北を直進して木野《この》を経て、小瀬川《おぜがわ》を渡り、さらに錦川《にしきがわ》を渡り、御庄《みしょう》を経て岩徳線にほぼ平行して進み、新欽明路《しんきんめいじ》ずい道（延長三・二粁）を掘さくし、玖珂《くが》、久保《くぼ》を経て花岡《はなおか》付近で岩徳線から離れ久米《くめ》を経て、徳山市の北部を通り西部地区に新徳山駅を設置し、山陽道の北側沿いに進み、宮ノ馬場《みやばば》、戸田《へた》を経て椿峠《つばき》を貫き、富海《とのみ》に出て大平山《おおひらやま》ずい道（延長二・一粁）により牟礼《むれ》に至り、防府《ほうふ》の北部を通り、天神山《てんじんやま》をずい道で貫き、佐波川《さばがわ》を渡り大道《だいどう》付近からは山陽本線沿いに鋳銭司《すぜんじ》に至る」

戦前の計画では、広島〜下関間の新幹線駅は、徳山市と小郡町《おごおりちょう》（平成17年〔2005〕に合併して山口市の一部となる）とされ、岩国市内に駅ができる予定はなかった。昭和16年（1941）1月24日付の日本工業新聞の記事には、「ついで広島から可部《かべ》線を横切り山陽線に沿つて北側に出で岩国のはるか北方に進み玖波《くば》からさらに山の手に廻つて柱野《はしらの》にいたり、ここから現在線と並行して新欽明路《しんきんめいぢ》トンネルを穿《うが》ち、岩徳線に沿つて徳山の北方を西進、大道附近で再び山陽線と交叉、かくて下関に到達することに決定してゐる」とある。これを丹念にたどれば、岩国付近の山陽新幹線の経路は、戦前の計画と同一といっていいくらいである。この付近の経路が、駅位置ではなく線形優先で決まったことを示唆しているといえるだろう。

戦後の山陽新幹線の計画では、広島〜徳山間が約84キロあったことや岩国地区の駅勢人

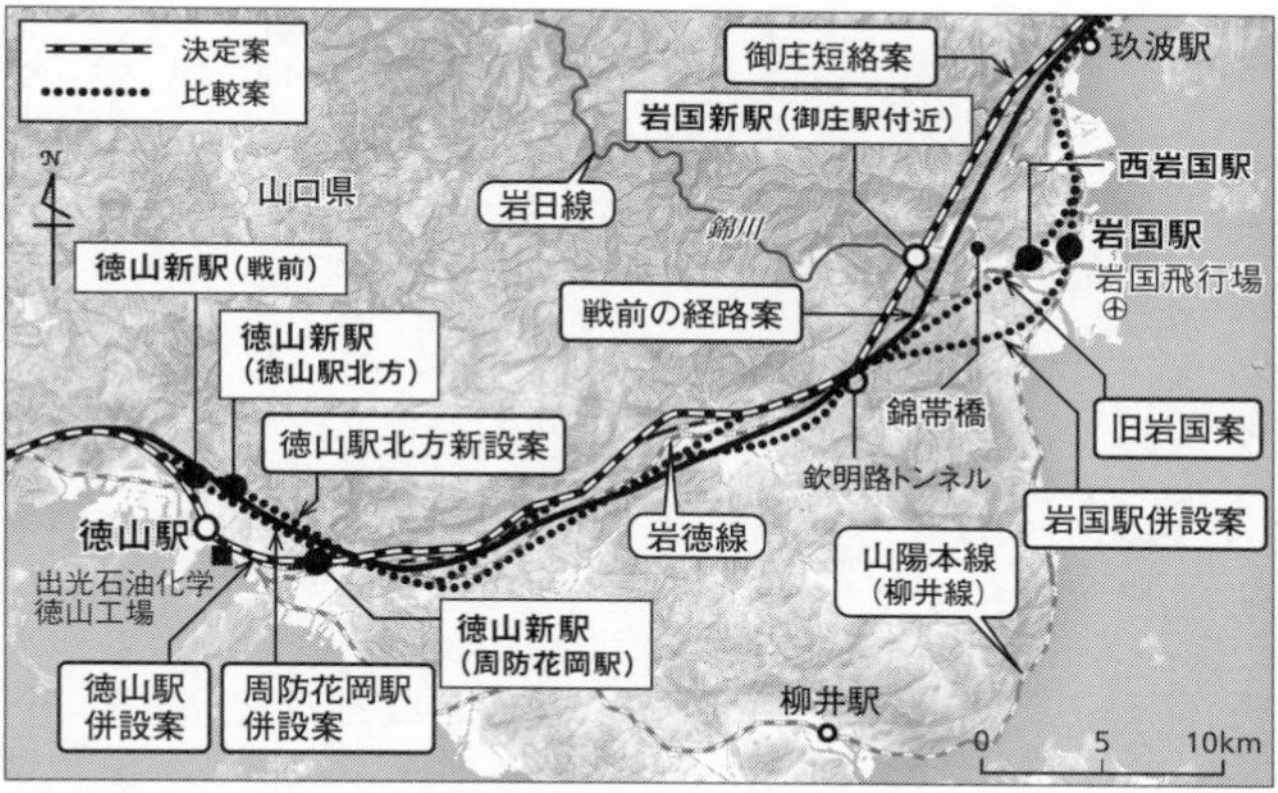

既存駅併設か新駅かで複数案が検討された岩国・徳山周辺の経路

口が約25万人あったことから、中間の岩国付近に新駅設置が計画された。駅の位置としては「岩国駅併設案」に加え、岩徳線の西岩国駅に併設する「旧岩国案」、岩日《がんにち》線御庄《みしょう》駅と直交する「御庄短絡案」が候補に挙がった。「御庄短絡案」は、駅設置を除けば、戦前の予定経路に酷似していた。

岩国駅併設案は大竹・岩国両市の市街地を通るため、用地買収などに難航が予想され、実現困難と判定された。旧岩国案は、錦川を斜交する線形や小トンネルの連続といった問題に加え、住宅用地を通るために不適格とされた。因みに旧岩国案という名称は、岩徳線が山陽本線の短絡新線として開通した時代、西岩国駅が岩国駅を名乗っていたことによる。旧来の岩国城下町および旧岩国町《いわくにちょう》の最寄り駅は西岩国駅だった。山陽本線岩国駅の所在地は旧麻里布町《まりふちょう》で、昭和15年（1940）に合併するまで岩国町内ですらなかった。

御庄短絡案は距離の短さや地形・地質の点ですぐれていることが評価された。『山陽新幹線岡山博多間工事誌』によれば、御庄駅付近は新幹線駅が設置可能な平坦な用地が広がり、しかも水田で支障家屋もほとんどなく、都市計画が期待できること、名勝錦帯橋《きんたいきょう》に近く観光に便利であるという点も評価されたようで、御庄短絡案に決定している。

ところが当時の国鉄は、新倉敷駅や新下関駅のように在来線と新幹線を結合した新駅を設置したわけではなかった。新岩国駅は新幹線単独駅で、すぐそばを通る岩日線の御庄駅は、新岩国に改称されることもなく、別の駅という扱いのままだった。この措置は、岩日線を廃止する布石だったためといわれている。「岩日線新岩国駅」ができては、廃止のハードルが高くなってまずいと考えたのだろう。

案の定というか、岩日線は昭和59年（1984）に第二次特定地方交通線として廃止が承認された。地元自治体や企業などが出資する第三セクター「錦川《にしきがわ》鉄道」として、昭和62年（1987）7月、再出発している。

なぜ山陽新幹線が、岩国駅もしくは岩国旧城下に立地する西岩国駅を通さなかったのだろうという疑問が湧く。東海道新幹線と山陽新幹線の駅の中で、新岩国駅が最低の乗降客数なのである。政治駅という風評にさらされた岐阜羽島駅よりも乗降客数ははるかに少ない。ただし、岩国市の人口は約13万人。新幹線駅の立地市町村では、けっして少ない数字ではない。岐阜羽島駅が立地する羽島市の人口は、増加した現在でさえ6万人台である。

利用者が少ない理由を探ると、やはり立地と乗り継ぎの悪さにたどり着く。新岩国駅ほど乗り換えが面倒な新幹線駅はない。新岩国駅と連絡する清流新岩国《せいりゅうしんいわくに》駅（平成25年〔2013〕に御庄駅から改称）と岩国方面を結ぶ列車は1日10往復と少なく、新幹線発車時刻に合わせているわけでもない。しかも両駅の間は、高架下の狭い通路を300メートル以上歩きつづけ、コンクリートの階段でホームに出なければならない。バリアフリーなど考慮されていない。

バス便にしたところで、新岩国駅から岩国駅に向かう路線バスは、ほとんどの時間帯で1時間に1、2本程度しかない。名勝錦帯橋に近いという計画時点の高評価も疑問だらけだ。新岩国駅から錦帯橋までの距離は約5キロもあり、気軽に歩ける距離ではない。新幹線駅候補だった西岩国駅や岩国駅のほうが錦帯橋までの距離がずっと近いのだ。最初から御庄短絡案で決まっていたのではないかという疑念がぬぐえない。

一方、隣の徳山市内の新幹線駅選定は、岩国の場合とは逆の結果となった。「徳山駅併設案」に加えて、徳山駅の東南東約6キロの位置にある「岩徳線周防花岡《すおうはなおか》駅併設案」と

「徳山駅北方新設案」の3案を検討した結果、徳山駅併設が決まったのである。

戦前の計画では、徳山駅の北西約1・5キロに新徳山駅が設置される予定だった。これは、徳山駅北方新設案と似た位置と考えていいだろう。線形としては、一直線に抜ける周防花岡駅併設案と徳山駅北方新設案が理想的だったが、通過予定地付近には西日本最大級の巨大団地である周南《しゅうなん》団地の造成が進んでおり、結局徳山駅への併設に決まった。これにより徳山駅の前後に半径1600メートルの曲線を設けざるをえなくなり、通過列車も時速170キロへの減速（現在は時速185キロへの減速）を余儀なくされることになった。

駅前後の区間は工業地帯の海沿いに線路を建設した。ここには出光《いでみつ》石油化学徳山工場の石油精製コンビナート（周南コンビナート）があったため防災上の懸念があったが、幅50メートルのグリーンベルトを設けることで解決を図った。山陽新幹線開通前の昭和48年（1973）7月7日にはこの工場で爆発事故が起きていた。

因みにここは終戦まで第三海軍燃料廠があった場所で、昭和20年（1945）4月6日、戦艦大和が最後の給油を受けて沖縄に向け出港した地でもある。戦艦大和が沈没して約1ヶ月後の同年5月10日、岩国陸軍燃料廠や徳山の第三海軍燃料廠などを標的とする大空襲があり、7月26日の駅周辺の大空襲と合わせて徳山市街は完全に焼け野原となり、死者は約1000人にも上った。

九州の玄関口をどこにするか

戦前の計画では以下の経路で下関を目指す予定だった。

「この区間は鋳銭司《すぜんじ》・四辻《よつつじ》付近から西進し名田島《なたじま》を経て、椹野川《ふしのがわ》を渡り、宇部《うべ》鉄道上嘉川《かみかがわ》付近で山陽本線沿いに進み、嘉川《かがわ》に駅を併設し、西進して二俣瀬《ふたまたせ》、厚狭《あさ》を経て石山《いしやま》ずい道、笹ケ瀬《ささがせ》ずい道等により直進して小月《おづき》駅付近を通過し、本線沿いに長府《ちょうふ》、幡生《はたぶ》を経て現在の下関の西側付近に至る」

戦前の計画と現在の山陽新幹線とで大きく異なるのが山口市近辺の駅の位置である。山陽新幹線は、山口線の分岐駅の小郡《おごおり》（現在の新山口）に併設したが、戦前の計画では小郡駅の南西約4キロに立地する嘉川駅を高架化して新幹線駅を併設する予定だった。線形としては戦前の嘉川接続のほうが自然で、現在の山陽新幹線は、新山口駅に接続するために北に大きく膨らんだ線形となっている。

そこから先はほぼ山陽新幹線と同一経路を通るが、山陽新幹線が関門海峡のトンネル位置とのかねあいで大きく北西に曲線を描くのに対し、戦前の新幹線計画では周防灘に面した小月、長府、幡生付近を通って下関を目指す経路だった。ただし下関の新幹線駅は、九州への延伸を優先するのか関釜《かんふ》連絡船との接続を優先するのか結論は出なかった。既存駅の西に併設する案が有力とされたが、東京駅や名古屋～京都間の経路と同じく決定しない

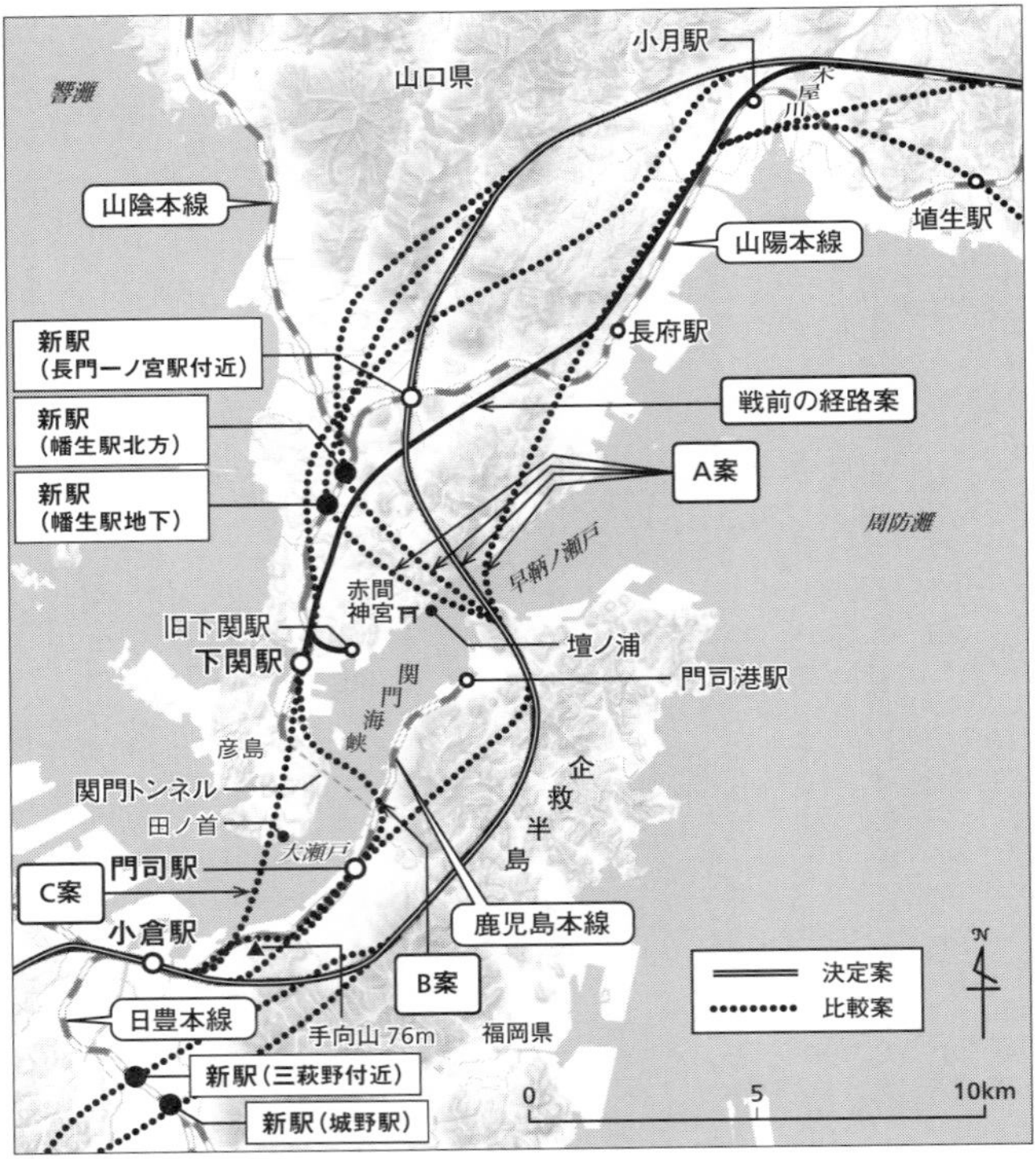

関門海峡周辺の経路。駅位置や海峡越えの経路をめぐって、最適解を探す努力がつづけられた

まま計画が中断している。

　つまり、大陸へ渡るための朝鮮半島への連絡手段を九州に通じる海底トンネルとするか鉄道連絡船（フェリー）とするかが決まらず、しかも連絡船の場合、発地が下関からなのか博多からなのかという問題が未解決だったという要因が大きかったと思われる。

　昭和16年（1941）1月24日付の日本工業新聞には、「最後に重要問題として残されてゐる終着駅は関釜専用港の問題が附随してゐるので当局では慎重に計画を進めてゐるが下関で終るか、あるひは博多まで延びるかは目下のところ明かでない」とある。

　山陽新幹線の場合は別の意味で複雑だった。本州と九州の間に横たわる関門海峡をどの位置で渡るのかという難問がまず存在し、下関市と北九州市の新幹線駅をどこに設置するかという課題もあって、なかなかまとまらなかった。

　関門海峡の経路に関しては、壇《だん》ノ浦《うら》古戦場のある関門海峡最狭部の早鞆《はやとも》ノ瀬戸《せと》を通る「A案」、在来線の関門トンネルと並行する「B案」、彦島《ひこしま》最南端の田《た》ノ首《くび》から手向山《たむけやま》に抜ける「C案」について比較検討している。

　海底トンネルという性格上、地質が重要な要素となる。B案とC案は地質がきわめて悪かった。しかも家屋密集地の通過など、別の難題も待ち受けていた。さらにB案で門司《もじ》駅併設となると、30パーミルの勾配や半径700メートルの曲線という線形の問題も生じた。

下関側の新幹線駅として、既存の下関駅（B案・C案）のほか、山陽本線長門一ノ宮《ながといちのみや》駅や下関の隣の幡生駅などの候補が挙がった。北九州の新幹線駅候補としては、既存の門司駅、小倉《こくら》駅に加えて、小倉駅の南約3キロの城野《じょうの》駅（日豊《にっぽう》本線・日田彦山《ひたひこさん》線）などの案があった。

既存の下関駅案は、家屋密集地に線路と駅設備を設置しなければならないという難問があった。

長門一ノ宮駅は下関の中心部から離れているため、不便さは否めないが、トンネル経路に近い線形上の長所があった。幡生周辺の案より線路延長が短く済み、工事費がいちばん安上がりだった。結局長門一ノ宮駅の山陽本線ホームを200メートルほど東に動かし、山陽新幹線との直交地点に新たに新下関駅を設けることに決定した。

九州側は線形の問題があった門司駅案が候補から外れ、小倉周辺の3案に絞られたが、投資効果などを総合的に判断した結果、用地取得の困難さは予想されたものの、圧倒的に乗降者の多い小倉駅併設案に決定された。ただ、山陽新幹線岡山〜博多間の計画が始まった当初から、基本構想に「中国、北九州地方の主要都市に停車駅を設置する。特に、地方交通の中心地である広島、北九州、福岡地区では在来線と接続させる」とあり、『山陽新幹線岡山博多間工事誌』にも「岡山・博多間は現岡山駅を起点とする博多までの線路選定にあたり、その間に位置する主要駅として、特に地方交通の中心となっている広島、小倉、博多の3駅は在来線との乗換えなどを考慮し極力在来駅に併設することを基本とした」と記述されている。

結論ありきの感は否めなかった。小倉駅併設案は、駅進入前後に半径1200メートルの連続曲線を生じるが、新幹線の全列車が停車するため、問題ないと判断された。山陽新幹線開業後、小倉駅の利用者は北九州市内の他の駅を圧倒している。

細かくうねる小倉〜博多間の線形の謎

山陽新幹線の九州区間である小倉〜博多間の線形も複雑である。左右に細かくうねっているのである。途中の区間が都市部の人家密集地帯というのならまだわかる。しかしこの区間の大半は山地や田畑だった。

この細かな曲線が生じた原因は、筑豊炭田の旧坑道や鉱害地域などが錯綜していたためだった。それを極力避けて新幹線の経路を決定したのである。

この経路に絞るまでに、多数の案が比較検討されることになった。なかでも重要視されたのが、筑豊炭田の鉱区や鉱害地域にかかっていないかという点だった。

決定した経路は、小倉駅を出てまもなく、鹿児島本線と分かれて南に折れ、すぐに北九州トンネル（1万1747メートル）の地下区間となる。このトンネルの真上は最初市街地である。トンネル北側の区間は、丘陵部に造成された市街地を通過するための手段として選択された意味合いが強く、小倉側から約2キロ先の最深部の標高はマイナス13・75メートルに達する。海水面より深いところを通るのである。

途中、工業用水・飲料水の水源である河内《かわち》貯水池や畑《はた》貯水池を回避するため、ゆるやかな曲線を描いている。さらにその先は、鉱区や鉱害地域を避ける意味から、遠賀川《おんががわ》流域の炭田の炭鉱跡を回避する線形を採用している。北に迂回して筑前植木駅《ちくぜんうえき》の北で遠賀川と筑豊本線をまたいでいるのはそのためである。

開業当初、山口県の宇部《うべ》や厚狭付近、福岡県の筑豊の旧炭鉱地帯約18キロを通過する際は陥没が発生するおそれがあるとして速度を制限した。小倉〜博多間の盛土区間では時速110キロ以下だったという。

一方、その先の福岡トンネルは、経路選択に疑問がもたれる事例である。こちらは犬鳴《いぬなき》山《やま》直下を貫く長さ8488メートルの山岳トンネルだが、工事中の大量の突発湧水とそれに伴う地表の渇水問題が発生し、予期せぬ難工事となった。

福岡トンネルは途中で標高103・2メートルのサミットとなる拝み勾配だが、サミット直前に犬鳴《いぬなき》ダム（当時は計画段階）のダム湖の直下を通過する。この経路がまず問題となった。ダム事業者の福岡県は計画の変更を求めたが、国鉄側は「新幹線が高速で博多まで

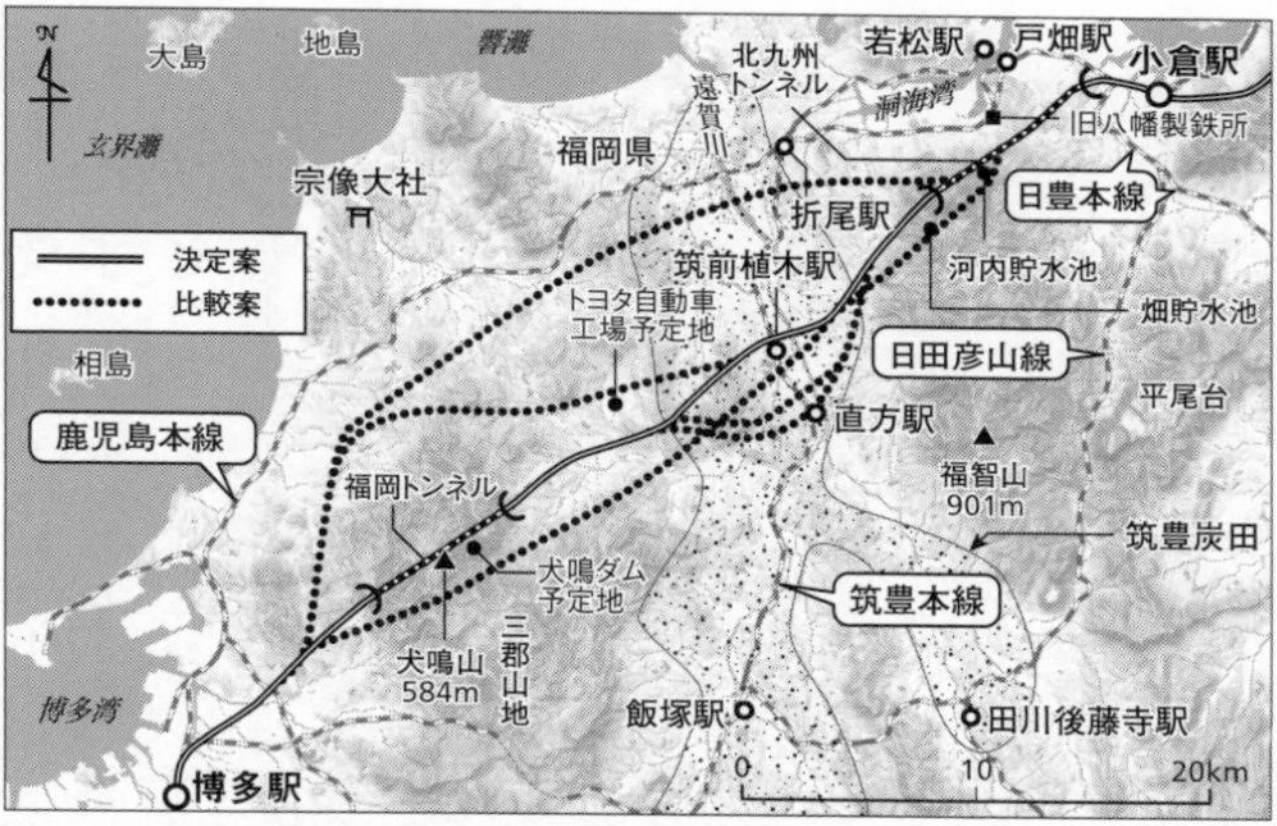

筑豊炭田や犬鳴ダム計画が影を落とした小倉〜博多間の経路

乗り入れるため、ルートの変更が難しい。また、仮にルートを変更した場合には新幹線の開通が遅れる」「国鉄では関門トンネルをはじめ、数々のトンネル工事を経験しており、山陽新幹線福岡トンネル建設工事について、技術的な障害はない」といった理由を挙げ、経路の変更を拒否したのである。

工期至上主義に加え、多数の長大トンネルを掘り抜いてきたという傲《おご》りや慢心がなかったとはいえない。トンネル上に約100メートルの土被《どかぶ》り（トンネルの上端から地表面までの厚さ）があることから、貯水池直下であっても問題は生じないと楽観していたのだろう。

ところが昭和46年（1971）6月から工事が始まると、トンネルの導坑に大量の湧水が発生し、同時に付近の井戸から水が消えてしまう事態となる。工事が本格化した昭和48年（1973）の秋には、トンネル上部一帯、犬鳴山を流れる大小の沢の水がことごとく涸れてしまったのである。

国鉄は新たな井戸を掘削して、影響する住戸に飲料水を供給したり、農業用水についてはポンプで給水したりするなどの対策を実施したが、完全な補塡にはいたらなかった。

トンネルの工事現場も惨憺たるもので、湧水量の多さと雨合羽を着ても全身ずぶぬれになる工事の過酷さに作業員の離散を招き、その充当に苦労したという。それほどの難工事だったのである。

予定より遅延したものの、福岡トンネルは昭和49年（1974）7月に完成し、昭和49年度（1974年度）ギリギリではあったが、山陽新幹線は昭和50年（1975）3月15日に岡山〜博多間が開業して全通している。

だが、犬鳴ダム建設は遅れに遅れた。漏水問題に関する技術的整理だけで8年を費やした。福岡県と国鉄との間でつづけられた漏水問題の金銭補償の問題は、事案発生から14年後の昭和60年（1985）11月にようやく決着している。

あまりの計画遅延ぶりに、共同事業者だったトヨタ自動車が昭和60年（1985）6月に撤退を表明する事態を招いていた。犬鳴ダムによる工業用水供給がトヨタ自動車の九州進出（宮田町《みやたまち》〔現在の宮若市《みやわかし》〕に工場を建設予定）の条件になっていたのである。しかし、福岡県が全力で引き止めた結果、翌昭和61年（1986）3月に事業復帰している。

昭和63年（1988）6月にようやくダム本体工事の発注が行われることになり、ダム本体が完成したのは平成6年（1994）。「司書《ししょ》の湖《うみ》」（幕末期に福岡藩家老を務めた加藤司書《かとうししょ》に因む）と名づけられたダム湖が満水となったのは、平成9年（1997）5月である。福岡トンネルへの漏水は継続しており、ダム湖の水位維持のため、工事期間中旧河床にグラウチング（ひび割れ防止のためモルタルを注入）を施工したほか、緩斜面にベントナイト（遮水）シートを敷くなどの漏水対策を実施している。

福岡トンネルを抜けた新幹線は、そのまま南西に向かう。香椎《かしい》線、篠栗《ささぐり》線を高架で越え、宇美《うみ》川《がわ》を渡った先の吉塚《よしづか》駅付近から鹿児島本線に並行し、国鉄用地を利用して博多駅の東側に進入する。博多駅は昭和30年代後半に現位置に新築移転しており、線路用地に余裕があったため、乗り入れに際して大きな問題は生じなかった。

山陽新幹線の車両基地（博多総合車両所）は、水城《みずき》跡などの文化遺産を避けて蛇行しながら、南に約9キロ離れた春日町《かすがまち》（現在は春日市）と那珂川町《なかがわまち》（現在は那珂川市）にまたがる地域に建設された。これは将来の九州新幹線（鹿児島・長崎ルート）の経路を視野に入れた立地だった。山陽新幹線開業から36年後の平成23年（2011）3月に全線開業した九州新幹線は、博多駅を出ると山陽新幹線の回送線を通って熊本方面に向かっている。

第二部　拡大する新幹線路線

第四章　新幹線と列島改造

田中角栄の登場と全国新幹線網

戦前の新幹線計画に端を発した東海道新幹線は予想をはるかに超える成功を収め、山陽新幹線の建設も進んでいた。もともと新幹線計画が始まったのは、東海道本線の列車本数が近い将来限界に達するという危機感が根底にあったからである。ところが、いざ新幹線という超高速鉄道が開業すると、人々の遠距離移動が容易になったことで新たな旅客需要が掘り起こされ、沿線は大きく発展した。新幹線が工場移転や人口増加の呼び水となり、産業が活性化し、地価が上昇するなど、波及効果は計り知れなかった。

地方から熱いまなざしが新幹線に注がれるようになるのも当然である。新幹線を誘致すれば地方が発展すると考えても不思議ではない。いわば先行投資である。それが一連の整備新幹線だった。輸送力が飽和寸前になったから新幹線を建設するのではなかった。目的と手段が逆転したことになる。

この動きを後押ししたのが、昭和45年（1970）5月に議員立法で成立した全国新幹線鉄道整備法（全幹法）である。第一条の以下の条文が、「その後の新幹線」の本質を語り尽くしている。曰く「この法律は、高速輸送体系の形成が国土の総合的かつ普遍的開発に果たす役割の重要性にかんがみ、新幹線鉄道による全国的な鉄道網の整備を図り、もつて国民経済の発展と国民生活領域の拡大に資することを目的とする。」このうち最後の部分は平成9年(1997)の改正で「もつて国民経済の発展及び国民生活領域の拡大並びに地域の振興に資することを目的とする。」と変更された。新幹線を整備する目的に「地域の振興」が加えられたのである。これはいわば現実の追認といってよかった。

ともかくこの法律は、輸送量が逼迫していなくても新幹線が建設できる点が、従来の方針からの大きな変更だった。つまり、新幹線の当初の主要目的だった線路増設による輸送量増大効果ではなく、もっぱら新幹線の高速性に着眼して、国土開発をはかる目的が明文化されたのである。

全国新幹線鉄道整備法は突然できたわけではない。その胎動は昭和40年代初めから始まっていた。法律成立のお膳立てをした立役者が、田中角栄だった。その間の動きを追ってみよう。

昭和30年代の日本の高度経済成長は、地方からの人口流出と大都市への人口流入、工業をはじめとする産業全般の過度な大都市圏集中をもたらし、さまざまな弊害が、喫緊の政治的課題として浮上してきた。

具体的な問題として挙げられたのは、人口集中に伴う「住宅問題」や下水道など生活基盤の未整備、大気汚染をはじめとする「公害問題」、「通勤地獄」といわれた朝夕の通勤ラッシュ、慢性的な交通渋滞と「交通戦争」とも称された交通事故死の急増などである。

こうした状況を鑑み、昭和42年（1967）3月に与党自民党内に都市政策調査会が設置された。会長に担ぎ出されたのは、前年の「黒い霧」（政界汚職疑惑）の責任を負い、幹事長を辞任して無役の田中角栄だった。

田中はお飾りの会長に納まる男ではなかった。秘書たちに号令し、各省庁の政策ブレーンを総動員して『都市政策大綱』をまとめあげたのである。昭和43年（1968）5月26日に発表された内容は、都市の過密化と地方の過疎を解消するため、「高能率で均衡のとれた国土建設」などを訴えたもので、大反響を呼び起こした。ふだんは自民党に対して批判的な大手報道機関さえ高く評価したほどの出来栄えだった。

『都市政策大綱』の基本方針の一つが「基幹交通・通信体系の建設」であり、「日本列島を一体化し、その時間距離を短縮するため、北海道より九州までを結ぶ鉄道新幹線など基幹交通・通信体系を建設する」と記されていた。つづいて、「表日本と裏日本を縦横につらぬき、旭川《あさひかわ》と鹿児島を結ぶ全長4100キロの全国新幹線鉄道を建設する」という印象的な一文があった。

都市政策調査会は国鉄に対しても「今後の全国、首都圏の鉄道整備がどうあるべきか」という問いかけを行った。それに対して昭和42年（1967）8月、国鉄が昭和60年（1985）を目標とした「全国幹線鉄道網、首都圏高速鉄道網の整備について」という長期構想を提出している。いわば、全国新幹線構想の萌芽といえるものである。

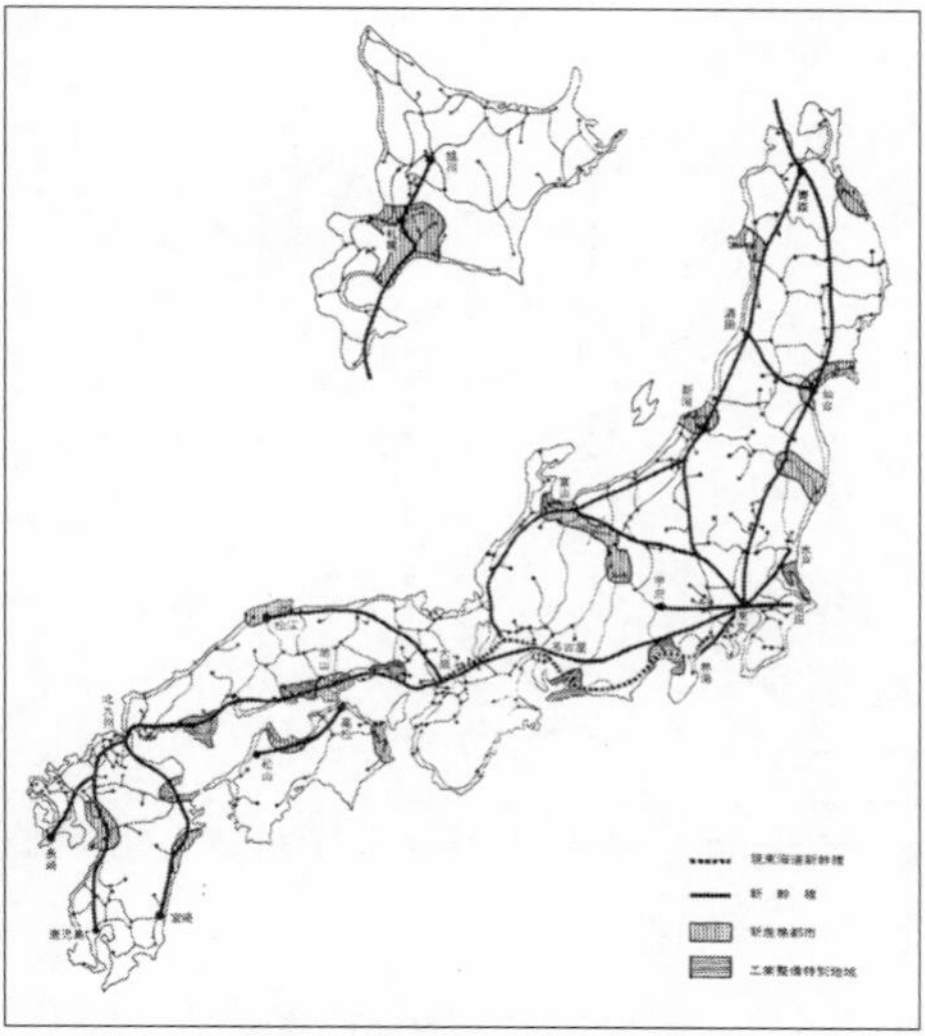

昭和42年の「全国幹線鉄道網」（出典：『資料　新全国総合開発計画』）

「全国幹線鉄道網」とは、「地方の中核となる都市と東京・大阪等の大都市圏とを短時間（一部遠隔の地を除き3時間程度の1日行動圏とする）で直結」し、旅客列車だけでなく高速貨物（コンテナ）列車も考慮していた。列車の最高時速は250キロで平均時速は200キロを想定し、総延長は約4000キロだった。その路線網は上図のとおりである。

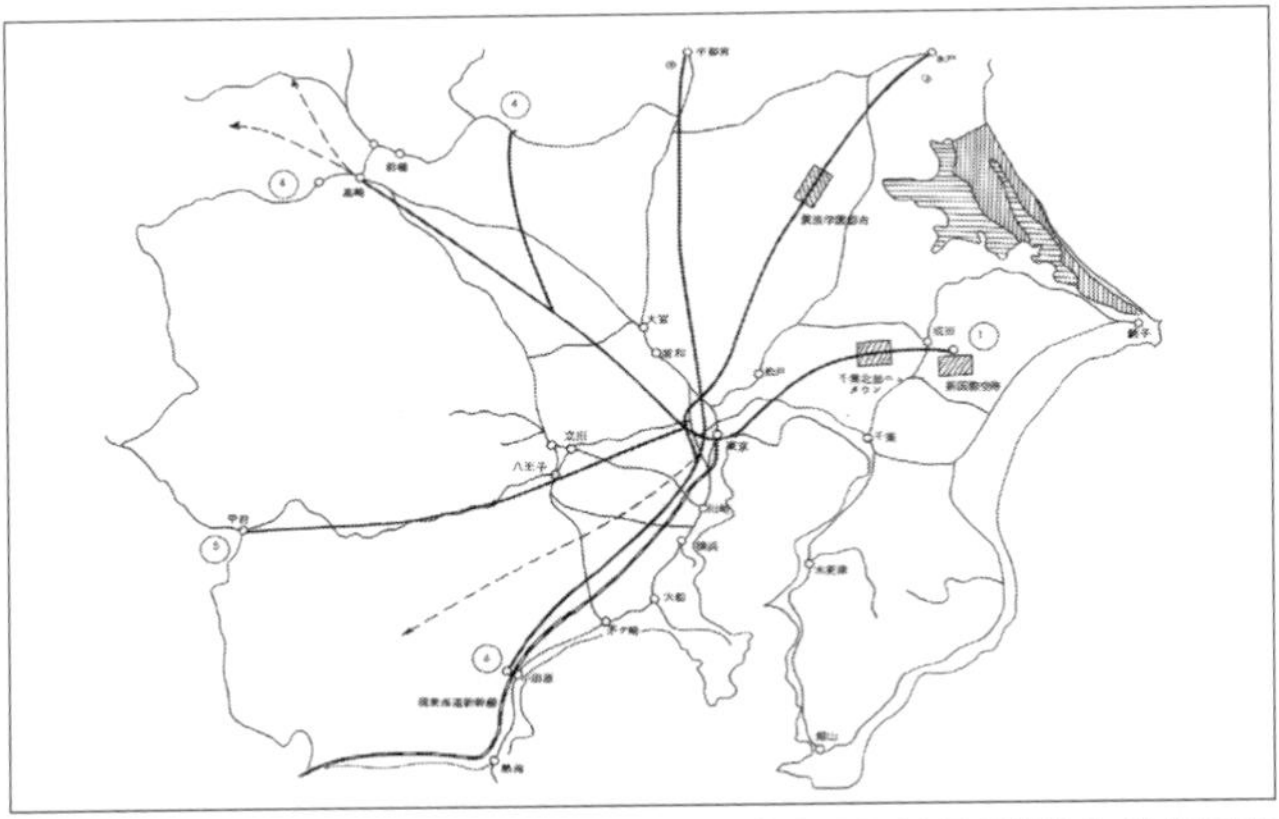

昭和42年の「首都圏超高速鉄道網」（出典：「全国新幹線鉄道網と首都圏高速鉄道網」）

北海道の旭川から札幌を経て、噴火《ふんか》湾（内浦《うちうら》湾）、津軽《つがる》海峡をトンネルで抜けて青森、仙台を経由して東京に到達する新幹線が新たに計画され、既存の東海道新幹線と工事・計画中の山陽新幹線と合わせて日本列島の国土軸を結ぶ意図だった。さらにそこから派生するかたちで、日本海沿岸、上越、山陰、四国、博多から鹿児島や長崎に至る路線なども構想されていた。

「全国幹線鉄道網」とは別に「首都圏超高速鉄道網」の構想も発表した。新幹線方式の別線を首都圏に建設して「首都圏の過密なき集中」を実現することで人口増に対処しようというものである。

計画は、最高時速160キロ（平均速度120キロ）の列車が走る路線を建設するもので、具体的には以下の6ルートだった。上から区間、距離、所要時間の順である。

①新国際空港・北千葉ニュータウン〜東京　50㎞　30分
②茨城県中央部（筑波《つくば》経由水戸《みと》附近）〜東京　100㎞　50分
③栃木県中央部（宇都宮附近）〜東京　100㎞　50分
④群馬県南部（前橋・高崎附近）〜東京　100㎞　50分
⑤山梨県中央部（甲府附近）〜東京　100㎞　50分
⑥神奈川県湘南地区〜東京　70㎞　40分

「首都圏超高速鉄道網」については当時の時代背景について説明が必要だろう。高度経済成長に伴う首都圏への急速な人口移動で、通勤時間帯の列車は軒並み乗車率300パーセントを超え、「通勤地獄」と称されるまでになっていた。昭和40年代の国鉄は、東海道線（横須賀線）、中央線、東北線（高崎線）、常磐線、総武線という5本の放射状の通勤ルートの輸送力を線路増設や設備改良などを通じて強化する「五方面作戦」を開始する。「首都圏超高速鉄道網」というのは、「五方面作戦」の次の策として、都心で働く人が約100キロ離れた都市に居住する職住分離・人口分散時代の未来をにらみ、100キロ程度の距離を新幹線で結ぶ、いわば通勤新幹線構想だった。

「首都圏超高速鉄道網」の都心のターミナルは地下に建設され、東京駅付近、皇居前広場付近、新宿副都心とされた。都心および副都心に通勤できるよう相互に直通運転可能な経路が想定されていた。

史上空前の国土開発構想

この構想が公になると、全国的に新幹線建設促進の気運が急速に高まり、各地に新幹線建設促進期成同盟会が設立されていくことになる。

こうした流れを受けてだろう、国鉄が提出した4000キロが、自民党の『都市政策大綱』では4100キロになり、さらに昭和44年(1969)5月に閣議決定された新全国総合開発計画(新全総)では、議論の過程で4500キロの構想に拡大していた。

新全国総合開発計画という名称から察せられるとおり、新全総は全国総合開発計画に基づく国土開発計画である。全国総合開発計画とは、昭和25年(1950)に成立した国土総合開発法に基づき、国土の有効利用、社会環境の整備等に関して政府が策定した長期計画で、昭和37年(1962)の第一次計画から平成10年(1998)の第五次計画まで作成された。

そのうち、佐藤栄作内閣が策定した第二次計画を指して、新全総と称したのである。新全総の特徴としては、高度経済成長という時代を背景に、国土の総合開発を前面に押し出した点にあり、昭和60年(1985)を目標年次としていた。

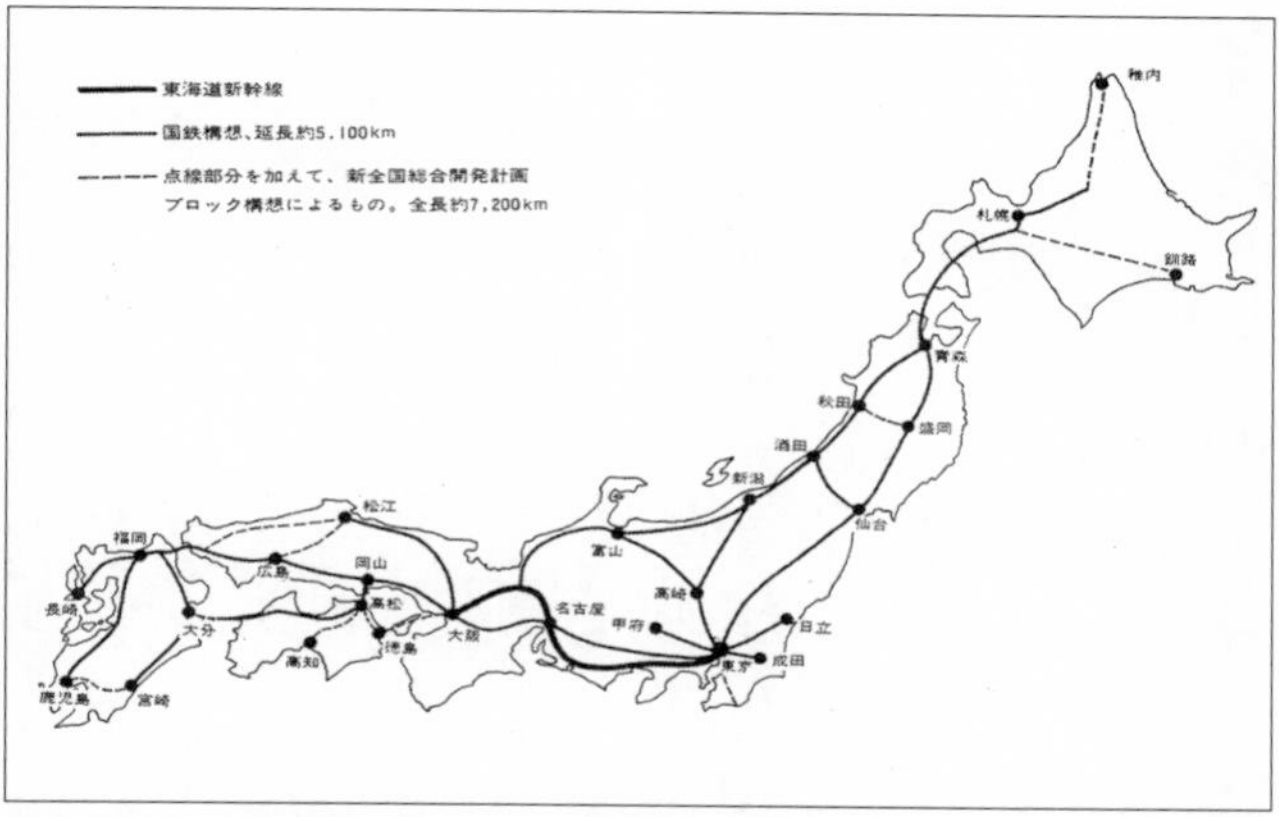

昭和44年に閣議決定された新全総の新幹線構想（出典：『資料　新全国総合開発計画』）。図中の国鉄構想は、新全総の議論当時のもの

現実には策定から4年後の昭和48年（1973）に想定外の石油ショックが世界を覆い、「狂乱物価」と称された激しいインフレやトイレットペーパーの買い占め騒ぎなど、国民生活への影響は甚大で、本四《ほんし》架橋（淡路島《あわじしま》、児島《こじま》～坂出《さかいで》、尾道《おのみち》～今治《いまばり》の3ルート。このうち淡路島と児島～坂出ルートは道路・鉄道併用橋の予定だった）などの巨大開発プロジェクトは軒並み中断された。

国土開発と積極財政を旗印としてきた田中角栄内閣はこの激変に対応できず、均衡財政論を掲げる政敵の福田赳夫《ふくだたけお》を三顧の礼で大蔵大臣に迎え、「総需要抑制策」に大きく舵を切ったのである。こうして日本の高度経済成長はあっけなく終焉し、低成長時代を迎えた。

新全総計画途中の昭和52年（1977）には、安定成長指向の福田赳夫内閣により、「人間と自然との調和のとれた『人間居住の総合的環境』を計画的に整備する」ことを標榜した第三次全国総合開発計画（三全総）が策定され、新全総にとってかわった。

先を急ぎすぎた。時計の針を昭和40年代前半に戻そう。新全総では、以下のような構想が謳われていた。

「この首都東京等7大中核都市の整備とあわせて、これらを相互に結ぶ基幹通信網および幹線航空路、新幹線鉄道、高速道路等の高速交通体系を中心に新交通通信網を総合的、先行的に整備し、これを日本列島の主軸とする。

日本列島の主軸を形成する高速交通施設として、札幌、東京、大阪、福岡の基幹空港、札幌・福岡間約2000キロメートルについて、高速道路、新幹線鉄道の建設を計画、実施するほか、7大中核都市関連港湾の整備を図る」

別の箇所では、こうも述べられていた。

「幹線として、7大中核都市を起点もしくは中継点とし、これらの都市と各地方中核都市とを結ぶ高速交通体系を計画的、効率的に整備する」

つまり、新幹線についていえば、7大中核都市（札幌、仙台、東京、名古屋、大阪、広島、福岡）相互を結ぶ札幌から福岡に至る路線を日本列島の主軸として先行的に整備し、7大

●新全総の第一次試案による全国新幹線網

区間	延長（km）	摘要
東京〜旭川	1060	青函トンネルを除く
大阪〜鹿児島	820	大阪〜岡山間160kmを含む
東京〜大阪	440	
（第２東海道）		
東京〜新潟	290	
高崎〜富山	190	
米原〜青森	750	重複部分　長岡〜新潟間60kmを除く
大阪〜松江	270	
岡山〜（高松）〜松山	150	宇高《うこう》を除く
小倉〜宮崎	260	
久留米《くるめ》〜長崎	120	
仙台〜酒田《さかた》	150	
合計	4500 （4300）	（　）内は現在工事中の大阪〜岡山間 160kmを除いた新規延長キロ

中核都市と地方中核都市を結ぶ路線整備についても重要と位置づけられていたのである。

全国新幹線網の構想に挙がっていた具体的区間は、第一次試案では上の表のとおりである。

これに開業済みの東海道新幹線を加えて、約５１００キロ。これは国鉄案でもあった。

ところが、最終的には約７２００キロまで膨れ上がった。具体的には次ページの表の路線である。既存の東海道新幹線や海峡区間を加えれば、ほぼ７２００キロになる。このうち、札幌〜福岡の国土軸を貫く新幹線鉄道２１００キロについては、新全総答申本文で

●新全総による全国新幹線網

区間	延長（km）
東京～旭川	1135
東京～新潟	300
東京～水戸	100
東京～成田	60
東京～甲府	100
東京～熱海	100
熱海～大阪	415
大阪～鹿児島	810
久留米～長崎	120
小倉～宮崎	270
大阪～松江	270
岡山～松山	200
米原～（富山）～長岡	385
富山～高崎	190
新潟～青森	375
仙台～酒田	155
旭川～稚内《わっかない》	210
苫小牧《とまこまい》～釧路《くしろ》	260
盛岡～秋田	100
水戸～平《たいら》	90
東京～鴨川《かもがわ》	70
松江～広島	150
松江～山口	240
徳島～高松	60
松山～八幡浜《やわたはま》	60
高松～高知	100
宮崎～鹿児島	110
合計	6435

具体的に計画の実施が求められていた。

区間だけ羅列しても全体像が掴めないだろうから、新全総策定スタッフが執筆に関わった『資料　新全国総合開発計画』という約750ページの大著に収められた図から「地方別総合開発の基本構想図」の一部を紹介する（次ページ）。半世紀余り前の日本列島開発計画の青写真である。新全総の開発計画がいかに壮大な構想であったかが読み取れるだろう。それ以前もそれ以降も、日本政府が具体的に策定した計画でここまで大規模な国土開発構想は存在しない。

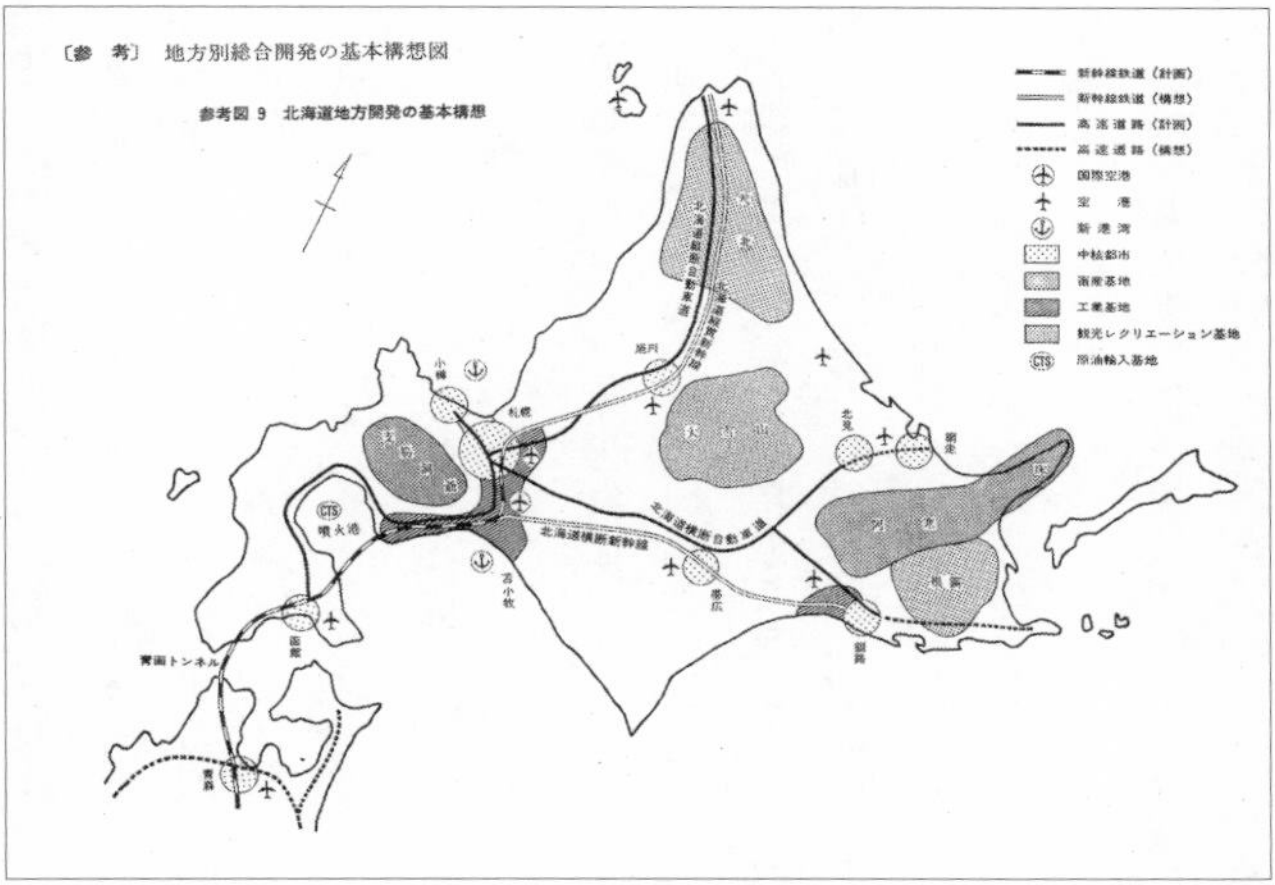

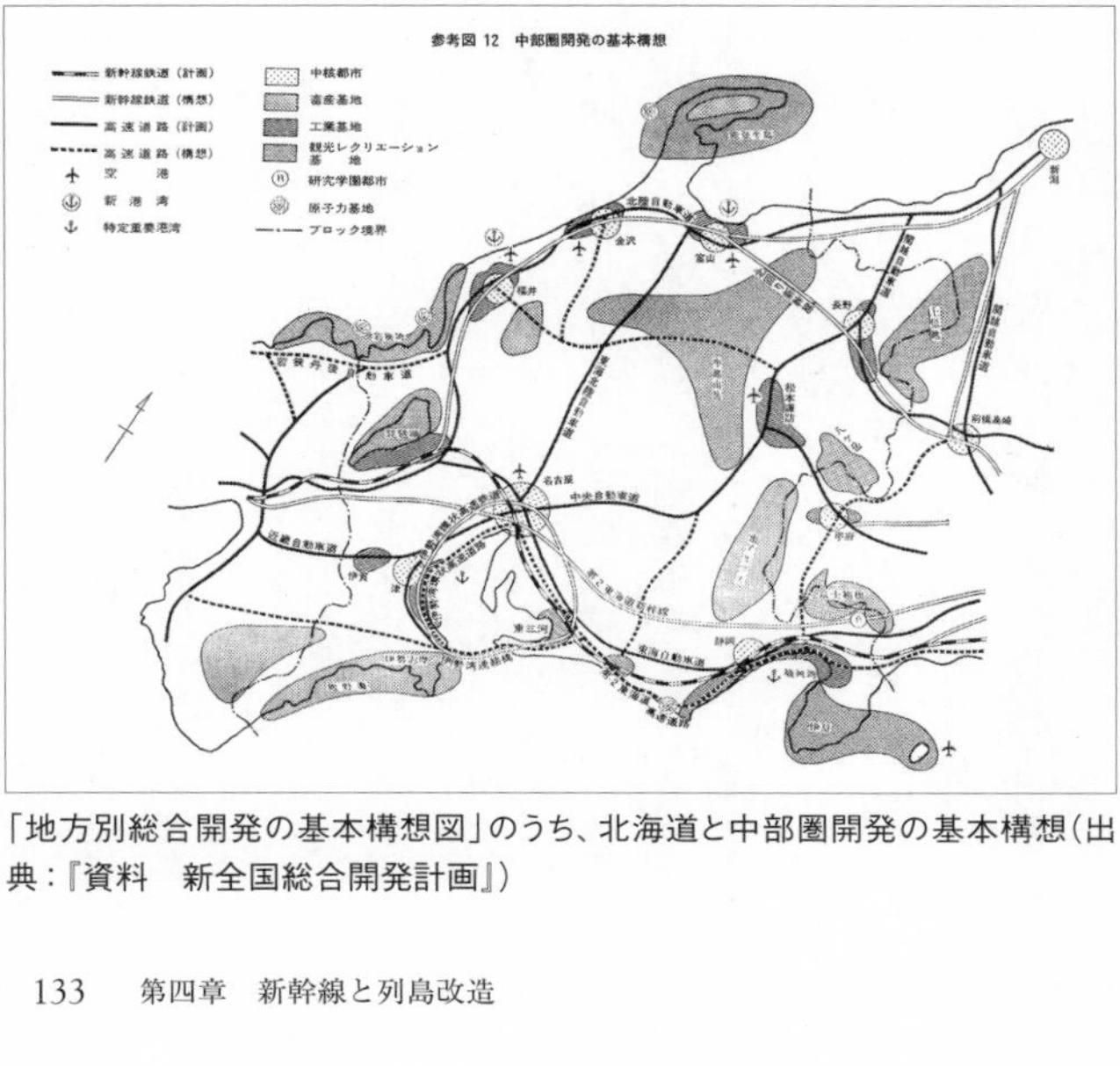

「地方別総合開発の基本構想図」のうち、北海道と中部圏開発の基本構想（出典：『資料　新全国総合開発計画』）

路線を増やす根拠としての「別表」の存在

新全総が閣議決定されて約1ヶ月経った昭和44年（1969）6月25日に開催された鉄道建設審議会では、翌年1月に開会する次期通常国会への提出を目途に新幹線鉄道整備の法案を検討する旨の決議がなされた。

同じ年の9月17日、自民党の国鉄基本問題調査会（国鉄の赤字転落を受けて昭和39年〔1964〕に自民党政務調査会に設置）と交通部会は、総延長9000キロにおよぶ路線を昭和60年（1985）までに整備することや所要投資額11兆3000億円を骨子とする全国新幹線鉄道整備に関する基本方針を決定している。満を持して、運輸族が蠢動し始めた感がある。

新全総案でも充分大風呂敷に思えるのだが、昭和45年（1970）初めに審議された全国新幹線鉄道整備法策定に際して検討された鉄道建設審議会案では、計画路線が約9000キロまで膨張しており、将来的な建設路線として「別表」に掲載されていた。予定路線を記した「別表」を見ると、新幹線建設に対する熱の入れようが見てとれる。東海道新幹線の成功を横目でみていた地方の首長や地方選出議員は、新幹線誘致こそが地域発展の最大の起爆剤とみなしていた。

このうち、常磐新幹線は、途中で分岐した支線が成田の新東京国際空港を目指す計画だったことが政府の国会答弁でのちに明らかになっている。東京～水戸間と東京～新空港間

●「全国新幹線鉄道整備法」の鉄道建設審議会案における「別表」

路線名		路線
北海道新幹線	1号線	青森市〜札幌市
	2号線	札幌市〜稚内市
	3号線	札幌市〜釧路市
	4号線	旭川市〜網走《あばしり》市
東北新幹線	1号線	東京都〜宇都宮市〜仙台市〜青森市
	2号線	仙台市〜山形市附近〜秋田市
羽越《うえつ》新幹線		富山市〜新潟市〜青森市
常磐《じょうばん》新幹線		東京都〜成田《なりた》市附近〜水戸市〜仙台市
磐越《ばんえつ》新幹線		いわき市〜新潟市
上越新幹線		東京都〜新潟市
北陸新幹線		東京都〜富山市〜大阪市
東海道新幹線	1号線	東京都〜名古屋市〜大阪市
	2号線	東京都〜名古屋市〜大阪市
中部新幹線	1号線	東京都〜甲府市〜名古屋市〜大阪市
	2号線	甲府市〜松本市〜長野市
	3号線	名古屋市〜高山市〜富山市
紀勢《きせい》新幹線		名古屋市〜新宮《しんぐう》市〜大阪市
山陰新幹線		大阪市〜松江市〜下関市
山陽新幹線		大阪市〜広島市〜下関市
中国新幹線	1号線	岡山市〜松江市
	2号線	広島市〜松江市
四国新幹線	1号線	岡山市〜高知市
	2号線	大阪市〜徳島市附近〜大分市
九州新幹線	1号線	下関市〜福岡市
	2号線	福岡市〜長崎市
	3号線	福岡市〜熊本市〜鹿児島市
	4号線	福岡市〜宮崎市〜鹿児島市
	5号線	熊本市〜大分市

の首都圏超高速鉄道網の2路線を合体させたものだろう。

全国新幹線鉄道整備法について、簡単に説明しておこう。第一部で述べたとおり、そもそも新幹線とは、東海道本線と山陽本線の輸送量増大と近々予想される飽和状態というさしせまった現実を前にして、その解決手段として構想されたものだった。まず線路増設があり、さらに列車の高速運転が加わる。その解決手段として誕生したのが、広軌別線による「新幹線」なのである。つまり新幹線とは、名目上はあくまで既存の鉄道幹線の線路増設という位置づけで、建設にあたって新たな法律を必要としなかった。

ところが、東海道新幹線の成功で、新幹線に対する見方が一変する。「新幹線の必要性」の中身が変質したといってもいい。輸送量増大という鉄道の厳しい現実を解決する手段としての新幹線ではなく、国土開発の牽引役としての位置づけである。鉄道の輸送量が増えたから建設するのではなく、その高速性に着目して、大都市からの人口回帰や工場移転の起爆剤としての効果を期待したのである。

こうした一連の流れを明晰に語っている言葉が田中角栄の『日本列島改造論《にほんれっとうかいぞうろん》』の中にある。引用してみよう。

「東海道、山陽の両新幹線は在来線の輸送力のいきづまりを打開するために計画されたのにたいし、これらの各線（註：『日本列島改造論』刊行時点で建設が決定してい

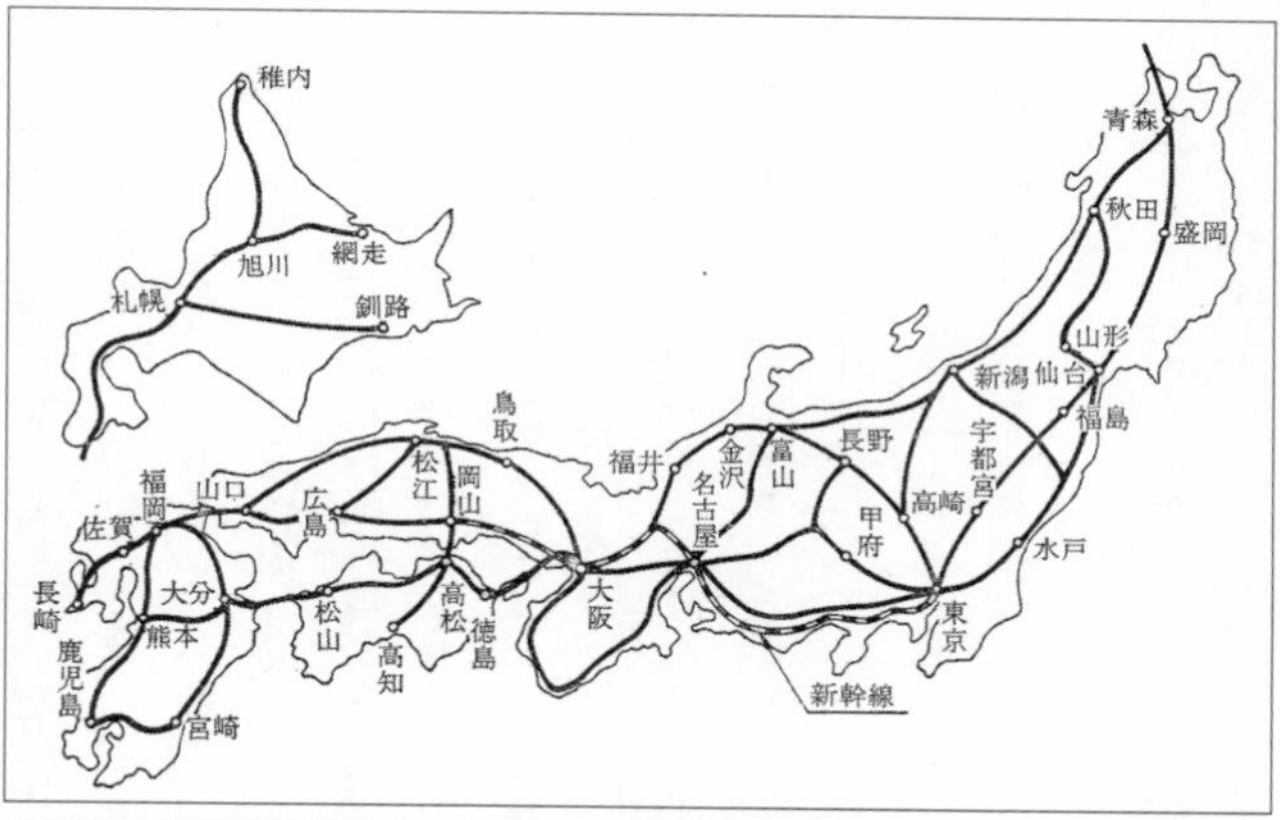

全国新幹線鉄道整備法案の「別表」線（出典：『日本国有鉄道百年史』13巻）

た東北・上越・成田新幹線と基本計画に組み入れられた北海道・北陸・九州新幹線を指す）はいずれも先行投資型であり、北海道、東北、北陸、九州などの地域開発をすすめ、太平洋ベルト地帯と裏日本や北日本、南九州などとの格差解消に役立つものである」

「先行投資型」とは、のちの整備新幹線の本質を突いている。本音がこぼれ出たといっていいかもしれない。

ところで、全国新幹線鉄道整備法案に付随する「別表」という存在には、前例があった。「鉄道敷設法」である。

鉄道敷設法とは、建設すべき鉄道新線を規定した法律で、明治25年（1892）に最初の鉄道敷設法が公布され、大正11年（1922）に旧法を廃止して新たな鉄道敷設法が制定された。鉄道敷設法には敷設すべき路線を明示した「別表」があり、ひとたび路線が登載されると、のちのちまで鉄道を敷設する根拠として機能した。別表に記載された路線は当初149だったが、その後次々に追加・改訂され、最終的には200まで膨張した。

この法律は、戦後の高度成長期を迎えても有効であり、国鉄が赤字体質になった昭和40年代以降も鉄道建設の根拠とされ、国鉄経営を縛った（鉄道敷設法が廃止されたのは、国鉄が民営化された昭和62年〔1987〕）。国鉄が赤字になっても路線建設を進めるために新規に設立された組織が日本鉄道建設公団で、この公団設立にも田中角栄が深く関わっていた。

ところで、鉄道新線の建設の是非や鉄道政策全般を左右する重要な諮問会議として、戦前の日本には「鉄道会議」なる存在があった。鉄道会議を主宰する議長には大正期まで陸軍の参謀次長が代々就任していた。このことからわかるように、陸軍が実質的な主導権を握っていた。有事における鉄道と軍事（兵站）の関係が密接だったことを示す好例である。

終戦後も鉄道会議は残置されたが、昭和26年（1951）以降は国会議員が3分の1を占める「鉄道建設審議会」が鉄道会議に取って代わった。鉄道建設審議会は、その後の鉄道新線建設決定に大きな役割を果たした諮問機関である。時期にもよるが、委員はおおむね30人。うち国会議員が11人（衆議院議員6人、参議院議員4人、運輸政務次官）を占めた。与党の自民党議員枠には、当時の自民党4役（幹事長、総務会長、政務調査会長、参議院議員会長）が含まれるのが慣例だった。

鉄道建設審議会の会長職は自民党の総務会長が代々引き継ぎ、審議案件を運輸省の事務局と事前に詰める小委員長には政務調査会長が就任するならわしだった。審議会の構造は、政務調査会交通部に属す自民党国会議員が運輸族として国鉄への強い圧力を行使する力の源泉となっていた。

新全総の閣議決定から約10ヶ月が経った昭和45年（1970）3月11日、鉄道建設審議会は既定方針どおり全国新幹線鉄道整備法案の内容を決定し、制定を決議していた。そこには鉄道敷設法と同じく、建設すべき路線を記した「別表」が添付されていた。

当初、運輸省内では「別表」を3000キロ程度と見込んでいたようだ。しかし鉄道建設審議会の議論などで路線を加えた結果、9000キロを超える膨大な線区になってしまう。めぼしい本線区間のほとんどが新幹線に昇格するかのごとき勢いだった。

土木学会の会長を兼務しながら、鉄建公団総裁を務めた篠原武司もまた全国新幹線網の計画に深く関与したひとりだった。鉄道技術研究所所長時代、最も早期に新幹線構想を打ち出した人物でもある。

篠原は東京出身で、東京府立第一中学校（現在の東京都立日比谷高等学校）、第一高等学校

を経て、東京帝国大学工学部土木工学科を卒業。鉄道技師として鉄道省に入省し、鉄道技術研究所所長などを経て、鉄建公団副総裁に就任していた。戦時中は千葉の鉄道第一聯隊に入営して、徐州《じょしゅう》作戦に従軍する。金鵄《きんし》勲章を受章したというから、現地でも目覚ましい活躍を見せたのだろう。

昭和42年（1967）5月、篠原は会長として出席した土木学会総会の席上で、「全国新幹線鉄道網の構想と現在の鉄道の再編成」というテーマで講演している。篠原によれば、その直後、田中角栄幹事長から新幹線構想について聞いてみたいという打診を受け、田中に構想を語ったという。鉄道建設公団の試案として昭和43年（1968）に4750キロ、翌昭和44年（1969）に5265キロの案をまとめたのは、こうしたいきさつがあったからだろう。しかし、田中は5000キロあまりの案を1万キロに拡大せよと強く求めた。おそらく高速道路網1万キロ構想に合わせたかったのであろう。政治家は往々にして語呂のいいスローガンを好むものである。

そこで篠原は、試案にあった日本列島を縦断する路線に横断する路線をいくつか加えて、なんとか9000キロまで延ばし、田中も了承したのだという。篠原案が「別表」の骨格をなしていたことは疑いのないところだろう。篠原武司は昭和45年（1970）3月、日本鉄建公団総裁に就任（昇任）している。直接の論功行賞ではなかったにしても、田中角栄の覚えはめでたかったにちがいない。

田中角栄は、昭和45年（1970）7月15日付の東京新聞に掲載された福田赳夫との対談で、「私は自動車新税構想を打ち出し、さらに昭和六十年までに全国九千キロの新幹線網を建設しようというんだ」と自分の功績を誇っている。わざわざ「九千キロ」という数字を出すあたり、全国新幹線鉄道整備法案の別表（新幹線網の総計約9000キロ）の立案にあたって、田中の意向が相当入っているとみるべきだろう。

この時期の田中は、9000キロの新幹線建設と自動車新税を原資とした1万キロの高速自動車道の実現に血道を上げていた。『日本列島改造論』の中にも「その総延長をすくなくとも一万キロメートルに拡大しなければならない」という言葉がある。

高速鉄道網と高速道路網整備に関する田中の構想は、9000キロの新幹線を実現させる目標こそ頓挫したが、高速道路網整備財源として目論んだ自動車新税が昭和46年（1971）に自動車重量税法として導入され、現状で総延長9000キロ超の高速道路網を実現させている。田中角栄の描いた未来像はけっして夢まぼろしのたぐいではなかった。

なぜ「別表」は削除されることになったのか

鉄道建設審議会は以下のような決議も公表していた。

「全国新幹線鉄道整備法案に関する決議　わが国陸上輸送の根幹をなす新幹線鉄道網の整備を図るため別紙要綱により全国新幹線鉄道整備法案の作成を早急に行ない、これを今国会に提出することを必要と認める。右決議する。昭和四十五年三月十一日　鉄道建設審議会」

この文面を読むかぎり、「別紙要綱」が先にあって、そのあとに全国新幹線鉄道整備法が付随しているようにとれる。

衆議院における議員立法の提案者代表は鈴木善幸《すずきぜんこう》（自民党総務会長）で、提案者には田中角栄（自民党幹事長）と水田三喜男《みずたみきお》（自民党政調会長）も名を連ねていた。全国新幹線鉄道整備法に基づき最初の建設が決まった東北新幹線・上越新幹線・成田新幹線が自民党三役の選挙区の県を通るのは、はたして偶然だろうか。鈴木善幸は「現住所大平《おおひら》（正芳《まさよし》）派、本籍田中（角栄）派」とのちに噂されたほど、田中角栄周辺の議員と親しかった。

ところが昭和45年（1970）5月18日に公布された全国新幹線鉄道整備法に「別表」は付いていなかった。なぜか。法案成立を推進した与党自民党の総裁でもある佐藤栄作《さとうえいさく》総理が、法案提出直前に自らの権限で外させたからである。大学卒業後に鉄道省に入省し、40代という若さで運輸省（鉄道省の後身）の次官を務めた佐藤は、際限ない建設と財政支出を強いる「別表」の危険を知り抜いていた。

自民党幹事長の田中角栄が撤回を求めて直談判におよんだが、佐藤栄作には通用しなかった。昭和45年（1970）4月7日の佐藤栄作日記には、「党で決定した新幹線鉄道網には疑問あり、取り扱方注意を要すと幹事長を叱る。一寸《ちょっと》予算編成とこの網の作成を一緒にしてる感あり」とある。淡々と事実中心に綴る記述がつづく中、「叱る」という強い言葉を使った箇所は、少なくとも同年中の日記においてはここだけである。両者の間で厳しいやり取りが交わされたことがうかがえる。

さらに4月9日の佐藤の日記には、「橋本運輸大臣、鈴木総務会長等と新幹線網の図面に反対。然《しか》し改良は行ふ要あり」という言葉が記されている。ここでも野放図な建設に反対を貫く姿勢がうかがえる。

佐藤には「別表」に既視感があった。鉄道敷設法の「別表」という悪しき前例があったのである。この「別表」の存在により、国鉄は半永久的な鉄道建設の出費と維持費の負担を強いられていた。国鉄の収支が黒字のうちはまだよかった。ところが昭和30年代末に国鉄が赤字に転落すると、鉄道敷設法の別表が国鉄経営の重い足枷となった。もし仮に別表に記された新幹線を建設していかなければならないとすれば、国家財政に与える害毒の深刻さは鉄道敷設法の別表の比ではない。再びその轍《てつ》を踏まぬための別表削除なのである。

昭和46年（1971）4月の磯崎叡国鉄総裁の講演では、佐藤栄作の「そんなばかなことはけしからぬ、いま国鉄は大正十一年につくった鉄道敷設法で参っているではないか、またその愚を二度と繰り返すのか、絶対に数字を入れることはまかりならぬ」という発言が紹介されている。磯崎によれば、佐藤の方針により、「数字を全部とりました。そして、どこをつくるかはその都度の経済情勢によって考えるべきだということで、九〇〇〇キロ、一一兆円という案を一応取り下げて、法律に直したわけであります」としている。

田中角栄のライバルだった福田赳夫は、この法案についてどのようにとらえていたのか。国会の議事録からいくつか言葉を拾ってみよう。大蔵大臣として出席した衆議院運輸委員会で、別表を外す過程への関与を疑われた福田は、「別表をはずす過程につきましては、私は一切何事も存じておりません」と言いつつ、「基本法的な意味においては私も大賛成です」と答弁している。

キャリア官僚出身らしい微妙な言い回しだが、党内手続を経た総論には一応賛意を示しつつ、野放図な路線拡大に対しては慎重な見方を示したといえるだろう。言わんとすることは、「別表をはずす過程に関与はしていないが、別表掲載には反対」という立場の表明だった。エリート中のエリートである大蔵省主計局長まで務めただけあって、財政均衡を基盤とした安定成長を標榜した福田赳夫の面目躍如といった感がある。

福田の政策構想は、積極財政による高度成長論者の田中角栄とは水と油、対極にあった。

しかも佐藤が政権を禅譲したかった意中の人物は、佐藤派（周山会《しゅうざんかい》）幹部だった田中ではなく、福田だった。佐藤の考えが福田に近かったことは否めない。だが、福田は佐藤派には所属していなかった。主流派として佐藤政権を支えたとはいえ、派閥（党風刷新連盟《とうふうさっしんれんめい》→紀《き》尾井会《おいかい》）を率いる領袖だったのである。予測不可能な行動をとる田中への警戒感があったのかもしれないが、自派の人材より他派の人材を選ぶ佐藤は根っからのマキャベリストなのだろう。ただし田中も佐藤の考えはお見通しだった。佐藤からの禅譲が期待できないと悟った田中は、ひそかに派中派（佐藤派内の多数をまとめた田中派）旗揚げへと舵を切る。

話を戻そう。21世紀に生きる我々にとってみれば、当時の新幹線計画が、うたかたに消えた大盤振る舞いの空手形だったことが見てとれるだろう。実現しようとすれば予算がいくらあっても足りないし、仮に建設できたとしても維持する費用を想像しただけで気が滅入る。鉄道通の佐藤栄作や財政通の福田赳夫が危惧を抱いたのも無理はなかった。

野放図な新幹線の拡大に警鐘を鳴らしていたのが、ほかならぬ国鉄総裁の石田禮助だった。第一章冒頭で描写したように、十河信二の後任として国鉄総裁に就任し、東海道新幹線開業当日にテープカットを行った人物である。

昭和44年（1969）5月に高齢を理由に国鉄総裁を退任するが、直前の3月の衆議院運輸委員会では、四国新幹線構想に関して見解を問うた委員（愛媛県選出の代議士）に対し、石田節全開の率直な答弁をしている。議事録から再現してみよう（改行は筆者）。

「新幹線を四国へ引くということは、私はよほど考えものだと思います。要するに、新幹線を引く場合には、その輸送力に適応した輸送需要があるかどうかという問題だと思う。

御承知のとおり、東海道は人口の四割以上が集中しているところでありますからして、東海道新幹線は成功したのですが、これも、ひとつ御参考までに申し上げなければならぬのですが、東海道新幹線のことを考えるときには、在来線とコンバインして考えなければいかぬ。ということは、新幹線のできる前の、三十八年における在来線の収支を見ると六百十九億のプラスになっておる。ところが、新幹線は三十九年の暮れから今日まで、四十二年までは合計して六百十九億のプラスにはなっていない、四十三年に至って、ようやく六百十九億のレベルにきた、こういうことなんで、独立採算で経営しなければならぬというワクをちゃんとはめられておる国鉄といたしましては、新たに新幹線をつくりますなどという景気のいいことを言うと、あるいはお喜びになるかもしれないが、事実問題からいえば、どうもむずかしいですね。

たとえば、これは四国のみでなくて東北へ引け、こういうのですが、仙台まで引いたって、はたして採算がとれるかどうか。かりに私があと十年総裁としておるとして、新幹線を東北に引けと言われた場合に、よろしい引きましょうということで私がやれば、よほどばかだ、なかなかこれは引けやしません。私がやるとすれば、政府の勘定においてやります、こういうことでやるので、独立採算のもとにおける今日の国鉄のもとでやるということはむずかしいし、ことに四国に対しては、はなはだお気に召さぬようだが、ちょっとこれは見込み薄じゃないかと思います」

新幹線の建設には輸送力に適合した輸送需要があるかどうかが第一であると述べた上で、独立採算経営という枠をはめられた国鉄では新たな新幹線建設は困難、政府の経費でないと不可能と答弁している。東海道新幹線でさえ、手放しで成功とみなしていない。

当時、「別表」を取り去った全国新幹線鉄道整備法案を指して、報道機関の一部は「骨抜き法案」と呼んだ。自民党運輸族が、新幹線の定義うんぬんは二の次で、具体的路線を法律に記載することこそが建設実現への早道だと確信していたからだろう。はからずも佐藤総理の抵抗で法案から別表が消えたことで、全国新幹線鉄道整備法は、新幹線の「基本法」、いってみれば「新幹線憲法」としての性格が色濃くなったといえるかもしれない。

なお、全国新幹線鉄道整備法は、衆議院・参議院とも全会一致で可決された。法案自体は自民党の議員立法という体裁をとったが、全会派が賛成していたのである。石田禮助の後を継いで国鉄総裁に就任した磯崎叡も「形式は自民党単独提案に最後はなりましたけれども、実は自民党なり各党の共同提案ということになっていまして、当時各党はいずれもわが田に水を引くようなことでいろいろやったわけです」と生々しい状況を語っている。

磯崎発言を裏書きするように、全国新幹線鉄道整備法案が運輸委員会で可決された際は、自由民主党、日本社会党、公明党、民社党の与野党4党が「全国新幹線鉄道の整備に関する件の決議」に関する動議を提案し、全会一致で承認されている。内容は以下のとおり。

「全国新幹線鉄道の整備に関する件

政府は、全国新幹線鉄道網の整備に当たつては、日本国有鉄道の在来線の改良と財政の再建に支障を来たさないよう留意し、かつ新幹線鉄道の建設には十分なる資金の調達助成を行なうよう配慮すること。

右決議する」

昭和45年度（1970年度）予算で、全国新幹線鉄道の整備に必要な基本的な調査のため、運輸省に1000万円、国鉄に3億円、日本鉄道建設公団に2億円の調査費が計上された。また、新全総の方針に基づいて昭和45年（1970）5月に閣議決定された「新経済社会発展計画」（昭和50年度までの6ヶ年の経済運営の指針）は、国土の主軸となる新幹線鉄道の体系的整備を促進することとされており、鉄道に対する投資額5兆5000億円の中には新幹線網整備関連費が相当額含まれていたと思われる。

整備新幹線と『日本列島改造論』

こういった建設環境整備の地ならしを受け、全国新幹線鉄道整備法第5条に基づいて、「建設を開始すべき新幹線鉄道の路線を定める基本計画」を運輸大臣が決定していくことになる。

具体的には昭和46年（1971）1月18日の東北新幹線・上越新幹線・成田新幹線を手始めに、基本計画路線が続々決定されていくのである。新幹線の新規建設に慎重だった佐藤内閣の面目躍如というべきか、佐藤内閣時代は退陣直前の昭和47年（1972）7月3日に告示された3路線を合わせても基本計画は6路線にとどまったが、田中内閣は積極策に転じ、昭和48年（1973）11月15日には11路線を一気に基本計画に組み入れてしまった。それはまるで全国新幹線鉄道整備法案「別表」の再現だった（次ページの表）。

昭和46年（1971）4月1日、新規新幹線建設の第一陣として、東北新幹線の東京都～盛岡市間、上越新幹線、成田新幹線が整備計画に決定した。整備計画に格上げされた路線の一覧表も掲げておこう。

別表の全国新幹線鉄道整備法への登載こそ阻まれたが、新幹線計画は田中角栄の意向に

●新幹線の基本計画路線

路線名	告示年月日	起点	終点	主要な経過地
東北新幹線	昭和46年1月18日	東京都	盛岡市	宇都宮市附近、仙台市附近
上越新幹線	同上	東京都	新潟市	
成田新幹線	同上	東京都	成田市	
北海道新幹線	昭和47年7月3日	青森市	札幌市	函館市附近
北陸新幹線	同上	東京都	大阪市	長野市附近、富山市附近
九州新幹線	同上	福岡市	鹿児島市	
九州新幹線	昭和47年12月12日	福岡市	長崎市	
北海道南回り新幹線	昭和48年11月15日	北海道山《やま》越《こし》郡長《おしゃ》万《まん》部《べ》町《ちょう》	札幌市	室蘭《むろらん》市附近
羽越新幹線	同上	富山市	青森市	新潟市附近、秋田市附近
奥羽新幹線	同上	福島市	秋田市	山形市附近
中央新幹線	同上	東京都	大阪市	甲府市附近、名古屋市附近、奈良市附近
北陸・中京新幹線	同上	敦賀市	名古屋市	
山陰新幹線	同上	大阪市	下関市	鳥取市附近、松江市附近
中国横断新幹線	同上	岡山市	松江市	
四国新幹線	同上	大阪市	大分市	徳島市附近、高松市附近、松山市附近
四国横断新幹線	同上	岡山市	高知市	
東九州新幹線	同上	福岡市	鹿児島市	大分市附近、宮崎市附近
九州横断新幹線	同上	大分市	熊本市	

※昭和47年7月3日、東北新幹線の基本計画における「終点」が「青森市」に変更され、「主要な経過地」に「盛岡市」が追加された。

※昭和48年11月15日、北海道新幹線の基本計画における「終点」が「旭川市」に変更され、「主要な経過地」に「札幌市」が追加された。

●新幹線の整備計画路線

路線名	告示年月日	建設主体	起点	終点	主要な経過地、備考
東北新幹線	昭和46年4月1日	日本国有鉄道	東京都	盛岡市	
上越新幹線	同上	日本鉄道建設公団	東京都	新潟市	
成田新幹線	同上	日本鉄道建設公団	東京都	成田市	昭和62年4月1日に失効
東北新幹線	昭和48年11月13日	日本鉄道建設公団	盛岡市	青森市	八戸《はちのへ》市附近
北海道新幹線	同上	日本鉄道建設公団	青森市	札幌市	函館市附近、小樽《おたる》市附近
北陸新幹線	同上	日本鉄道建設公団	東京都	大阪市	長野市附近、富山市附近、小浜《おばま》市附近
九州新幹線	同上	日本鉄道建設公団	福岡市	鹿児島市	熊本市附近、川内《せんだい》市附近
九州新幹線	同上	日本鉄道建設公団	福岡市	長崎市	佐賀市附近
中央新幹線	平成23年5月26日	東海旅客鉄道	東京都	大阪市	甲府市附近、赤石《あかいし》山脈（南アルプス）中南部、名古屋市附近、奈良市附近

※平成15年(2003)に日本鉄道建設公団は解散し、業務は鉄道・運輸機構に承継された。

沿って進んでいたといっていいだろう。象徴的なのが、全国新幹線鉄道整備法制定から2年後、佐藤栄作退陣が確実になった昭和47年（1972）6月に日刊工業新聞社から刊行された田中角栄の『日本列島改造論』である。この本に掲載された「全国新幹線鉄道網理想図」の路線は、全国新幹線鉄道整備法案にあった「別表」とほとんど同一だった。

整備新幹線を語る上で、『日本列島改造論』を避けて通ることはできない。この本について、かいつまんで紹介しよう。

『日本列島改造論』は、新幹線や高速道路網を整備するなどして交通・通信の高速化を図り、地方への工業の再配置を促し、それらの施策がひいては都市の過密と地方の過疎化を防ぎ、都市の公害や地方の雇用問題を解決することを謳っていた。

『日本列島改造論』の冒頭、「序にかえて」の最後に「関係各省庁の専門家諸君にたいし心からお礼を申しあげたい」と明記されているとおり、その内容や執筆には、『都市政策大綱』以前から田中の私的政策ブレーンとなっていた各省庁の官僚が深く関わっており、田中角栄の考えを具体化・実体化することに大いに寄与していた。

『日本列島改造論』は、『都市政策大綱』から新全総を経て、全国新幹線鉄道整備法や自動車重量税など一連の開発政策と地続きだった。『都市政策大綱』にはじまる開発計画の精神を、地名などを具体的に列挙してわかりやすく発表した一般向けの本だった。一般向

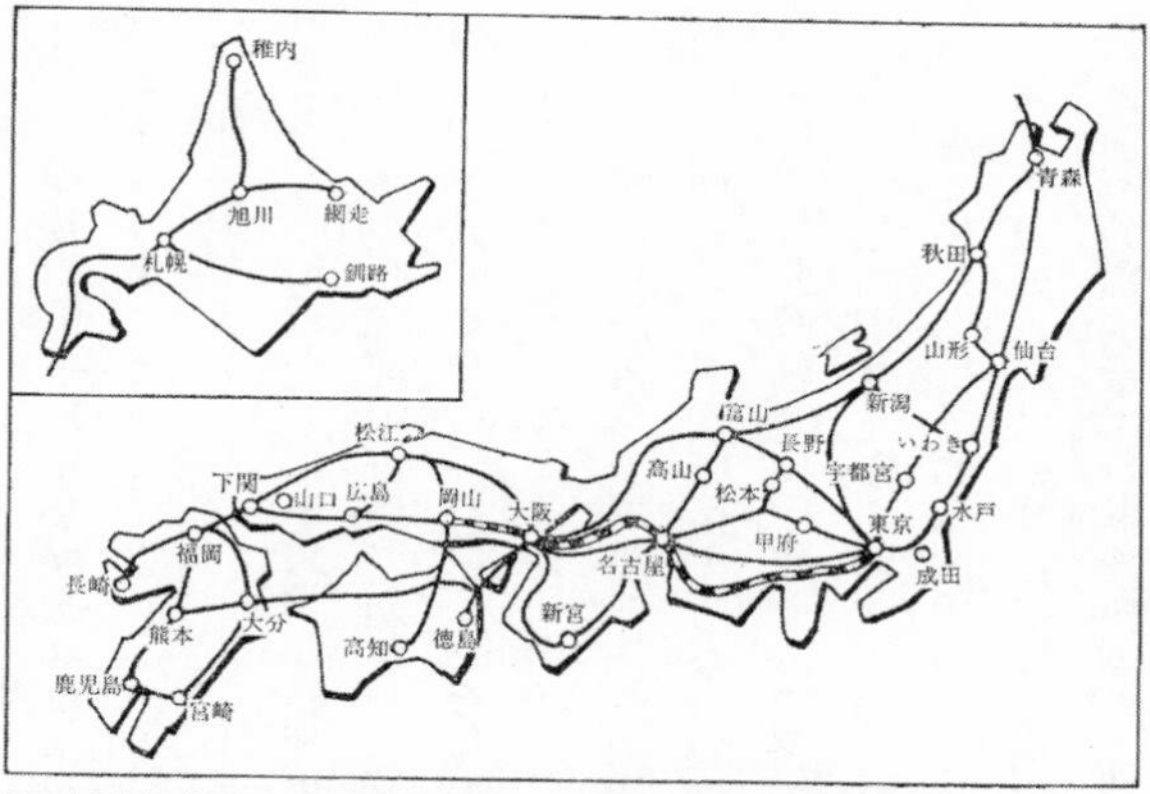

『日本列島改造論』に掲載された「全国新幹線鉄道網理想図」。137ページの図に酷似している

けの本と書いたが、内容は結構専門的で、データや数値が多数引用され、最初からベストセラーを意識して書かれたわけでないことは、ざっと目を通せばすぐにわかる。目次を見れば内容が瞬時に理解できる昨今のお手軽ビジネス本ではないのだ。

きちんと読もうとすれば、辞書片手に何日もかかるであろう『日本列島改造論』が90万部以上を売り上げ、その年のベストセラー上位に食い込むあたり、田中角栄と日本列島改造論ブームの凄さを感じさせる。その点、2000年代初頭に吹き荒れた小泉《こいずみ》純一郎《じゅんいちろう》旋風の比ではなかった。その影響は海外までおよんでおり、初版発行からわずか3ヶ月後の9月には、国交回復直前の中華人民共和国で『日本列島改造論』の中国語版が出版されている。

就任当時の田中角栄をマスメディアは、「角さん」「今太閤」「コンピューター付きブルドーザー」などともてはやしていた。「角栄」と呼び捨てにした後年の「闇将軍」扱いとは雲泥の差である。

私事で恐縮だが、田中角栄が総理になった年の盆だったか翌年の正月だったか、わが家に集まった叔父連中が酒で顔を赤くしながら興奮気味に口角泡を飛ばしながら〝角さん〟のことを褒めそやしていたことを思い出す。それ以前もそれ以後も、政治話で盆正月の集まりが盛り上がったことはなかった。

自民党の政治スローガンも佐藤内閣時代の「寛容と調和」から「決断と実行」へと変わった。ひとことで言い換えるなら、「待ち」の政治から「攻め」の政治へ。二つのスローガンは、佐藤政権と田中政権の性格の違いを如実に表わしていたといえるだろう。

田中角栄内閣発足からわずかひと月後の昭和47年(1972)8月7日には総理大臣官邸大ホールで「日本列島改造問題懇談会」の第1回懇談会が開催。各界の有識者90人に委員を委嘱、各委員が意見を8月中に内閣官房に提出することが定められた。委員の中にはのちに臨時行政調査会で辣腕を振るう土光敏夫《どこうとしお》らの名前もあった。

東京芝浦電気《とうきょうしばうらでんき》(東芝《とうしば》)会長だった土光敏夫は、「『日本列島改造論』に就いての意見」の冒頭、「総体的には本構想に賛成である」と述べている。新幹線などの交通・通信分野に関しては、「交通網、通信網の充実、整備は本構想の基幹と思われるので第一ステップとしての着手が必要と思うが、要はとりあげる順序、スケジュールが大切である」と賛意を示しつつ、「最大、且つ困難な問題は財政措置である。暦年、継続事業として財政充当が容易に行えるような仕組みを必要とする。専門家により早急な検討を希望する」と結んだ。企業再建に実績を残した有能かつ慎重な経営者らしい意見といえよう。

ともかく田中角栄の私案にすぎなかった『日本列島改造論』は、総理就任で状況が一変する。内政面の基本原則《ドクトリン》となったのである。

「地域開発のチャンピオン」への期待

内閣発足からわずか2ヶ月後の昭和47年（1972）9月上旬、総理府《そうりふ》（内閣府の前身）は全国の成人男女3000人を対象に「日本列島改造論に関する世論調査」を調査員による面接方式で実施している。3000人のうち有効回答は2481人だった。

最初の質問は、「最近『日本列島改造論』という言葉が話題になっていますが、あなたはその内容をどの程度ご存じですか。この中ではどうでしょうか」というもので、選択肢として「本、新聞、雑誌などで内容をかなり詳しく知っている」「新聞、雑誌などで概要は知っている」「名前だけは聞いたことがある」「知らない」の四つがあった。回答は上から5パーセント、34パーセント、42パーセント、19パーセントの順である。男女年齢比では男性に「知っている」と答えた比率が高く、「知らない」と答えたのは女性に多い。特に60歳以上の女性は「知らない」と答えた人が56パーセントと過半数を占めた。田中角栄と日本列島改造論に対する関心は、男性が高く女性が低かった。平成の小泉旋風を支えたのはおもに女性だったが、昭和の角栄ブームを支えていたのはまぎれもなく男性だった。

本書に関連する項目では、「全国を縦横に結ぶ新幹線を建設し、表日本と裏日本の横断道路や大都市の外周に環状道路を作るなど、全国を新幹線鉄道と高速自動車道で縦横に張りめぐらそうという考えに、あなたは賛成ですか、反対ですか」という質問があった。選択肢は「賛成」「反対」「一概にいえない」「わからない」の四つ。結果は上から53パーセント、16パーセント、18パーセント、13パーセント。賛成が過半数を超えた。なかでも人口10万未満の市の在住者が賛成58パーセントと高く、職業では農林漁業従事者が賛成67パーセントと突出している。逆に反対が目立つのは9大市（大阪・横浜・名古屋・京都・神戸・北九州・札幌・川崎・福岡の各市）で、賛成が46・8パーセントである一方、反対が22・9パーセント。学歴別では、大卒者に反対が多く、賛成52・6パーセントに対して反対が25・4パーセント。

つづいて（「反対」と答えた者に）、「では、反対される理由は何ですか。（M.A.《複数回答》）」と問うている。選択肢は七つで、「公害が発生する」「自然が破壊される」「自動車が増加し、交通混雑が増す」「莫大な経費がかかる」「実現できそうにない」「その他」「わからない」とあり、数値は順に7パーセント、7パーセント、6パーセント、2パーセント、1パーセント、1パーセント、1パーセント。この時点では、新幹線や高速道路網に関して、圧倒的に賛成が多い。

『日本列島改造論』はソフトカバー四六判という手軽な体裁だが、総ページは本文部分だけで２１９ページもある。第1章「私はこう考える」からはじまり、以下「明治百年は国土維新」「平和と福祉を実現する成長経済」「人と経済の流れを変える」「都市改造と地域開発」「禁止と誘導と」と7章までつづき、「むすび」で終わる。巻末の「むすび」の最後はこう結ばれている。

「私は政治家として二十五年、均衡がとれた住みよい日本の実現をめざして微力をつくしてきた。私は残る自分の人生を、この仕事の総仕あげに捧げたい。そして、日本じゅうの家庭に団らんの笑い声があふれ、年寄りがやすらぎの余生を送り、青年の目に希望の光りが輝やく社会をつくりあげたいと思う」

『日本列島改造論』では、大規模な土木・建設事業ばかりに目が向きがちだが、田中の真意は、少なくとも心情としては、こうであったであろうと信じたい。

ただし、多くの人々が『日本列島改造論』で注目したものは実利的な面だった。具体的には副題に「日本列島改造の処方箋―1」と題された第4章「人と経済の流れを変える」に集約されていた。この章では工業再配置を実現して過密と過疎問題の同時解決を図り、工業をテコに地方開発をすすめる姿勢が強く打ち出されていた。

「在来線の輸送力のいきづまりを打開するために計画された」これまでの東海道・山陽新幹線とは異なり、新たに建設される新幹線が「先行投資型であり、北海道、東北、北陸、九州などの地域開発をすすめ、太平洋ベルト地帯と裏日本や北日本、南九州などとの格差解消に役立つものである」として、「地域開発のチャンピオンとして、いずれも地元の人たちがその実現を強く求めている」と記述していた。「新幹線鉄道が線にそって日本列島の開発を誘導するものだとすれば、道路は面としての地域開発を可能にする」と述べたとおり、9000キロの新幹線と1万キロの高速道路建設実現は、国土開発における車の両輪と考えていたのである。

はたして現代においても新幹線が「地域開発のチャンピオン」かどうかは判断が分かれるところだろう。だが、少なくとも1970年代初頭の日本では、新幹線が「地域開発のチャンピオン」という認識は共有されていた。そして、新幹線網や高速道路網整備により地方への工業再配置が進めば、首都圏など太平洋岸の大都市圏を悩ませていた過密や公害（大気汚染や騒音など）といった深刻な都市問題も解決可能と『日本列島改造論』はみなしていた。

それればかりではない。「超高速新幹線（註：リニア新幹線か）が実現すると南北二千数百キロメートルの日本列島は、端から端まで一日で往来し、手軽に用事をすませることができる」とある。いささか楽観的すぎるきらいはあるが、東京～名古屋～大阪間を結ぶリニア新幹線について、地方相互間の所要時間短縮と日本列島を日帰り圏内に収めることまで視野に入れていた。単に運転区間の時間短縮を実現する交通機関としてみているのではなかった。

田中角栄著
日本列島改造論
太陽と緑と人間と…
公害と過密を完全に解消し
国民が安心して暮らせる
住みよい 豊かな日本を
どうしてつくるか!!
¥500
『日本列島改造論』の表紙

浮上方式のリニア新幹線導入には、新幹線騒音被害を軽減させる期待も込められていた。当時の新幹線は線路脇に防音壁もなく、車体や設備構造に騒音対策は考慮されていなかった。東海道新幹線の乗客増に伴い、昼間のピーク時の運転本数は15分間隔になり、沿線住民の苦痛は耐えがたいものとなった。

新幹線騒音に関する政府としての最初の大きな動きは、昭和47年（1972）12月だった。前年に新設された環境庁長官から運輸大臣宛に出された勧告「環境保全上緊急を要する新幹線鉄道騒音対策について」が最初で、住宅地の騒音を80デシベル以下にするよう対策を講じることや85デシベル以上の地域については障害防止対策を実施することが骨子だった。ただし具体的な動きは鈍く、昭和49年（1974）には名古屋市内の新幹線沿線住民が新幹線騒音の差し止めを裁判所に訴え出ている。

昭和50年（1975）7月、環境庁は「新幹線鉄道騒音に係る環境基準」を定めた。東海道・山陽新幹線に防音壁が設置されていったのは、昭和50年代前半である。その後は車両前頭部の形状を変えたり、パンタグラフにカバーを取り付けたり、パンタグラフの数を減らしたりといった改良を施し、しだいに騒音レベルは減少に向かった。また、東北新幹線の市街地区間では、線路の両側の土地を買収して緑地や側道にするといった試みもなされた。

実現に向けて動き出した整備新幹線

田中角栄は根拠なしにバラ色の幻想を振りまいたわけではなかった。『日本列島改造論』の第1章では、「私がこれまで手がけた国土開発の政策づくりの軌跡をたどると、戦後間もない昭和二十五年、国土政策の礎石として国土総合開発法をつくったことが思いだされる。私はこれを手はじめに道路法改正、有料道路制創設、ガソリン税新設、河川法改正、水資源開発促進法などの制定をやり、四十三年に『都市政策大綱』をまとめた」とある。実際、田中角栄は積極的に議員立法を行い、多数の法律を成立させている。

お飾りの大臣が幅を利かせるなか、田中角栄は就任した職で確実に実績を残してきた。たとえば昭和32年（1957）7月に39歳で初入閣した郵政大臣時代は、大量申請されたテレビ放送免許を差配し、厳しい対立がつづいていた政府と全逓信労働組合（全逓）との関係を改善。建築基準法の高さ制限に抵触するとして建設が中断していた東京タワーに関し、建築物ではなく工作物だとみなして工事再開にこぎつける。

政務調査会長時代には、鉄道建設審議会の小委員長（政調会長が兼務する慣例ポスト）だった昭和37年（1962）3月、鉄道新線建設に関して、国鉄の経営的国家的見地から主張した予算措置について多数の委員から総スカンをくらうも、同年7月に大蔵大臣に就任すると絶大な予算権限で海峡鉄道の別会計や自治体負担、日本鉄道建設公団設立を実現させている。鉄建公団設立の意図は、新線建設工事を国鉄の事業からいったん切り離し、政治家主導で行うことが可能になる点にあった。

大蔵大臣時代には、たとえば昭和38年（1963）1月のサンパチ豪雪といわれた大量降雪による雪害に対して初めて災害救助法を適用させた。それまで豪雪は災害救助法の対象とはみなされていなかったのである。雪国出身だったからこそ切実に捉えることができたのだろう。

通産大臣時代の昭和46年(1971)10月には、行き詰まっていた日米繊維交渉を打開し、妥結している。この過程で田中の実力はアメリカ政府まで鳴り響いた。昭和47年(1972)1月に佐藤栄作総理が訪米してニクソン大統領とサン・クレメンテで会談した際には、佐藤栄作が禅譲を画策していた外務大臣の福田赳夫をアメリカへの御披露目を兼ねて首席随員にしたにも拘らず、ニクソン大統領は、通産大臣として同行していた田中角栄を隣席に座らせるなど露骨に厚遇したといわれる(田中自身が無理に割り込んだという説もある)。

ともかく開発主導の時代風潮を背景にして、整備新幹線の計画が実現に向けて動き出した。全国新幹線鉄道整備法成立から8ヶ月後の昭和46年(1971)1月13日、東北新幹線(東京~盛岡)、上越、成田新幹線の建設答申が、運輸大臣から鉄道建設審議会に諮問され、この基本計画の答申が鉄道建設審議会長から即日なされた。この答申を受けて5日後の1月18日、運輸大臣名で基本計画が告示されている。

昭和46年(1971)4月1日、昭和46年度予算の成立に伴い、東北新幹線と上越新幹線、成田新幹線の整備計画が決定され、東北新幹線を国鉄が建設し、上越新幹線と成田新幹線は日本鉄道建設公団が建設するよう運輸大臣名で指示が出ている。

昭和47年（1972）7月には、北海道新幹線（青森市〜函館市附近〜札幌市）、東北新幹線（盛岡市〜青森市）、北陸新幹線（東京都〜長野市附近〜富山市附近〜大阪市）、九州新幹線（福岡市〜鹿児島市）が新幹線の基本計画に組み入れられることが決まり、同年12月には九州新幹線（福岡市〜長崎市）も基本計画に組み込まれた。この時点で新幹線の基本計画路線の総延長は3480キロにおよび、緊急に建設しなければならないとされた路線のほとんどを網羅した。

昭和47年（1972）8月の「鉄道百年交通ゼミナール」（日本交通協会主催）という講演会で、国鉄総裁の磯崎叡は以下のように語っている。「いまの全国新幹線鉄道整備法という法律が出来ましたときには、この九〇〇〇キロ案というものは入れなかった。ところが、やはりこれを入れて、きちっと時間表（註：実現までの行程表という意味か）をつくってやるべきだという説が常に強くなっています。そうすると非常に急速に話が進むと思います」。

磯崎総裁の発言が事実とすれば、田中角栄周辺は別表の法制化をあきらめていなかったということになる。

磯崎叡総裁の辞任と石油ショック

昭和48年（1973）9月、磯崎叡が国鉄総裁を突然辞任した。磯崎の辞表提出は、国鉄を所管する運輸大臣も寝耳に水だった。このタイミングは、生産性向上運動（いわゆる「マル生《せい》運動」）をめぐる労使関係の混乱、昭和47年（1972）11月に多数の死者を出した北陸トンネル火災事故や昭和48年（1973）3月の上尾《あげお》事件（「順法闘争」で組合が列車ダイヤを混乱させたことに高崎線の利用者が怒り、暴動状態となって、上尾駅の設備や列車を破壊した事件）の責任をとったといわれたが、全国新幹線計画のルートが決まったことが一因だったと磯崎は述懐している。

平成2年（1990）6月に日本経済新聞に掲載された磯崎叡の「私の履歴書」には、国鉄総裁を辞した心境を回顧して、こう記す。

「私の最後の仕事は全国新幹線計画の具体化で、北海道、北陸、九州など五新幹線のルート決定だった。田中角栄首相と相談し『これは政治家に決めさせてはいけません』といって私が責任をもって決めることとした」

このとき決定されたのが北海道新幹線、東北新幹線（盛岡以北）、北陸新幹線、九州新幹線（鹿児島ルート、長崎ルート）だった。

次いで昭和48年（1973）11月15日には、左ページに掲げた11路線が基本計画路線として

●昭和48年11月15日に追加された基本計画路線

路線名	起点	終点	主要な経過地
北海道南回り新幹線	北海道山越郡長万部町	札幌市	室蘭市附近
羽越新幹線	富山市	青森市	新潟市附近、秋田市附近
奥羽新幹線	福島市	秋田市	山形市附近
中央新幹線	東京都	大阪市	甲府市附近、名古屋市附近、奈良市附近
北陸・中京新幹線	敦賀市	名古屋市	
山陰新幹線	大阪市	下関市	鳥取市附近、松江市附近
中国横断新幹線	岡山市	松江市	
四国新幹線	大阪市	大分市	徳島市附近、高松市附近、松山市附近
四国横断新幹線	岡山市	高知市	
東九州新幹線	福岡市	鹿児島市	大分市附近、宮崎市附近
九州横断新幹線	大分市	熊本市	

告示されている。

なぜ多数の基本計画路線が決定されたのにも拘らず、平成期に中央新幹線(いわゆるリニア新幹線)が格上げされるまで、整備新幹線がわずか5路線の追加のみで終わったのか。そしてその他の基本計画路線に着工の動きがなかったのか。

この問いは、当時すでに物心ついていた人には愚問だろう。昭和48年(1973)秋、第4次中東戦争が勃発する。局地戦争としてみれば、イスラエルが占領地を拡大する結果に終わったが、中東産油国が原油の大幅値上げとイスラエル支持国に対する石油供給削減という「石油戦略」を発動。戦争を引き金に石油ショックと呼ばれるパニック状況が発生し、資本主義諸国の経済は大混乱に陥る。

日本経済も例外ではなかった。それまで毎年10パーセント前後の経済成長をつづけていた日本経済が、石油ショックの大波を受けた昭和49年（1974）には戦後初のマイナス成長という非常事態に陥ってしまったのである。「狂乱物価」といわれた急激なインフレとトイレットペーパー買い占め騒ぎに象徴される投機的な物不足は国民に底知れぬ不安を与えることとなり、着工前の新幹線や本四架橋といった国家的プロジェクトもまた、「総需要抑制策」の名のもとにことごとく凍結されてしまった。つまり、具体的な工事計画が進展していた東北（当初の基本計画である東京都～盛岡市間）・上越・成田の3新幹線以外の計画は、工事実施計画策定に必要な調査に限定され、実質的には中断に等しかった。

昭和48年（1973）の秋を境に、日本国内の雰囲気はがらりと変わってしまったのである。ここに新幹線計画は大きな曲がり角を迎えることになった。しかも国鉄自体が天文学的ともいえる巨額な累積赤字を抱え、新しい新幹線どころではなくなった。

あれほど人気のあった田中角栄の輝きは、石油ショック以前からすっかり失せていた。田中内閣発足当初軒並み50パーセント以上あった内閣支持率は、内閣発足から1年も経たない昭和48年（1973）4月には20パーセント台に落ち込む。『日本列島改造論』をきっかけとした土地投機ブームが地価の高騰を招き、金融緩和と財政規模の積極的拡大が物価の急騰を引き起こしたからである。

以後、内閣支持率は回復することなく、田中金脈問題が露顕した昭和49年（1974）10月には10パーセント台前半まで落ち込んでいた。靴下にゲタ履きのスーツ姿で私邸の池の錦鯉に餌を撒く田舎の紳士然とした姿（実際は田中邸の池の鯉の餌やりは住み込みの書生の仕事で、カメラマンの要望に応えてみせただけだったのだが）なども、国民の怒りの対象となった。総理就任当初は微笑ましい光景と肯定的に受け止められていたのが、こうである。「掌《てのひら》を返す」という言葉を筆者はこれほど痛切に感じたことはない。

計画見合わせの閣議決定

田中角栄は昭和49年（1974）12月に総理を辞任する。以降、三木武夫《みきたけお》、福田赳夫、大平正芳とつづいたが、いずれも2年前後で退任していた。

急逝した大平正芳の後を継いで昭和55年（1980）7月に総理となった鈴木善幸は、それまでの激しい党内抗争への反省から、党内融和を心がけた。現在では普通に使われる「日米同盟」という言葉が初めて公式に用いられたのもこの内閣だった。「日米同盟」の言葉の解釈（軍事面を含めるか否か）をめぐり、鈴木善幸はアメリカと日本の野党との間で板挟みとなり、日米関係が揺らぐまでになる。党内は総主流派体制で盤石だったにも拘らず、

「日米同盟」問題が原因で次期総裁選不出馬に追い込まれた感は否めなかった。

　鈴木善幸内閣は「増税なき財政再建」を掲げた。石油ショックによる不況対策で昭和50年（1975）以降大量に発行された赤字国債の償還や天文学的数字に膨れ上がった国鉄の巨額債務は、看過できない水準に達していたのである。鈴木内閣の下で、土光敏夫を会長に迎えた臨時行政調査会（第二次臨時行政調査会。略称「臨調」）が、昭和56年（1981）3月に総理府の附属機関（直接には中曽根康弘《なかそねやすひろ》行政管理庁長官が所管）として発足した。

　土光敏夫は、当時84歳。東京石川島《とうきょういしかわじま》造船所や東京芝浦電気（東芝）再建を成功させた経営者で、東芝会長時代に経済団体連合会（経団連《けいだんれん》）会長を昭和49年（1974）から6年務め、当時は経団連名誉会長（東芝相談役）だった。夕食のおかずはメザシとおひたしという質素な生活を貫く硬骨漢で、国民的人気があった。当時、臨時行政調査会は土光臨調と称されることが多く、臨調の〝顔〟といってよかった。

　臨調の委員には瀬島龍三《せじまりゅうぞう》（伊藤忠会長を経て相談役。東京商工会議所副会頭。戦時中は大本営陸軍部作戦課参謀、関東軍参謀）らが名を連ね、「三公社五現業、特殊法人等の在り方」を議論する第4部会の専門委員には、部会長の加藤寛《かとうかん》（慶應義塾大学教授）以下、部会長代理に岩村精一洋《いわむらせいいちよう》（読売新聞社論説委員）と住田正二《すみたしょうじ》（元運輸事務次官。運輸経済研究センター理事長）、参与には屋山太郎《ややまたろう》（時事通信社解説委員）といった民活主導論者が揃った。のちの中曽根行革のブレーンとなる面々である。

因みに三公社五現業とは、政府が抱えていた現業部門を指す。三公社とは日本国有鉄道・日本電電公社・日本専売公社、五現業とは郵政事業・国有林野事業・印刷局・アルコール専売事業・造幣局である。

土光敏夫は、臨調会長就任にあたって、鈴木総理に以下の4ヶ条の申し入れを行っていた。

①行革の断行は総理の決意あるのみである。総理が答申を必ず実行するとの決意を明らかにしてもらいたい。

②行革に対する国民の期待はきわめて大きい。レーガン政権を見習うまでもなく徹底的な合理化をはかって「小さな政府」を目指し、増税によることなく財政再建を実現する。

③行革は中央政府だけでなく地方自治体の問題も含める。

④3K（国鉄、健保、コメ）赤字解消、特殊法人の整理、民営への移行を進め、民間活力を最大限生かす方策を実施する。

1年余りの議論や聞き取りなどののち、昭和57年（1982）7月30日、三公社五現業の民営化などを柱とする基本答申（「行政改革に関する第三次答申（基本答申）」）を政府に提出し

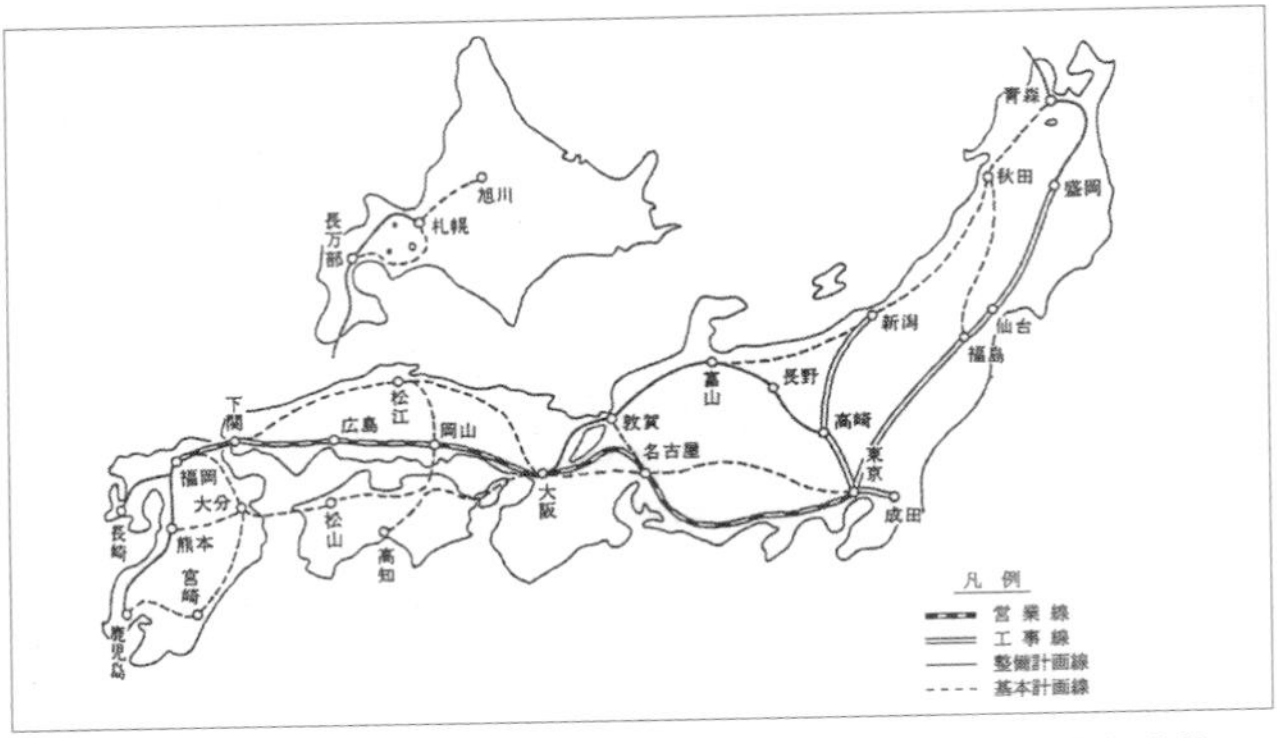

昭和50年時点の全国新幹線鉄道網（出典：『日本鉄道建設公団三十年史』）

た。殊《こと》に国鉄の現状と問題点に関しては、「今や国鉄の経営状況は危機的状況を通り越して破産状況にある」と烙印を押し、変革を強く求めた。臨調答申に先立つ同年5月の部会報告ではその解決策として、「単に現行公社制度の見直しとか、個別の合理化計画ではもはや実現できない。制度上の制約、外部的関与（註：政治や地域住民の過大な要求など）等もあるが、労使双方がいわゆる『親方日の丸』意識に安住し、無責任体制に陥っている現行公社制度そのものを抜本的に改め、労使とも再建に取り組む仕組みを早急に導入しなければならない」とされた。結論として、経営形態変更の必要性、具体的には「分割・民営化」が必要であると強く提言していた。そして「新形態移行までの間緊急にとるべき措置」の一つとして、「整備新幹線計画は、当面見合わせる」という一項が明記されていた。

昭和57年（1982）7月30日の臨調答申を受け、鈴木善幸内閣は同年9月24日、整備新幹線計画の見合わせを閣議決定している。ここから先、現在にいたる40年余にわたる新幹線史は、整備新幹線計画の復活の歴史でもある。整備計画の俎上に上がったものの凍結の憂き目を見た路線をいかに建設実現にもっていくかが課題になったわけだが、これらについては第三部で述べたい。

第五章　東北新幹線

開業の裏にちらつく鈴木善幸の影

東北新幹線は、東京～新青森674・9キロ（実距離）を最短2時間58分で結ぶ。開業した新幹線としては、東海道新幹線や山陽新幹線を上回り、日本最長の路線である。

東京～盛岡間は、昭和46年（1971）1月に基本計画が決定され、4月に着工された。建設スローガンは、「ひかりは北へ」である。山陽新幹線の「ひかりは西へ」に倣《なら》ったことはいうまでもない。当初の開業予定は昭和51年度（1976年度）だったが、都心部の工事予定が大幅に遅れるなどしたため、数度にわたって延期され、最終的に昭和57年（1982）の春開業を目途に工事が進められることになる。

ところが、結局、大宮～盛岡間が暫定開業したのは昭和57年（1982）6月23日だった。6月といえば春というより初夏だが、国鉄部内では、釧路では6月も春（だから想定範囲内）というういささか苦しい言い訳がなされたという。

開業できなかった上野～大宮間には、新幹線リレー号が新幹線の発着時間に合わせて約

30分間隔で運転され、都心部の利用者の便宜をはかった。新幹線リレー号は上野～大宮間を無停車、25分で結んだ。

完成が遅れたおもな原因は東京～大宮間の着工が昭和54年（1979）末までずれ込んだことだった。着工後も土地買収の難航や公害問題などにより、工事は遅れに遅れ、待望の上野～大宮間の開業は昭和60年（1985）3月14日である。東京～上野間の延伸工事はさまざまな経緯からさらに時間がかかったが、平成3年（1991）6月20日に開通し、東京～盛岡

東北新幹線路線図

間の直通運転が始まっている。

盛岡～青森間については、昭和48年（1973）11月に整備計画が決定したものの、石油ショックによる総需要抑制策への国策転換により建設は凍結。さらに国鉄の財政悪化や「臨調」の方針により、バブル期を迎えても計画は凍結されたままだった。

ようやく平成3年（1991）に沼宮内《ぬまくない》（新幹線開業時に、いわて沼宮内と改称）～八戸間が「フル規格」（標準軌新線）、盛岡～沼宮内間と八戸～青森間が「ミニ新幹線」（在来線を標準軌に改軌）方式という変則的なかたちでの着工が決まる。つまり盛岡～青森間はミニ新幹線の列車を走らせる計画だった。ところが、平成7年（1995）に盛岡～沼宮内がフル規格による建設と変わり、平成10年（1998）には残る八戸以北の区間もフル規格として着工している。平成14年（2002）12月に盛岡～八戸間、平成22年（2010）12月に八戸～新青森間が開通して全線開業の日を迎えた。盛岡以北の整備計画が決まった昭和48年（1973）11月から数えて37年かかったことになる。

東北新幹線は、国土軸を縦貫しているためか、あまり政治路線として意識されない。ところが、当初東京～仙台間のみの路線建設が既定方針だった計画を東京～盛岡間に変更させた基本計画設定や、盛岡以北の路線決定など、節目節目の機会に岩手県選出の鈴木善幸の名前が登場する。鈴木善幸といえば、大平派（宏池会《こうちかい》）の重鎮で、佐藤、田中、大平の各政権で自民党総務会長を務めた。総務会長は運輸族議員の牙城である鉄道建設審議会の会長に就任するのが慣例だった。

のちに鈴木には、昭和55年（1980）6月の大平正芳急逝を受けて総理大臣の座が転がり込む。偶然というか巡り合わせではあるものの、東北新幹線の大宮〜盛岡間の開業は鈴木善幸が総理大臣在任中の出来事である。

通過予定の上野に駅が開設された理由

明治16年（1883）の停車場開設に始まる上野駅の歩みは、北の玄関口としての地位を不動のものとしてきた。往時は13〜20番線の8線（現在は13〜17番線の5線）あった頭端式（行き止まり）ホームは、休む間もなく優等列車が発着した賑わいを物語る。東北新幹線が上野に停車するのも、必然のように思われる。

ところが昭和46年（1971）10月に認可された東京〜大宮間の工事実施計画に、上野駅の名前はなかった。東京駅を出た新幹線は、秋葉原《あきはばら》付近で地下に入ると、そのまま上野恩賜《おんし》公園の地下を北上し、日暮里《にっぽり》付近で地上線に戻る経路となっていた。上野駅を完全に素通りしていたのだ。東京〜上野の距離の短さと急曲線上に立地する上野駅の悪材料を考慮すれば、上野に新幹線駅を設置しなければならない理由はなく、上野駅を避けたのはむしろ

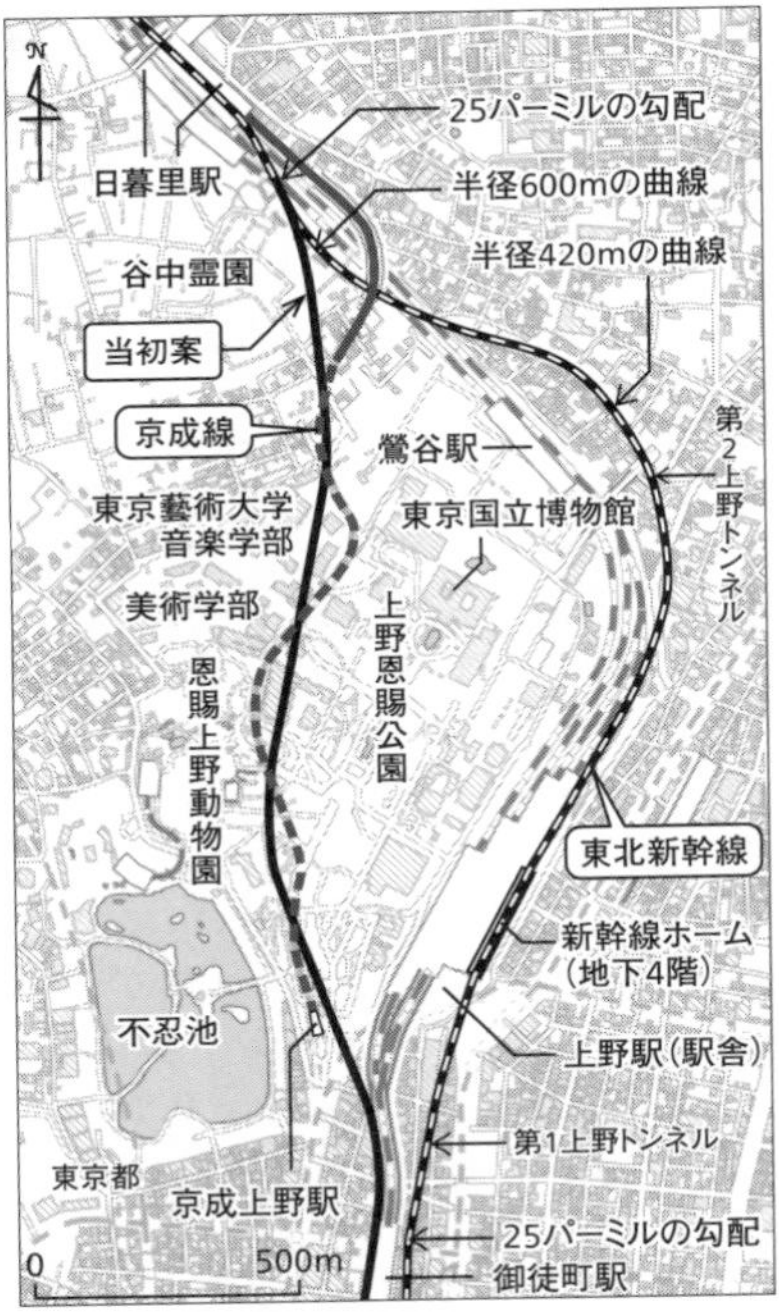

上野周辺の経路。当初は上野恩賜公園の地下を北上する計画だった

当然の経路設定といえただろう。

ところが地元が黙っていなかった。新幹線駅を熱望して結成された地元台東《たいとう》区の期成同盟は同年11月、上野付近の地下ルートの変更を求め、上野駅こそ東北・上越新幹線の始発駅にふさわしいと国鉄に陳情を繰り返した。もし始発駅が無理なら、せめて「こだま」（各停タイプの列車）の停車もしくは到着専用駅を設けてほしいと要望した。

だが、上野工区を担当する国鉄東京第一工事局の見解は、新幹線の運転速度や縦断勾配、曲線半径等の物理的条件から上野停車は困難と取りつくしまもなかった。

以前であれば議論は平行線をたどったまま打ち切られ、国鉄案で工事が始まったことだろう。ところが当時の東京都知事は革新系の美濃部亮吉《みのべりょうきち》だった。美濃部は「天皇機関説」で勅選議員（貴族院）の職を追われた美濃部達吉（憲法学者）の長男にして、経済学者（経済学には近代経済学とマルクス経済学の二大潮流があり、美濃部は後者だった。法政大学・東京教育大学教授を務めた）である。社会党・共産党の推薦を受け、都知事に当選して2期目だった。任期中、老人医療費無料化や老人の都営交通無料化、公営ギャンブルの廃止や歩行者天国の実施など、斬新な政策を打ち出していたのである（そのため離任時に東京都の財政は巨額の赤字を抱え込んだ）。

その美濃部が昭和47年（1972）2月、新幹線の上野公園通過に反対表明をする。不忍池《しのばずのいけ》の水が枯れたり、公園樹木の水脈が絶たれたりする心配があり、新幹線から発生する騒音・振動が都民の生活環境を破壊するといった理由だった。革新都政を標榜する美濃部知事は、公害反対の立場から新幹線建設そのものに反対していた。上野恩賜公園は都立公園で、公園管理者は都知事だったから、国鉄は美濃部の意見を無視することはできなかった。これにより、東北新幹線の上野通過の計画は事実上白紙に戻った。

このあと上野駅への追い風となる出来事が起きる。昭和50年（1975）6月に東京駅の第

7乗降場を撤去した跡地に東海道新幹線のホームが増設されたのである。これがなぜ上野駅と関係するのかわからないだろうが、風が吹けば桶屋が儲かるといった類の話だった。

実は第7乗降場の跡地は東北新幹線ホーム用地だったのである。ところが切迫した東海道新幹線のホーム不足問題解決を優先したために、東京駅の東北新幹線用地は、第6乗降場を撤去して捻出するホーム1面2線しかなくなってしまった。そのため、東京駅の東北新幹線のホームの少なさを補完するため、上野駅の新幹線ホームの必要性が急浮上するのである。因みに第7乗降場を撤去して誕生した東海道新幹線の14・15番ホームが大きく屈曲しているのは、将来的に東北新幹線の使用(あるいは東海道・東北直通列車)が予定されていたからでもあった。

こうしたなか、昭和50年(1975)7月8日、東北新幹線建設促進を目的に、東北市長会の代表団が上京してくる。大都会の首長が新幹線建設にストップをかけている現状に我慢ならなかったのである。代表団は有楽町の東京都庁を訪問して、美濃部知事に建設協力を要請した。

「新幹線の公害を受けるのは我々も同じだが、中央公害対策審議会答申では70ホン(註:現在はデシベルという単位)以下にということになっており、こうして建設促進に動いている。ぜひ協力をしてほしい」

これに対して都知事は、「現在のひどい公害に悩んでいる都民に公害を持ち込むことは反対である。新幹線は地下方式以外には考えられない」と答えた。一見従来と変わらない発言内容に思えるが、新幹線建設絶対反対の姿勢から条件付き容認に歩み寄ったととれなくもない。方針転換ではないかと噂された。

さらに昭和51年（1976）3月の都議会で、「新幹線の東京駅集中は、防災上好ましくないので、地下方式を前提にして、上野ターミナル案を実現させる方向でいる、このことを国鉄に強く要請するつもりだ」と発言し、上野駅地下方式の推進を表明している。大胆な方針転換だが、国鉄・東京都・台東区の事務方のすり合わせは済んでいたというから、万端整えての軌道修正だったといえる。

昭和52年（1977）3月には美濃部知事と高木文雄《たかぎふみお》国鉄総裁の会談が行われ、都知事は上野駅設置を正式に要請する。いわば手打ち式である。同年9月、国鉄は新幹線上野地下駅が技術的に可能であると発表。12月12日、上野駅設置工事の認可が運輸省から下りた。そして昭和53年（1978）10月24日、上野地下駅起工式の日を迎える。

大宮以北の暫定開業から遅れること約2年半。昭和60年（1985）3月14日に東北・上越新幹線の上野駅乗り入れが実現した。経路上には地下鉄日比谷線のトンネルや上野駅舎の基礎などがあったため、地下ホームは深さ30メートル（標高はマイナス23・83メートル）の地下4階に設置され、長さ840メートル、幅48メートルという巨大な地下空間となった。掘り出した土砂だけで85万立方メートルに上ったという。そこに長さ410メートル、最大幅12メートルの島式ホーム（両側に線路を設置できるホーム）2面が設置された。

新幹線唯一の地下駅である上野地下ホームを実現するために、駅の北には半径420メートルと半径600メートルの急曲線が連続し、駅の前後（御徒町《おかちまち》駅付近と日暮里駅付近）は25パーミルの急勾配が生じた。国鉄東京第一工事局が最初に出した「上野停車は困難」とする見解は、けっして中止させるための方便ではなかったのである。

こうして鳴り物入りで開業した東北新幹線の上野駅新幹線ホームだったが、バブル期のスキーリゾートブームが終焉し、平成3年（1991）6月に東北新幹線の東京駅乗り入れが実現して途中駅となった今は閑散としており、地下神殿のような巨大な構内設備を持て余している。乗車人員で東京駅に5倍以上水をあけられているのはやむをえないとしても、大宮駅の約3分の1しか乗車人員がいないのは、想定外というか駅の存在価値を問われても仕方あるまい。

大宮以南の経路変更と反対運動

昭和40年代を象徴する言葉に、「公害《こうがい》」がある。字義どおり「公《おおやけ》の害」と解釈しようとすると却って混乱してしまうが、当時「公害」といえば、誰もが同じイメージを思い浮かべた。高度経済成長を背景に、大気汚染や水質汚濁、騒音や振動、地盤沈下など環境の急激な悪化が相次いでいた。日々のニュースで「公害」という言葉を聞かない日はなかった。

人口密集地を走る新幹線の騒音や振動も大きな社会問題となった。そして昭和49年（1974）には名古屋新幹線公害訴訟が提訴されるにいたる。当時の新幹線は、今では当たり前になった防音壁もなく、車両設計に騒音対策は考慮されていなかった。

この時代は、夢の超特急ともてはやされた新幹線が、世間から最も忌み嫌われた時期といえるだろう。当時の鉄道愛好者の関心の中心は消えゆく蒸気機関車か在来線で、0系車両のみが往来する新幹線への関心は低かった。むしろ新幹線は、在来線の優等列車を駆逐した元凶として、憎悪の対象といってもいい存在だった。

毎年運輸省が発行していた『運輸白書』の昭和46年度版には、「全国新幹線鉄道の整備について」という項目に以下の記述がある。

「新幹線鉄道は、全国新幹線鉄道整備法に基づき、現在建設中のものも含めて今後さらに整備が促進されるものと思われるが、その際における若干の問題点としては次のとおりである」として列挙された三つの問題が、「新幹線鉄道建設の財源の問題」と「技術開発の問題」（多雪地帯の降積雪時においてその高速安定性をいかに確保するかの問題など）、そして「騒音等の問題」だったのである。つづけて、「相変わらず沿線住民の騒音等に関する苦情が絶えないところである。新幹線のように高速で走行する鉄道騒音を防止することは現在の鉄道運転方式においてはきわめて困難である」と述べている。行政当局自ら匙《さじ》を投げたと告白しているに等しい。

昭和46年（1971）10月に認可が下りた東北新幹線の当初の計画では、上野〜大宮間はほぼ直線といっていい経路だった。荒川を斜めに橋梁で渡ると、その先から全長10・6キロの南埼玉トンネル（仮称）に入り、大宮操車場付近で再び地上に顔を出すのである。これなら高速運転してもトンネル区間では騒音問題は発生しない。

ところが、南埼玉トンネルの予定地域の地盤が劣悪だった。地層が複雑な上に地下水位が高く、地盤沈下や隆起がみられる軟弱な地盤と判明する。当時、このあたりでは宅地造成が始まっていたが、地盤沈下のひどいところでは、不等沈下による家屋の傾斜が見られた場所もあったという。

もしトンネル方式で建設した場合、大規模な地盤沈下や井戸水の水涸れを生じる可能性が高く、完成後もトンネルの変形や破壊のおそれがあると判断された（そういう基本的なことを公表前に察知できないはずはなく、白紙撤回には別の理由があったという説も存在する）。

かくして埼玉県南部の地下トンネル案は撤回された。盛土も地盤沈下の可能性が高いから、軟弱地盤に強い高架方式しか残された手段はなかった。ただ、高架線は騒音が格段に大きい。昭和48年（1973）3月、トンネル方式から高架方式への変更案が運輸省から提示されると、それまで反対の意向を示していなかった浦和《うらわ》市と与野《よの》市（いずれも現在はさいたま市）も反対へと立場を大きく転換することとなった。

新幹線予定地沿線の与野、浦和、戸田《とだ》の3市議会と東京都北区議会が新幹線建設反対を

赤羽～大宮間の経路。当初は埼玉県南部の地下をトンネルで通す計画だった

決議する異常事態となり、昭和50年（1975）5月、磯崎叡の後を継いだ藤井松太郎《ふじいまつたろう》国鉄総裁が東京〜大宮間の工事中断を表明するにいたった。

大宮以南の建設問題は膠着した。打開策が見いだせないように思われた。だが、昭和52年（1977）12月、埼玉県の畑和《はたやわら》知事（社会党右派代議士を4期、知事として2期目）が、「大宮〜赤羽《あかばね》間の通勤新線建設」「大宮〜伊奈《いな》間の新交通システム導入」「環境基準遵守のため開業時の速度低下および緩衝地帯として都市施設帯等の設置」「大宮駅に全列車を停車」の4条件を満たせば建設に同意することを公表する。これらは政府・国鉄からの提案を受けたものだったが、県知事が出した条件を国鉄がすべて受け入れたことで、ようやく着工に向けて一筋の光明が差してきた。

ただし最小曲線半径4000メートル以上とする東北新幹線の基本設計は無視されたも同然だった。通勤新線駅設置位置の利便性や都市計画、極力住居密集地を避けてルートを選定したからである。上野〜大宮間に半径1000メートル以下の曲線が23ヶ所もあるというのだから、その経路は新幹線とは思えないありさまとなった。線形上の制約から時速110キロ（現在は時速130キロ）の速度しか出せないため、開業当初から70デシベル以下とする環境基準値を守れる目処がついたのは皮肉というほかない。

環境空間と呼ばれた「都市施設帯」は、大宮以南の東北新幹線の両側に、環境保持のほか、道路・公園などの都市施設を共用することを目的に設けられた用地である。20メートル幅で設けられた都市施設帯の面積は、現在のさいたま市と戸田市合わせて24万平方メートルに達する。これは東京ドーム5個分を上回る大きさである。

線路位置に関しては、昭和55年(1980)1月までに赤羽～大宮間の全区間の認可を終え、昭和56年(1981)になってようやく大宮以南全線にわたる地元説明会ができ、着工が可能になった。大宮～盛岡間の暫定開業が翌昭和57年(1982)6月だから、対立の根深さがわかる。

東京～盛岡間の工事認可が昭和46年(1971)10月に下りていたにも拘らず、上野～大宮間の開業が大宮～盛岡間の開業から約2年半遅れたのは、以上のような経緯があったからである。東北新幹線に併設された通勤新線は埼京《さいきょう》線と名づけられ、昭和60年(1985)9月に開業している。

知られざる政治駅としての那須塩原駅

栃木県内もまた、さまざまな経路が検討された地域である。東北新幹線の宇都宮以北の経路は、おもなものだけで4ルートが比較検討された。多くの経路が検討されたのは、暴れ川として怖れられた鬼怒川《きぬがわ》の横断位置や横断角度、さらに福島県境付近の山岳区間の通過経路といった問題があったからだが、それだけが理由ではなかった。

『東北新幹線工事誌　大宮・盛岡間』によれば、おもな候補案は、「西那須野《にしなすの》、黒磯《くろいそ》のいずれに停車駅を設けてもよい在来線併設の①案、西那須野駅を避け、在来線の東側約2㎞離し黒磯駅に入る②案、②案より更に東側で西那須野駅を通過し黒磯に入る③案、選定作業、用地買収等が容易と思われる在来線の西側の山間部寄りで、黒磯の旧飛行場跡地付近に新駅を設ける④案」である。検討の結果、最短距離で北上し、途中から在来線と並走する①案に決定された。

この経路の選定理由を『東北新幹線工事誌　大宮・盛岡間』は、「県北の観光地、塩原《しおばら》、板室《いたむろ》、那須の温泉地、また県北行政の中心地である大田原《おおたわら》市を考慮、更に西那須野町《にしなすのまち》、黒磯市の納得の行く中間地として、東那須野《ひがしなすの》駅に停車駅を設置することが決められた」としている。大田原市、西那須野町、黒磯市や周辺の温泉地や観光地に配慮した妥協の産物だったことがうかがえる。

事前に新幹線駅と目されていたのは、那須温泉郷の玄関口で特急が停車する黒磯駅が大本命、次いで塩原温泉や鬼怒川方面の玄関口の西那須野駅だった。西那須野駅は、県北地域の行政の中心(栃木県庁那須庁舎もある)の大田原市の最寄り駅でもある。両者相譲らなかったために、両駅の中間にある東那須野駅に、漁夫の利で新幹線駅がめぐってきたのだった。昭和46年（1971）10月のことである。

これには伏線があった。事前に栃木県北地域の市町村から「東北新幹線停車駅の設置に関する陳情書」が栃木県知事に提出されており、県北地区の停車駅を黒磯市もしくは西那須野町のいずれかに設置することを要望するとともに、停車駅が設置されない市町村に電

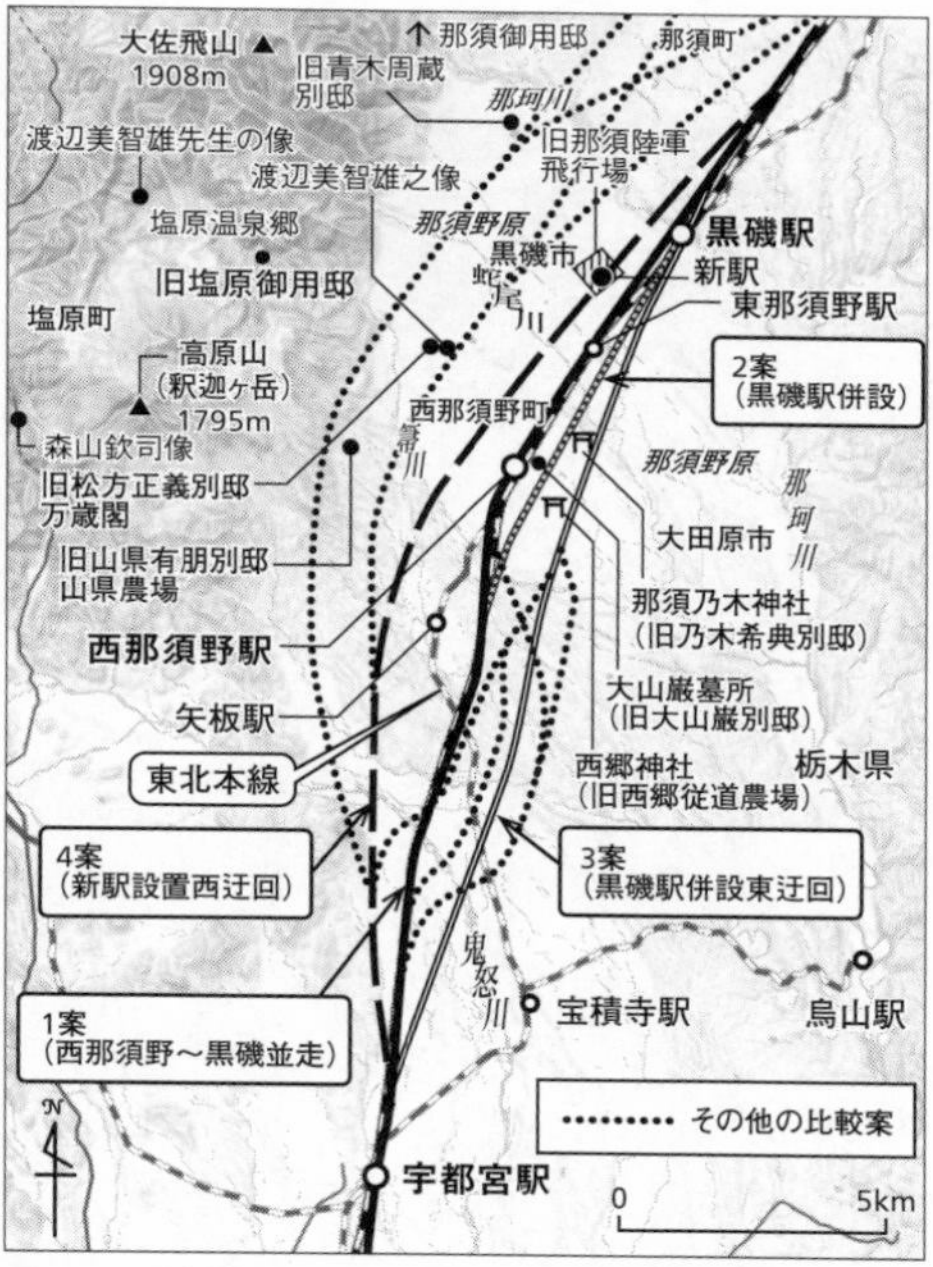

鬼怒川の横断位置・角度と、栃木県北部の駅位置との兼ね合いから、さまざまな経路案が検討された

車基地の設置を要請した。そして、設置場所がどこに選定されても関係市町村は一致して協力することを申し合わせていた。この陳情書は国鉄に伝えられ、経路選定にあたっても考慮された。

　西那須野駅も黒磯駅も単なる地方の小駅ではなかった。このあたりはかつて那須野ヶ原《なすのがはら》と呼ばれた不毛の原野だったが、明治時代から皇室や元勲とのつながりが色濃く漂う土地柄だった。広大な荒れ地だった那須野ヶ原開拓に早くから着目していた人物が、明治16年（1883）に栃木県令として着任した薩摩《さつま》出身の三島通庸《みしまみちつね》である。明治20年前後から30年代にかけて、西郷従道《さいごうじゅうどう》・大山巌《おおやまいわお》・青木周蔵《あおきしゅうぞう》・山県有朋《やまがたありとも》・乃木希典《のぎまれすけ》・松方正義《まつかたまさよし》といった薩長出身の政治家や軍人らが那須野ヶ原で大農場を経営しながら別邸暮らしを満喫したのである。

　一説には東北本線の経路が奥州道中から離れて那須野ヶ原を通るのは、皇室の御用邸《ごようてい》（皇室の別邸）や明治の元勲の別邸が点在していたからだという。たしかに奥州道中の宿場町で地域の中心の城下町だった大田原を通らない経路というのは一般には理解しづらい。だが、大田原を通す場合、前後が山岳地帯となり急勾配や急曲線が生じる。大田原を避けたのは、線形が主因だったと思われる。

　那須地域で最初の御用邸が塩原《しおばら》御用邸だった。この御用邸は、明治17年（1884）、栃木県令の三島通庸が塩原新道を造成するにあたりこの地を訪れ、建築した別邸を前身とする。病弱だった明宮嘉仁親王《はるのみやよしひとしんのう》（のちの大正天皇）は、三島別邸はじめ、元勲の別邸にしばしば滞在しており、明治36年（1903）に宮内省に買い上げられて塩原御用邸が造営された（昭和21年〔1946〕に廃止）。塩原御用邸の最寄り駅だった西那須野駅には、貴賓室が設置されていた。

のちの昭和天皇が摂政だった大正末期、その意を受けて完成させたのが那須《なす》御用邸である。広大な御料林に開かれた敷地には、天皇の趣味だったゴルフコースやテニスコート、乗馬コースなどが造成された。晩年まで昭和天皇は真夏のひと月ほどを那須御用邸で過ごすことが多かった。

那須御用邸の最寄り駅は黒磯駅だった。那須御用邸竣工と同月の大正15年（1926）7月に駅舎・跨線橋・ホームなどを改築し、貴賓室も新設されている。昭和55年（1980）9月に現行の駅舎が完成したが、この駅舎にも貴賓室が設置された。一般乗降口の左脇に貴賓用の重厚な木製扉が残る。

新幹線新駅の位置をめぐっての鞘当ての後は、駅名をめぐる泥仕合が始まる。新幹線駅の仮称は那須駅（新那須駅、那須高原駅とする文献もある）だった。黒磯市は「新黒磯《しんくろいそ》」もしくは「那須」、大田原市は「大那須《おおなす》」、塩原町《しおばらまち》は「那須塩原《なすしおばら》」を主張するが、昭和48年（19

73）に県北7市町村の首長で協議が行われ、「那須駅」で決着していた。

ところが開業を翌年に控えた昭和56年（1981）1月、栃木県知事の船田譲《ふなだゆずる》（自民党副総裁や衆議院議長などを歴任した船田中《なか》の長男。参議院議員2期を経て栃木県知事2期目）が駅名を「那須・塩原」とする私見を発表したことで駅名をめぐる争いが再燃。陳情合戦が始まってしまうのである。

新幹線駅となる東那須野は黒磯市内に立地していたから、東那須野駅前通りには、「新幹線駅名命名『那須駅』、那須塩原駅は絶対反対」と大書した横断幕が掲げられた。

地元選出の代議士の対応も分かれた。渡辺美智雄《わたなべみちお》（大蔵大臣。中曽根派の有力代議士）は「那須・塩原」、森山欽司《もりやまきんじ》（元運輸大臣。河本敏夫《こうもとトしお》派の有力代議士）は「那須」、広瀬秀吉《ひろせひでよし》（社会党代議士。国鉄労働組合〔国労〕出身）は「那須野」を支持する。8月下旬、県北7市町村の首長は再び集まり鳩首《きゅうしゅ》協議した。5市町村は「那須」でまとまったが、塩原町が「那須・塩原」を主張し、西那須野町は保留。まとめ役の大田原市長はその結果を県知事に伝えた。

そして9月、最終決戦とばかりに黒磯市と塩原町の関係者がそれぞれ大挙して上京。国会議員や国鉄関係者などに激しい陳情を始めるのである。10月、船田知事は「那須塩原」と裁定。翌月、国鉄東京北管理局（東北新幹線の関東地方の区間を所管）に県の統一案として

「那須塩原」を伝え、開業を控えた翌昭和57年(1982)2月、国鉄は正式に「那須塩原」と決定する。黒磯市はその間も「那須」にするよう必死に陳情をつづけたが、もはや覆らなかった。少数案にすぎなかった那須塩原がなぜ駅名に採用されたのか。

塩原温泉郷を通る国道400号の路傍(尾頭《おがしら》トンネル手前の誉山橋のたもと)には「渡辺美智雄先生の像」が建てられている。国道400号の尾頭トンネル開通を記念し、実現に尽力した渡辺を顕彰して平成元年(1989)に建立された胸像だが、渡辺美智雄と塩原の深い結びつきを感じないわけにはいかない。

漁夫の利で新幹線駅を射止めた東那須野駅は、昭和34年(1959)に改築された木造の簡素な駅舎しかなかった。だが、新装なった那須塩原駅には特別待合室(貴賓室)が設置された。黒磯駅に代わって那須御用邸の最寄り駅となったからである。皇室専用出入口は、西口エスカレーター裏の重厚な木製扉が目印で、3階への直通エレベーターが連絡しており、駅長室の至近位置に特別待合室がある。

県北新幹線駅の位置と駅名をめぐって激しく対立した黒磯市・西那須野町・塩原町だったが、平成の大合併では対等合併して那須塩原市となった。議論を呼んだ駅名が、新市の生みの親となったわけである。現在、那須塩原市長を渡辺美智雄の孫が務めているのも、新幹線開業時の因縁だろうか。

新駅をめぐってせめぎ合う国鉄と地元

創成期の鉄道は市街地に停車場が開設できなかった。とりわけ、江戸時代に密集地が形成されていた城下町ではその傾向が顕著だった。名古屋、彦根、姫路、岡山……、挙げていけばきりがないが、およそ名のある城下町で最初に開設された駅はたいてい市街の周縁部に開設されていた。東京にしても例外ではなく、旧江戸城下に鉄道を敷設することが難しかったため、市街南の外れに新橋停車場を設けたのである。

ところがきわめて珍しい例外が仙台だった。仙台駅の位置は、当時から城下町の中に開設されていた。それには以下のようないきさつがあった。

現在の東北本線を開通させたのは、国内最大の私設鉄道だった日本鉄道会社である。この路線は東京と青森を結ぶ重要な幹線と位置づけられていたから、一直線に仙台付近を通過する経路が採用された関係で、仙台停車場は、城下町から大きく東にそれた南目村薬《みなみのめむらやく》師堂《しどう》（陸奥国分寺跡《むつこくぶんじ》）北裏に予定されていた。ここは、現在の仙台貨物ターミナル駅（もとの宮城野《みやぎの》貨物駅）にあたり、一面の水田が広がっていた。もし計画どおりであれば、ほかの城下町同様、鉄道駅は町外れの立地だった。

ところが明治19年（1886）4月、仙台の停車場の位置が町外れと知った商人を中心とする仙台城下の人々が猛反発。資金の寄付を募り、仙台付近の鉄道を城下町寄りにするよう請願し、停車場位置の変更に成功したのである。仙台駅が城下町の中に設置されたのは城下の人々の熱心な請願の賜物だった。

この話、どこかで聞いたことはないだろうか。そう、東海道本線の浜松駅とそっくりで

東北新幹線仙台駅の位置をめぐっては、明治時代の議論が再び蒸し返された

ある。浜松同様、仙台では新幹線駅の位置をめぐって、明治時代の駅位置が事態を複雑にした。仙台城下に駅を設置するために、東北本線は仙台駅前後に急曲線が存在する線形になっていた。これは、新幹線の基本設計と相いれなかった。

『東北新幹線工事誌　大宮・盛岡間』は新幹線駅の位置について、「(1)　在来宮城野貨物駅に併設する。(2)　現仙台駅に地下乗り入れする。(3)　現仙台駅の裏側（東側）に併設する。(4)　現仙台駅の表側（西側）に併設する」の4案を挙げている。そして、「駅の設置に当っては、都市計画設定上に支障しない事、在来線及び市街地に連絡が良いこと、市街地を分断しないこと、又開業後のランニングコスト等が割安となること、施行着手が容易なこと等々を検討」と記していた。

この掲載順でもわかるとおり、国鉄は(1)の宮城野《みやぎの》案が当初案だった。仙台駅を通らずに長町《ながまち》～東仙台間を短絡する宮城野貨物線は昭和36年（1961）に開通しており、旧宮城野原《みやぎのはら》練兵場跡の一画に、貨物専用の宮城野駅が開業していた。この位置であれば線形はほぼ直線で、仮に仙台を通過する列車が設定されたとしても、徐行することなく通過できた。ただし宮城野貨物駅は仙台駅から2キロ以上離れており、仙台市内の交通アクセスは不便である。仮に国鉄が宮城野貨物駅を新幹線駅に決定していたら、明治の大騒動の二の舞いになったことは想像に難くない。検討の結果、(4)案の現仙台駅表側（西側）併設案が選ばれた。

この案だと駅の前後に急曲線が生じてしまうが、全列車が仙台駅に停車する予定だったため、問題なしとされたのである。山陽新幹線の岡山駅や広島駅と同様の扱いだった。

いずれにしても、昭和46年(1971)8月16日、国鉄総裁の磯崎叡が新幹線仙台駅は現在の駅に併設する方針を表明し、翌月に地元自治体と経済界が了承したことで駅位置問題は決着している。

『東北新幹線工事誌』に言及がない理由は不明だが、仙台の駅位置に関しては、仙台駅併設案と宮城野新設案のほか、長町駅への新幹線駅誘致運動もあった。仙台駅併設を推進する「新幹線現仙台駅建設促進期成同盟会」、宮城野への新設を推進する「新幹線駅東部地区設置期成同盟会」と並び、「新仙台駅誘致仙南期成会」が結成されていたというから本格的である。

仙台駅の約3・5キロ南に位置する長町は、日清戦争開戦直後の明治27年(1894)10月に昼夜兼行の突貫工事で軍用停車場が設置され、第二師団(仙台)隷下の主力部隊は、この駅から軍用列車で出征していった。そういう経緯もあって、長町駅には約60万平方メートルの広大な長町操車場が併設されており、新幹線ホームを設置できる充分な余裕があった。

ただし長町は、宮城野以上に既存の仙台駅から離れていたことや、長町に新幹線駅を設置したとしてもその先の経路が宮城野案と同じになることから、国鉄部内では最初に脱落したと思われる。また、当時は鉄道貨物が急速に凋落するとは考えられておらず、貨物操車場用地を新幹線に転用する発想は国鉄部内で少数派だったとも思われる。このあと長町操車場は昭和59年（1984）に機能を停止している。

このほかの経路案として、仙台地下ルートも検討された。大年寺山《だいねんじやま》付近から北の県民の森まで約9キロのトンネルで北進する経路だった。線形としては無理なく仙台市街を通過できる。地下鉄南北線のルートに一部重なる経路だったというからおそらく東二番丁通りの地下を北上する構想だったのではないだろうか。この経路の場合、新幹線駅は長町もしくは仙台市街の地下に設置されたと思われる。ただし、このルートが世に出ることはなかった。

外された水沢と花巻の巻き返し

東北新幹線の岩手県内の停車駅をどこに配置するかというのもなかなかの難題だった。盛岡市の人口は約20万人（昭和45年〔1970〕の国勢調査。以下同じ）と突出しており、また当面の終着点だったから駅設置は当然だった。だが、そのほかの岩手県内の市町村の人口はいずれも10万人未満だった。そのため、新幹線駅を設置するための一定の基準が必要となった。『東北新幹線工事誌　大宮・盛岡間』によれば、設置基本事項は以下の6点である。

1　現在線の優等列車の停車駅を考慮した。

2　停車駅数は新幹線の高速性を阻害しないよう、現在の東海道新幹線における「こだま」の表定速度（130㎞／h）を維持し得ること。

3　県庁所在地、もしくはこれに近接した都市で駅勢人口が多いこと。

4　駅の設置により新たな、旅客需要が見込まれ、誘発旅客による推定取扱収入の増か、全至費をまかなえること。

5　駅間距離は保守基地設置間隔および運転整理上の点から考えて過大、過小にならないこと。

6　在来線の分岐駅、あるいは道路など各種機関への連絡が便利であること。

これらは、山陽新幹線の「駅設置箇所を決定するに当たって考慮した基本的事項」（94ページ参照）をほぼ踏襲していた。

岩手県内の新幹線誘致をめぐって激しいつばぜり合いを演じたのが、一関《いちのせき》・水沢《みずさわ》・北《きた》上《かみ》・花巻《はなまき》の4市だった。その中から国鉄が選んだのが、一《いち》ノ関《せき》駅と北上駅だった。一ノ関は、大船渡《おおふなと》線との接続による三陸《さんりく》沿岸住民の利用と古川《ふるかわ》駅との駅間距離が考慮されて最初に内定したといわれる。残り1駅を水沢、北上、花巻の3市が争うことになったが、3市の中間に位置し、北上線で秋田県との接続が図られる北上駅に軍配が上がった。

水沢と花巻がなぜ外されたか。両駅付近の予定経路が既存の駅と大きく離れていたことが新幹線駅設置をためらわせた原因の一つだったと思われる。

むろんそういう経路になった理由はあった。『東北新幹線工事誌　大宮・盛岡間』によれば、水沢付近は、北上山地の西縁部を大小のトンネルで貫き北上に至る東側ルートの①案と、水沢市と金ケ崎町《かねがさきちょう》西部の扇状台地を北進して北上に至る西側ルートの②案が検討された。

②案では、駅近くに水沢緯度観測所（現在は水沢ＶＬＢＩ観測所）があり、所管の文部省（文部科学省の前身）の要望で少なくとも３〜４キロ離さなければならなかったこと（西側を通る東北自動車道の振動が、深夜の高精度の重力測定を妨げる問題を生じさせていた）、造成中の金ケ崎工業団地が分断されること、国道や東北自動車道との交差といった諸問題があり、東側ルートの①案に決まった。こちらには建設省（国土交通省の前身の一つ）国土地理院が所管する地磁気観測の水沢測地観測所があったが、43パーセントがトンネル区間であることから観測への影響はないとされた。

花巻付近の経路案として、北上駅から北東に向かう①案と、北上駅からほぼ真北に向かい、北上工業団地をトンネルで貫き、花巻市街東部を北上川沿いに北上する②案が比較検討された。『東北新幹線工事誌　大宮・盛岡間』によれば、真北に向かう②案は北上工業団地や花巻市街を分断するため、用地取得や設計協議の難航が予想された。花巻空港に接近しているのも欠点だった。これに対し、市街地を迂回する①案は支障物も少なく、北上川の氾濫地帯を避けた線形で、こちらが採用となった。結果的に、水沢市内と花巻市内の新幹線ルートは、市の中心駅である水沢・花巻両駅から遠く離れてしまっていたのである。

経緯はともかく、新幹線駅から外れた水沢市（現在は隣接する江刺《えさし》市などと合併して奥州《おうしゅう》市）と花巻市は黙っていなかった。都市圏の規模だけ見れば、一関や北上よりむしろ水沢

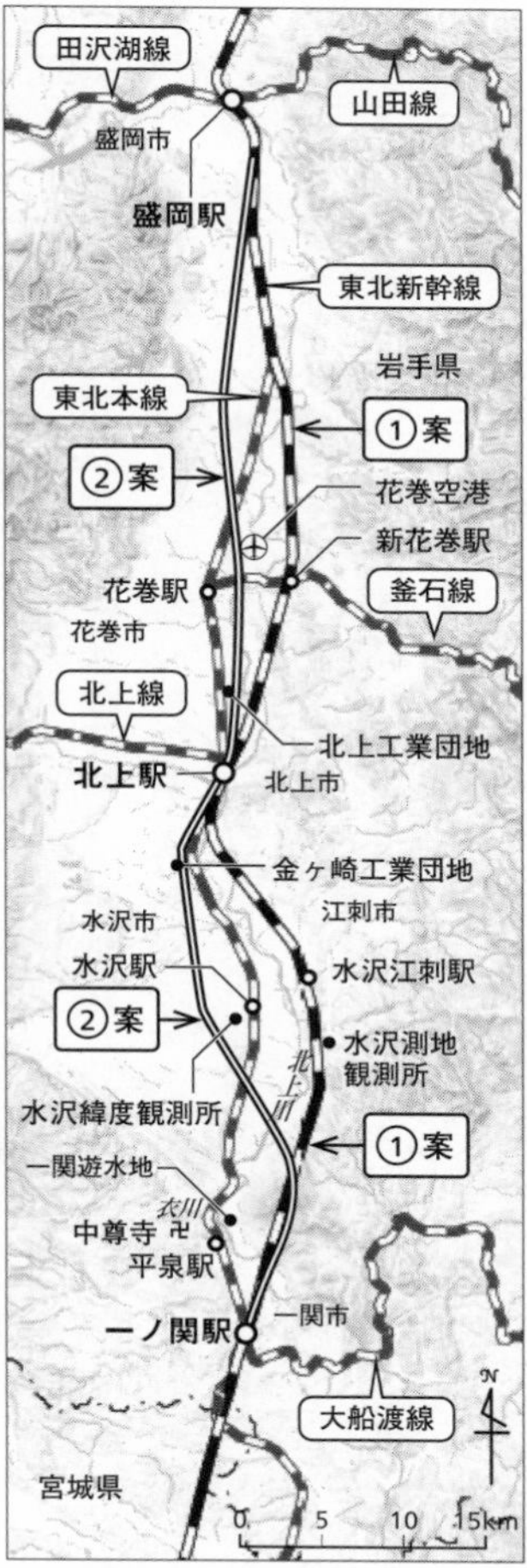

水沢・花巻周辺の経路案

と花巻のほうが大きいくらいだったからである。

水沢と花巻の地元は、我が町にも新幹線駅をと激しい誘致運動を展開した。水沢の場合、昭和46年（1971）1月18日に東北新幹線の基本計画が決定した当日から誘致運動が始まっている。1月28日には水沢市議会が「東北新幹線に水沢駅を設置することについて」の意見書を議決。水沢駅の設置を運輸大臣、国鉄総裁、鉄道建設公団などに陳情した。3月には「東北新幹線鉄道設置期成同盟会」が設立され、4月に入ると署名運動が始まる。わずかひと月ほどで水沢・江刺両市の人口を上回る6万もの署名を集め、5月14日に上京した水沢市長以下の胆沢《いさわ》地区市町村長ら約40人の陳情団が国鉄本社に提出している。水沢といえば、広軌高速鉄道を夢見た後藤新平《ごとうしんぺい》の出身地でもあり、新幹線駅誘致運動にはよけい熱が入ったのではないだろうか。

5月から9月までは、岩手県庁、運輸省、国鉄に加え、地元選出の有力代議士である椎《しい》名悦三郎《なえつさぶろう》（6期目）と小沢一郎《おざわいちろう》（当時は1期目）に繰り返し陳情するなど、猛烈な運動を展開した。昭和46年（1971）10月14日に東北新幹線の停車駅が発表されたとき、水沢の名前はなかったものの、磯崎総裁から水沢駅追加設置の言質を得た。ただし、「札幌まで新幹線を開業し夜行運転を実施する場合には、盛岡以南（水沢付近）に一駅を追加設置することとしたい」という幾重もの条件付きだった。札幌延伸時に夜行列車の運転を行う構想を実現するためには、この付近に駅を設けることが必要不可欠だったのである。

東北新幹線は当初から終夜運転を想定していた。夜行寝台列車を運行する場合、夜間の保線作業に影響の出ないよう、上下線の一方の列車を必ず駅で待機させる計画だった。そのための退避駅の設備が必要だったのである。磯崎叡の後年の述懐によれば、東海道新幹線の岐阜羽島、山陽新幹線の西明石や相生、東広島、上越新幹線の浦佐などもそういう目的があったという。

客観的に見れば水沢新駅実現のハードルは相当高かったはずだが、とにもかくにも「水沢駅追加決定」を受け、昭和46年（1971）10月30日には早くも決定報告祝賀会を開催している。

昭和50年（1975）12月には、新駅の具体的見通しは未定だったにも拘らず、駅前予定地の都市計画が決定されている。昭和52年（1977）6月に新駅予定地を高木文雄国鉄総裁が視察したことで、地元関係者は大きな期待を抱いたが、国鉄側から新駅設置に関する具体的返答はなかった。

事態が動くのは昭和58年（1983）1月である。国鉄は工事費50億円の全額負担や用地の無償譲渡などを骨子とする新駅設置条件を提示し、地元が受け入れたことで新駅建設が本格的に始まった。線路増設時に備えて2面4線分の用地が確保されているのも国鉄の要望を受けたものだが、工事開始の見込みはなく、駐車場として使われている。

新駅は昭和60年(1985)3月、水沢江刺《みずさわえさし》駅として開業した。仮称の「新水沢」が「水沢江刺」に変わったのは、市内に鉄道駅がなかった江刺市が強く要望したためだった。新駅の土地はすべて水沢市内だが、駅北側の東北新幹線の線路用地の一部が江刺市を通っていたのである。岩手県知事の中村直《なかむらただし》(自民党衆議院議員1期を経て知事2期目)が、水沢市長とともに昭和59年(1984)9月3日に国鉄の盛岡鉄道管理局長宛に提出した要望書のうち、県知事の文書には、「広域的観点に立って御決定いただくよう副申いたします」と、水沢江刺駅を推すことを言外に強く匂わせていた。盛岡鉄道管理局は岩手県知事の意見を尊重して、新駅の名称を「水沢江刺」として本社に上申し、9月13日付で「水沢江刺」と決定している。最初からずっと駅設置請願を主導し、費用などの負担が格段に大きかった水沢市側に感情的なしこりが残ったことは否めない。

水沢江刺駅開業と同日、新花巻《しんはなまき》駅も開業している。新花巻駅にも水沢同様の苦労があった。新花巻駅前には「新花巻駅設置　物がたり」の碑が建立され、駅設置までの労苦がびっしりと刻まれている。

新花巻の場合、釜石《かまいし》線との連絡を考慮し、約500メートル離れた既設の矢沢《やさわ》駅を廃止して、新花巻駅に釜石線との連絡設備を設けた。水沢江刺も新花巻も工事費は全額地元負担の請願駅である。両駅とも利用者が少ないと見込まれたことからホーム幅は規定の5メートルより狭い4・5メートルとした。そのため、運輸大臣の特別承認を受けている。何かと異例づくしの新駅開設だったが、地元の費用負担や簡略化した駅の規格など、その後の新幹線の請願駅設置の先例となった。

地元としては、新幹線駅誘致運動は、のめり込めばのめり込むだけ功徳のある絶対善なのだろう。だが、各方面から請願や要望を受けつづける国鉄当局者はたまったものではなかった。磯崎総裁の言葉を再掲しておこう。

「実際に断り役をやってみて感じたのは、代議士パワーよりも、地元の住民パワーの強さだった。東北の水沢駅の新設や広島県下の尾道か福山（註：三原の誤認か）かなどでは、郷土愛が高じて感情論にまで発展してしまった。憂鬱な毎日だった」

東京北鉄道管理局長だった山之内《やまのうち》秀一郎《しゅういちろう》（のちJR東日本副社長を経て会長）も同様の証言を残している。山之内によれば、那須塩原の駅名をめぐって見解の異なる地元有力者に呼び出され、それぞれ自分の主張する駅名に決めるよう無理強いされたこと、「那須塩原」に駅名が決定した際には反対派有力者に呼び出され、明け方まで一晩話し込んだが埒《らち》が明かず、帰京後ただちに上司である国鉄副総裁に辞職を申し出た（ただし強く慰留され、受理されず）ことがあったという。もはや恫喝に等しい。

たかが駅名というなかれ。決定する側も決定を待つ側も非常に重くつらい決定であることを理解すべきなのかもしれない。

明治以来の懸案だった盛岡〜青森間の経路

東北新幹線のうち、平成になって開業した盛岡〜新青森の区間は、八戸を経由している。距離だけ考えれば、秋田県の大館《おおだて》から弘前《ひろさき》付近を経由したほうがむしろ短絡ルートに見えなくもない。事実、東北新幹線建設前に描かれた計画路線図は八戸付近を通らず、むしろ盛岡からまっすぐ北に向かい、青森に到達している。おそらく地図作成者は深く考えずに盛岡と青森を結んだのだろうが、弘前回りのように見えなくもない。また、東北自動車道は八戸を迂回せず、秋田県北東部から津軽《つがる》平野に入り、青森に向かう経路を選択している。

八戸回りが当然と考えてしまうのは、東北本線が八戸経由だったからだろう。だが、盛岡以北の経路をめぐっては、明治時代に大揉めした歴史があった。

明治20年(1887)12月10日、鉄道局長官の井上勝《いのうえまさる》は、陸軍大臣の大山巌と一関以北の鉄道経路について協議している。同月28日に大山は陸軍側の回答を寄せたが、三戸《さんのへ》〜百石《ももいし》〜野辺地《のへじ》を経て青森に至る予定線が海岸に接していることについて強い難色を示す内容だった。敵軍上陸による鉄道破壊や、艦砲射撃で鉄道幹線が寸断される事態を怖れたのであ

盛岡以北の経路をめぐり、弘前経由か八戸経由かで青森県下は二分された。津軽と南部の対立再燃の感があった

る。代案として、花輪《はなわ》線・奥羽《おうう》本線にほぼ相当する盛岡〜大館〜弘前〜青森の経路を提示している。

だが結局、井上勝は陸軍の圧力には屈しなかった。翌年4月に総理大臣の伊藤博文に八戸経由が最適とする上申書を提出し、八戸経由で認可された。すでに井上は内陸の経路の調査も終えており、そのうえで八戸経由が最適という結論を出していたのである。当時の土木技術では、深い森が連なる山岳地帯に鉄道を通すのは至難で、しかも非力な蒸気機関車は急勾配が大の苦手だった。昭和6年(1931)に全通した花輪線は、途中の龍ヶ森《りゅうがもり》信号場(現在の安比高原《あっぴこうげん》駅)付近で33・3パーミルの連続勾配と半径302メートルの急曲線が連続する。蒸気機関車が走っていた時代、8620形機関車の三重連で峠越えをしていたほどの難所である。33・3パーミルといわれてもピンとこないだろうが、日本屈指の鉄道の難所として知られた奥羽本線の福島・山形県境の板谷《いたや》峠越えの最大勾配と同一の急勾配である。井上勝がこの経路を避けたのも無理はなかった。

とはいえ陸軍の懸念も故無しとはいえず、井上は線路を海岸から離すよう部下に命じている。東北本線が八戸市街を通らず、海岸から3キロ以上内陸に線路が敷設された線形は、こういう事情から生まれたのである。

明治の鉄道経路選定の再現といえるのが、東北新幹線だった。昭和47年(1972)7月に東北新幹線の基本計画が改定されて終点が青森市に変更されたが、主要な経過地として示されたのは、「宇都宮市附近、仙台市附近、盛岡市」の3都市のみだった（150ページ欄外注記参照）。「宇都宮市附近」とあるのは、常磐線経由ではないことを示すためだろう。だが、盛岡以北の経由地の記載はない。そこで因縁の明治の路線論争が再燃するのである。

盛岡以南の東北新幹線の建設が本決まりになってまもない昭和46年（1971）7月、早くも東北新幹線の大館誘致を目指す誘致促進期成同盟会が秋田県知事を会長に結成されている。9月には青森県津軽地域の自治体も加盟して、「東北新幹線秋田・津軽ルート誘致促進期成会」へと発展する。期成同盟会は、八戸ルートより約50キロも距離が短いこと、沿線人口が13万人も多いこと、地質構造にすぐれ、地震が少ないこと（八戸ルートは軟弱地盤が多いうえ地震の多発地域）、建設の経済性にすぐれていること（山岳地帯で用地買収もしやすく、トンネルが多いことは積雪対策にもつながる）などの長所を挙げた。

八戸ルートにも昭和46年（1971）9月、「東北新幹線太平洋回り誘致期成同盟会」が岩手県北地域と青森県南地域の48市町村で結成されて、関係大臣や有力議員への陳情合戦を繰り広げた。岩手県北部を地盤とし、漁業団体を支持母体に抱える有力政治家の鈴木善幸が後見役で、東北新幹線は八戸ルートとし、日本海側には新幹線を別個建設することを主張していた。一見玉虫色だが、要は八戸ルートの優先着工を求める立場である。

昭和47年（1972）6月、運輸大臣から国鉄に対し、東北新幹線盛岡以北ルートの調査指示が出され、経路問題の解決が急がれることとなった。昭和48年（1973）10月に国鉄と鉄道建設公団がまとめた『新幹線調査報告書』では、八戸ルートに軍配を上げている。その中で八戸ルートを「延長は約170キロ」、弘前・大館ルートを「延長は約180キロ」と記載したこと（根拠は記載されず）や「距離及び所要時分は、両ルートともほとんど差がない」と記載したことに加え、選定理由を見るかぎり、両ルートに大きな差異は見られない。「沿線の規模及び発展性等においてまさっているAルート（註・八戸ルート）を選定した」と結論づけているのは、新産業都市に指定された八戸地域や、むつ小川原《おがわら》開発計画という高度経済成長期の巨大事業が控えていたからではないだろうか。鉄道行政に大きな影響を持つ鉄道建設審議会長で、田中角栄に近い鈴木善幸が控えていたことも決定に影響した可能性は否定できない。

次第に劣勢があきらかとなった弘前・大館側はどう対応したか。昭和48年（1973）7月25日、田中総理が「東西両ルート（註・東北新幹線と羽越新幹線）同時着工、昭和54年開通」を明言し、同日青森県が「東北新幹線と日本海沿岸新幹線の2線について、本県内の実現を期するとともに、両線の同時完成を目標にその建設促進にあたる」を主旨とする調停案を作成することで意見統一を図った。

青森県庁としては、古くからの津軽藩《つがるはん》（県西部）と南部藩《なんぶはん》（県東部）の地域対立感情が再燃することを怖れたに違いない。青森県知事の竹内俊吉《たけうちしゅんきち》（自民党衆議院議員を4期務め、知事として3期目）は津軽出身だったが、青森放送社長を務めたこともあり、下北《しもきた》半島のむつ小川原開発を推進した。県域全土への目配りが青森県知事の要諦だった。

それでも疑心暗鬼の西側同盟会は、8月28日に田中総理の「東北新幹線を東回りに決定する場合は日本海新幹線（註：羽越新幹線）を同時に完工させる。これとは別に奥羽新幹線も考える」という言質を取ったことで、ようやく納得する。10月2日、前述した『新幹線調査報告書』が、国鉄総裁の藤井松太郎、鉄建公団総裁の篠原武司から運輸大臣の新谷寅《しんたにとら》三郎《さぶろう》に提出された。こうした手順を踏んだ上で、11月13日に運輸大臣名の東北新幹線の盛岡市～青森市の主要な経過地を「八戸市附近」とする整備計画および建設指示が出て、争いに終止符が打たれた。わずか5文字の追加だったが、そこにいたるまでには北東北を二分する熱い戦いがあったことを忘れてはならないだろう。

なぜトンネルだらけの経路となったのか

盛岡～新青森間178・4キロ（実距離）のうち、トンネルの総延長は119・6キロ。これは新規着工区間の約67パーセントを占める。この区間を代表する長大トンネルが、いわて沼宮内～二戸《にのへ》間の岩手《いわて》一戸《いちのへ》トンネル（25・808キロ）と七戸《しちのへ》十和田《とわだ》～新青森《しんあおもり》間の八甲田《はっこうだ》トンネル（26・455キロ）である。

工期がかさむ難区間については先行着手が認められたため、岩手一戸トンネル（仮称は岩手トンネル）は平成元年（1989）に着工された。この区間の在来線は、23・8パーミルの急勾配と最小半径400メートルの急曲線が連続する「奥中山越え《おくなかやま》」と呼ばれた難所だった。当初は途中の小繋《こつなぎ》駅付近の線路を橋梁で越える計画だったが、線路下の地下を通る経路に変更したため、長さ25キロの長大トンネルとなったのである。

盛岡以北でトンネルを多用した理由は、降雪対策という目的もあった。たとえば八戸～七戸十和田間は上北《かみきた》丘陵沿いに多数の小トンネルを連ねる計画だったが、六戸《ろくのへ》（3810メートル）、三本木原《さんぼんぎはら》（4280メートル）、牛鍵《うしかぎ》（2065メートル）など13本のトンネルに集約している。

最後の着工区間である八戸～新青森間の経路はおもに三つのルートが検討された。陸奥湾沿いの野辺地付近を経由する「野辺地ルート」、八甲田山北麓のカルデラである田代平《たしろたい》の北側を横断する最短経路の「田代平ルート」、その中間の山岳地帯を通る「八甲田山北東部ルート」である。

野辺地ルートは、三沢《みさわ》や野辺地といった青森県内の都市圏に近接する長所がある反面、

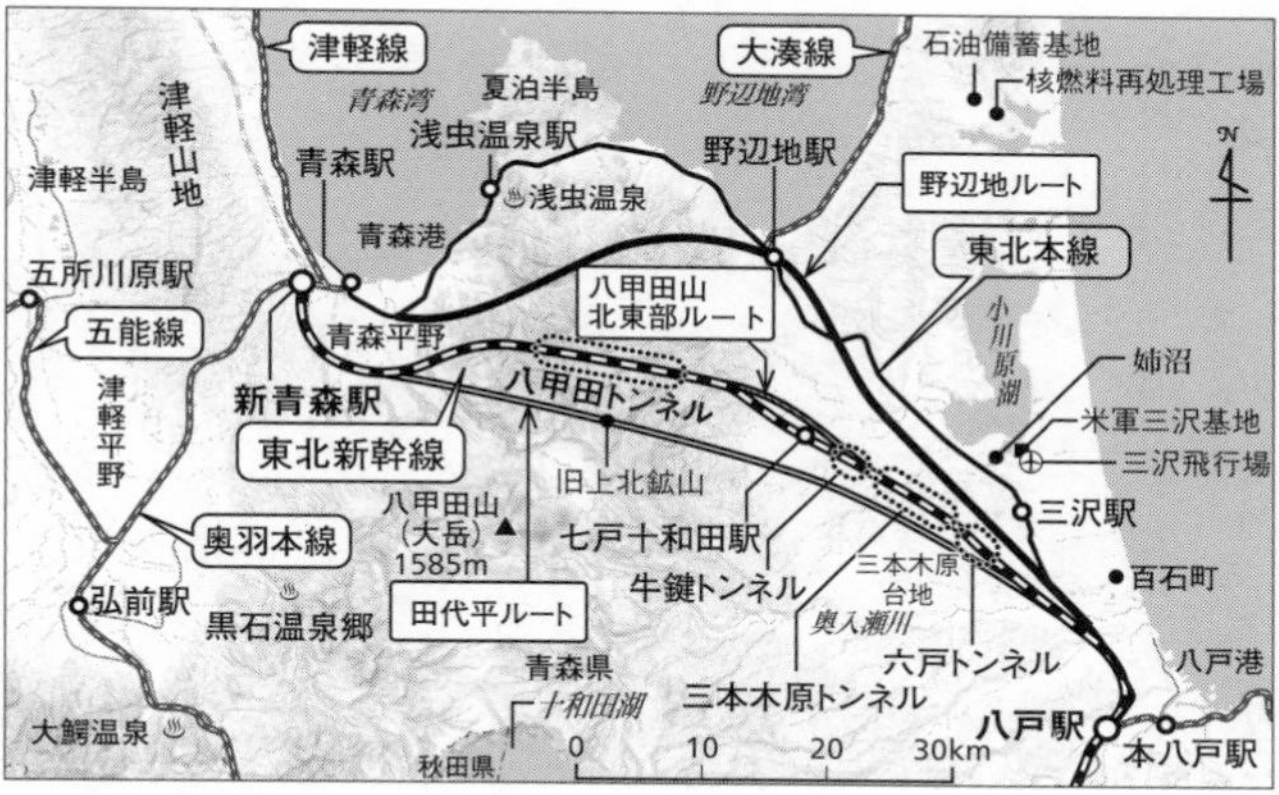

八戸以北の経路はおもに３ルートが検討された

小川原湖《おがわらこ》（小川原沼《こがわらぬま》）周辺の軟弱地盤を広範囲に通過し、距離が長くなる短所があった。田代平ルートは、距離は短かったが、銅や硫化鉄を産出した旧上北《かみきた》鉱山を通過することが欠点だった。掘削土（鉱化ズリ）の土壌汚染（掘削土に含まれる黄鉄鉱などに雨が当たると酸性水を生じ、重金属類を溶出させ、地下水や河川の水質を悪化させる可能性があった）も懸念された。また、高熱地帯や含水量の多い地層だったことも大きな欠点だった。このほか田代平湿原や水源地帯の環境悪化への影響や八甲田山系の温泉への悪影響も考慮されたと思われる。

決定案となったのが八甲田山北東部ルートである。一部に軟弱地盤が想定されたものの、総じて大きな問題はないと見込まれた。

途中の八甲田トンネル沿いに道路トンネルの「みちのくトンネル」が完成していたことも有利だった。このトンネルは、施工時に地質に起因する事故が皆無で、環境問題も発生しなかった。しかも、工事路をみちのく道路から延ばすことが可能だった。

予定経路の周辺2キロ圏内には七つの鉱山跡が存在した。だが、田代平ルートの上北鉱山とは比較にならないほど小規模で、環境負荷は限定的と予測された。

八甲田トンネルは、平成10年（1998）8月の着工以来、6年半の工期をかけ、平成17年（2005）2月27日に貫通の日を迎えた。このトンネルは、中央の青森市と天間林村《てんまばやしむら》（現在は七戸町《しちのへまち》と合併）の行政界を頂点とする「拝み構造」になっており、頂点の両側に10パーミルの勾配が設定されている。

余談ながら、盛岡～新青森間のうち盛岡～八戸間が平成14年（2002）12月に先行開業したのは、平成15年（2003）2月の「青森アジア冬季大会」に間に合わせるためだった。東海道新幹線と東京オリンピックといい、北陸新幹線（長野新幹線）と長野オリンピックといい、新幹線開業にはとかくスポーツイベントが関係するものだと、苦笑を禁じえない。

新青森の駅位置と縄文遺跡の発見

青森という町は、北海道連絡の大動脈である青函《せいかん》航路とともに発展してきた歴史がある。江戸時代に弘前藩《ひろさきはん》（津軽藩）の外港として開かれて以来、市街地は港に面して東西に延びていた。それゆえ新幹線駅を既存の青森駅に併設したいというのは青森市民の自然な感情だっただろう。ところが、青森駅は青森港に面して立地していた。青函連絡船の乗り継ぎ駅だったからだが、その先の北海道新幹線を考慮した場合、青森駅で折り返す線形となり、所要時間や座席転換の手間など、欠点が大きかった。

新幹線駅の位置については昭和49年（1974）5月、東北の線区を所管する盛岡工事局長から国鉄案が公表された。①青森駅併設案、②青森操車場案、③石江《いしえ》地区の3案である。国鉄の見解は、地盤・線形等を技術的に検討した結果、現在の青森駅併設は不可能に近いとされ、環境・用地問題等を総合的に勘案すると中心部から約4キロ西の石江地区が適当という内容だった。その理由を類推するなら、青森駅併設案は北海道に延伸した場合、全列車が折り返しになる線形が容認できず、市街地に近い青森操車場案は、操車場としての用途を残したかったのと、用地買収の負担が懸念されたのではないかと思われる。鉄道貨物が急速に凋落するとは、少なくとも国鉄当局者は考えていなかった。

国鉄の意向表明を受けた青森市は、「青森市新幹線問題に関する懇談会」を設置。このほか、市議会全員協議会と商工会議所も独自に検討を進め、いずれも「現青森駅併設が適当」という意見集約がなされた。石江地区を推す国鉄と青森駅併設を求める青森市の意見が対立し、歩み寄りが困難だったため、青森県が仲介役となって、青森県・青森市・国鉄による三者会議を設定することになった。昭和50年（1975）12月から昭和54年（1979）12月まで断続的に16回開催され、当初は議論がまったく嚙み合わなかったというが、最終的には「石江地区設置もやむなし」という結論が導かれる。この結果を受け、昭和55年（1980）1月31日、青森県知事・青森市長・国鉄盛岡工事局長の三者トップ会談が行われ、「新幹線青森駅は石江地区に設置する」合意がなされ、決着をみた。

後出しジャンケンといわれればそれまでだが、市街地に近接した青森操車場案を現実的な落としどころとして探らなかったことが残念でならない。今となっては詮無いことだが、もし貨物操車場跡地に新幹線駅ができていたら、従来の市街地から連続した新都心として発展できたのではないかと、新青森駅付近の閑散ぶりを横目に見て、つい考えてしまうのだ。

さまざまな調整を経て、新青森駅を含む東北新幹線盛岡〜新青森間全体の候補ルートと駅位置が発表されたのは、昭和57年（1982）3月30日。6月23日の大宮〜盛岡間開業を目前に控え、沿線各市町村は盛り上がった。ところが9月24日、鈴木善幸内閣は臨調の答申を受け、整備新幹線計画の凍結を決定する。突然梯子《はしご》を外された地元の衝撃ははかりしれない。

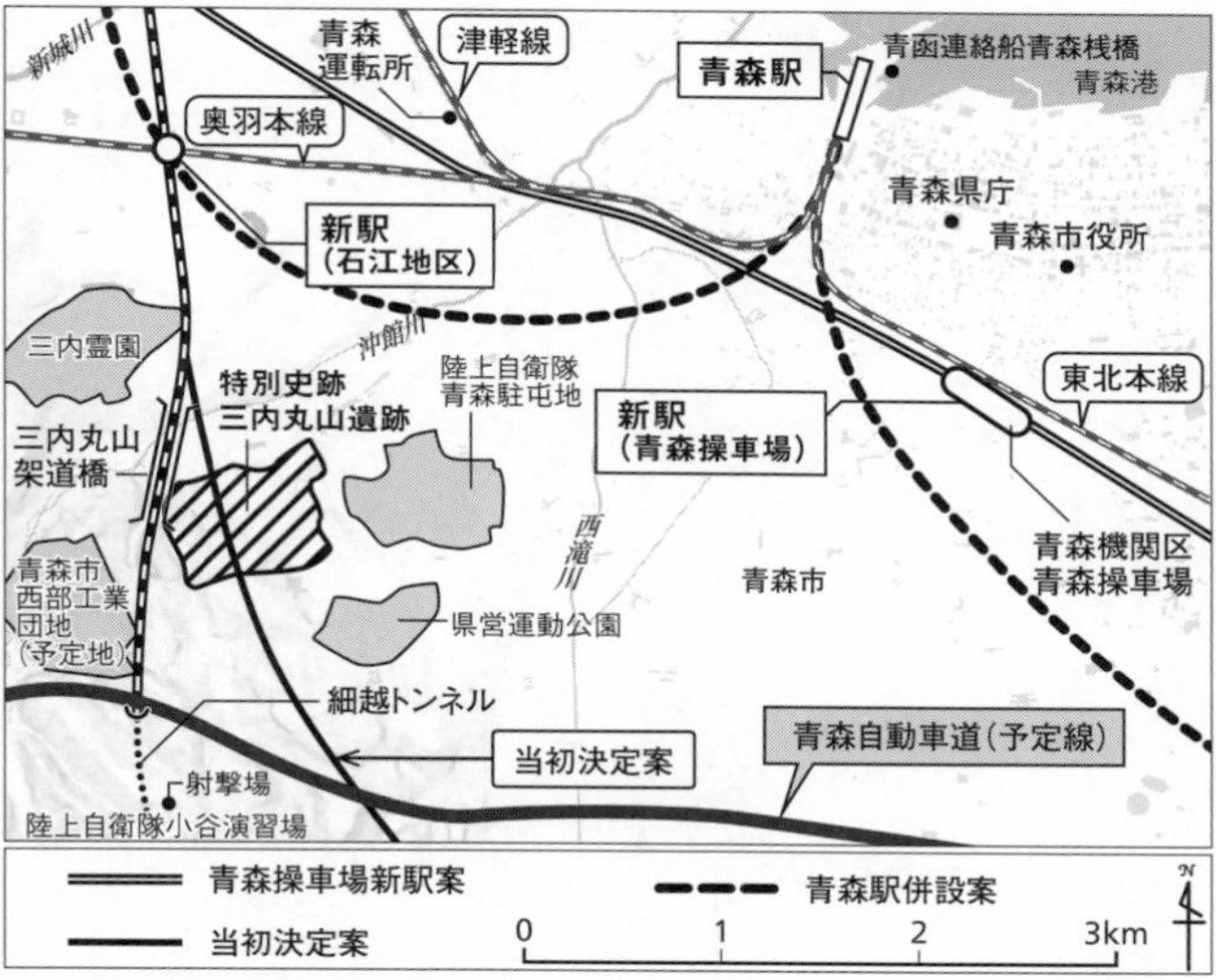

青森の新幹線駅は、国鉄の意向と地元の意向が対立して、なかなか決まらなかった

3年後の昭和60年（1985）12月8日、整備新幹線財源問題等検討委員会幹事会において、「新青森駅（仮称）における新幹線駅周辺環境整備事業」の名目で新青森駅建設が了承され、同年12月16日に駅建設に着手している。翌昭和61年（1986）11月1日、待望の国鉄新青森駅が開業。ただし新幹線の影もかたちもない、単線ホームがぽつんとあるだけの奥羽本線の無人駅だった。整備新幹線の凍結方針が撤回されるのは、翌昭和62年（1987）1月30日。新青森駅に東北新幹線の営業列車が発着するのは、駅開業から24年後の平成22年

（2010）12月4日である。

新幹線は、青森市の南側を迂回して、新青森駅の南南東方向からホームに進入する計画だった。ところが、青森県運動公園の拡張工事に先立って平成4年（1992）から実施された三内丸山《さんないまるやま》遺跡の大規模発掘調査により、状況が一変する。狩猟や採集に頼る原始社会といった従来の縄文時代の認識を一新するほどの発掘成果がもたらされたのである。

平成6年（1994）には野球場建設を中止して遺跡の保存が決まる。平成12年（2000）には国の特別史跡に指定され、縄文ブームが巻き起こったことは記憶に新しい（令和3年〔2021〕には、ユネスコの世界文化遺産にも登録）。遺跡付近を経由する予定だった新幹線の経路が変更されるのは平成10年（1998）3月である。その際、最小曲線半径が従来案の3500メートルから2500メートルに、最急勾配が15パーミルから20パーミルに変更されている。

第六章　上越新幹線

田中角栄が生み出した新幹線路線

上越新幹線は、大宮〜新潟間269・5キロ（実距離）の路線である。東京〜大宮間の線路を東北新幹線と共用しており、実質的には東京と新潟を結ぶ新幹線といって差し支えないだろう。東京〜新潟間300・8キロ（実距離）の所要時間は最短1時間29分。令和5年（2023）3月以降、大宮以北の区間の最高速度が時速240キロから時速275キロに上がったことで、東京〜新潟の所要時間の7分短縮が実現した。

上越新幹線には驚くべき計画が存在していた。昭和46年（1971）10月の工事実施計画では、「東北新幹線のターミナルを東京駅、上越新幹線のターミナルを新宿駅に設け、この両ターミナルより大宮駅に至る路線を建設」とされていたのである。昭和48年（1973）春には、山手貨物線を利用する経路で新宿まで乗り入れることまで内定していた。東北新幹線や上越新幹線と同時に整備計画が決定していた成田新幹線についても東京駅から新宿駅に乗り入れる構想が存在しており、東京駅と新宿駅が都心の新幹線ターミナルとして有機的に機能する壮大な計画だった。

　昭和51年（1976）には新幹線新宿駅の位置や規模が具体化していたという。在来線の新宿駅の南側にあった貨物駅（現在はタカシマヤタイムズスクエアとして再開発済み）の地下3階に乗り入れ、3面6線の島式ホームが建設される予定だった。

　ところが、東京〜大宮間の新幹線の線路容量が逼迫していないことや巨額の建設費用が見込まれたことから、上越新幹線と東北新幹線は大宮以南の線路を当面共用することと決まった。以後、先の計画が具体化することはなく、新幹線の新宿乗り入れは幻となってしまった。

　上越新幹線は、政治と新幹線を論じる文献では必ず名前の挙がる路線である。振り返れば、上越新幹線の計画と建設が一気に進んだ1970年代というのは、新潟県出身の田中角栄が時代の申し子だった。当時は中選挙区制で、田中の選挙区は新潟県中部の新潟三区だったが、選挙区内に越後《えちご》湯沢《ゆざわ》・浦佐《うらさ》・長岡《ながおか》・燕三条《つばめさんじょう》という四つの新幹線駅があった。終点の新潟以外、新潟県内の上越新幹線の駅はすべて田中角栄の選挙区に立地していたのである。

　認可時点では東北新幹線と同じ工期5年（東海道・山陽新幹線の建設経験に基づく）を見込んで昭和51年度（1976年度）開業予定だったが、その後昭和55年度（1980年度）、昭和61年度（1986年度）と繰り下げられ、結局、昭和57年（1982）11月15日に大宮〜新潟間が開業している。

世界屈指の豪雪地域を通るとあって、上毛高原《じょうもうこうげん》駅以北の露天の区間約80キロには自動散水消雪設備が完備されており、雪によるダイヤの乱れはほとんどない。また、全体の49パーセント、132キロが高架橋である。これは、盛土区間を多用した東海道新幹線の一部で地盤沈下がみられたり、高架橋と較べて雨に弱い欠点があったり、路盤崩落の不安から積雪期にスプリンクラーで大量の水を散布できない経験を生かしたものである。

上越新幹線路線図

もし田中角栄がいなければ、北陸新幹線(当初の仮称は東海道新幹線のバイパスの意味を込めた「北回り新幹線」)のほうが上越新幹線より先に着工されていたのではないか。そんな可能性を考えてしまう。上越線は、昭和42年(1967)の新清水《しんしみず》トンネル開通により全線複線電化工事が完成したばかりで、高崎〜新潟間の線路容量には余裕があった。将来的に線路容量の不足が予測されたのは高崎以南の区間だが、北陸新幹線を優先着工すれば解決する話である。また、「国土の総合的な開発」を謳った新全総の方針に照らせば、関東圏外の区間が新潟県に限られる上越新幹線は、長野・富山・石川・福井の各県を通過し、不慮の災害時に東海道新幹線を補完可能な北陸新幹線(北回り新幹線)と比較して、優先順位が下だったと思われるのである。

なにより昭和46年(1971)に国鉄の磯崎叡総裁は、「新幹線の現状と将来」と題した講演で、東北新幹線の盛岡以南の区間については「だいたい開業五年後には現在線(註:既存の東北本線)と合わせていまの黒字以上の黒になる。(中略)東北線はそういうことでだいたいよろしい」という楽観的な見通しを示しているのに対し、上越新幹線については、「よほど輸送量がふえないと、一〇年は現在線(註:高崎線・上越線)を含め赤になるという感じでございます」と厳しい見方に終始している。このこともまた、上越新幹線が国鉄の意向とかけ離れた政治案件そのものだったことを示しているとは言えないだろうか。

上越国境のトンネルをめぐる歴史

谷川岳《たにがわだけ》をはじめとする峻険な峰々の連なる三国《みくに》山脈は、古来交通の難所だった。越後《えちご》の上杉謙信が軍道として使ったとされる三国《みくに》街道もまた、昭和34年（1959）に三国《みくに》トンネル（旧トンネル。全長1218メートル）が完成するまで、自動車が通ることさえ不可能な険路だった。

群馬・新潟県境の山々は、関東と越後を隔てる文字どおりの壁として君臨してきた。田中角栄が昭和21年（1946）の総選挙に初出馬した際、演説で訴えた「三国峠《みくに》を切り崩してしまえば、日本海の季節風は太平洋側に抜けて、越後に雪は降らなくなる。みんなが大雪に苦しむことはなくなる」といった発言は、新潟県民の心の叫びを代弁している気がしてならない。

この選挙の演説では、「越後山脈のどてっ腹に穴を開け、高速の鉄道を建設し、道路を通し、2時間か3時間で東京に着くようにしてみせる」とも豪語した（長岡に疎開していた半藤一利《はんどうかずとし》〔作家〕が旧制長岡中学校在学当時、現地で実際に聞いた言葉）。新潟県から直接自動車で関東に出るのが不可能だった時代に、上越新幹線や関越自動車道を予見しているのだ。当時、新潟駅から上野駅まで、時刻どおりに列車が走ったとしても10時間程度かかっていた。戦前の急行列車でさえ、7時間を要した。そんな時代に「2時間か3時間で東京に着くようにしてみせる」と言ってのける想像力と言語化能力のたくましさ。政治家とは夢を語る（騙《かた》る）存在だということを痛感すると同時に、田中角栄（とそのブレーン）の時代を読む目の確かさに舌を巻くのである。

最初に群馬・新潟県境に風穴を開けた清水《しみず》トンネルは、単線トンネルで全長9702メートルあった。谷川岳の山腹を通すため、土被りが1000メートル以上という桁外れの厚さだった。できるだけトンネルの長さを減らすため、その前後に高度をかせぐループ線が設けられた。トンネル工事は大正11年（1922）に着手され、昭和4年（1929）12月に貫通している。昭和6年（1931）9月からは営業列車の運転が始まっていた。

清水トンネルを含む高崎〜越後湯沢間は、鉄道省の直轄事業とされていた。難工事が予想されたためである。東海道本線の丹那トンネルのような大きな事故には見舞われなかったものの、工事中の殉職者は48名に上った。

開通当時は日本一の長大トンネルで、昭和37年（1962）に開通した北陸《ほくりく》トンネル（1万3870メートル）に抜かれるまで、30年以上日本一の座に君臨した。トンネル区間を含む水上《みなかみ》〜石打《いしうち》間が電化されていたことも画期的だった。

上越線の開通によって、長野や直江津《なおえつ》を通る従来の信越《しんえつ》本線経由と比べて約100キロも短縮され、それまで最も早い急行列車で11時間余りかかっていた上野〜新潟間が7時間程度になった。国民の関心の高さは、新聞や雑誌などに取り上げられたのはもちろんだが、昭和8年（1933）から5年間使用された『小學國語讀本』（小学校の国語教科書）に、「清水トンネル」と題された乗車記が掲載されたほどだった。また、群馬県民が諳《そら》んじる「上《じょう》毛《もう》かるた」（昭和22年〔1947〕制定）にも「ループで名高い清水トンネル」として登場する。

戦争の時代を挟んで、日本は戦後の発展期を迎えた。上越線の輸送量が増えるにつれて輸送力不足が懸念される状況となり、もう1本の単線トンネルが計画されることになる。それが新清水トンネルだった。戦前の清水トンネルと異なり、山麓の湯檜曽《ゆびそ》付近にトンネルの入口を設け、全長は清水トンネルより約3800メートルも長い1万3490メートルになった。昭和38年（1963）9月に着工し、昭和42年（1967）9月に開通している。新清水トンネル開通後、新清水トンネルは下り列車専用、旧来の清水トンネルは上り列車専用となった。旧来の清水トンネルが前後のループトンネル付近で20パーミルの急勾配が連続しているのに対し、新清水トンネルの勾配は8パーミル以内に抑えられていた。その分深い位置をトンネルは通ることになった。

新清水トンネルの計画段階ではおもに四つの案が存在した。まず「10‰《パーミル》・22㎞トンネル案」と呼ばれた計画。これは水上駅から10パーミルの上り勾配で22キロの複線長大トンネルを掘り、直接石打駅に連絡する案である。旧トンネルを放棄し、在来線の湯檜曽、土《ど》合《あい》、土樽《つちたる》、越後中里《えちごなかざと》、越後湯沢《えちごゆざわ》の各駅は廃止になる。2番目は「20‰・12kmトンネル案」で、水上駅から12キロのトンネルで直接土樽駅に結び、土樽〜石打間は現在線に沿って線増する計画。トンネルの勾配が従来の15・2パーミルから7パーミルに大幅に減少するが、湯檜曽駅の移設が必要なのと、土合駅を新トンネル内に新設する必要があった。3番目は「20‰単純腹付《はらづけ》案」で現在線に並行して線増する計画。最後が「35‰勾配案」。これは、水上駅から35パーミルの勾配で土合まで直登し、土合〜土樽間は清水トンネルに並行してトンネルを建設。土樽から先は35パーミルの勾配で越後湯沢まで直行する計画である。ひとことで言えば、ループ線を廃止して直接清水トンネルに並行させようとするものだが、急勾配区間における列車の停止やブレーキの問題を生じるのが難点だった。結果として工費が安く標高も低い第2案の「20‰・12kmトンネル案」となった。

世界一の長さを誇った大清水トンネル

新旧清水トンネルの生きた教材といえるのが、上越線の土合駅である。無人となった改札脇には、駅前にあった上越南線直轄工事記念碑が移設されており、新清水トンネル開通に合わせて昭和42年（1967）に新築された山小屋風の意匠が際立つ駅舎は、谷川岳登山の起点として大いに賑わった歴史をしのばせる。

この駅は、地上の上り線ホームと新清水トンネル内の下り線ホームという奇妙な構造である。上り線と下り線の標高差は82・4メートルに達し、改札口から下り線ホームまでは幅7メートル、高さ5メートルという堂々たる規模で構築された階段を462段（長さ338メートル）。駅舎と下りホームの標高差は70・7メートル。角度にして約14度、250パーミル）も下らなければならない（改札口から一直線の下りの手前には別に24段分の階段と湯檜曽川《ゆびそがわ》橋梁を含む143メートルの連絡通路がある）。上から見るとトンネルに吸い込まれそうな錯覚に陥る。

土合駅が有人駅だった時代、時刻表の上越線の下り列車のページの欄外には、「ご注意……土合駅の改札は下り列車に限り、発車10分前に打ち切りとなります。」という、事情を知らない人は首をひねるほかない文面が印刷されていた。発車10分前に打ち切りとはなんと無情な仕打ちと思ったものだが、土合駅を訪れて納得した。462段の階段を10分で下りきることは至難である。

谷川岳登山の基点として土合駅が賑わった時代、上野駅を22時03分に出発する秋田行きの夜行普通列車に乗車すると、土合駅に午前2時43分に到着した（下り線付け替え当初の列車ダイヤによる）。この列車の土合駅の停車時間が3分間確保されていたのは、単線時代からの伝統だった。おそらく、かさばる荷物を持った登山者が土合駅でたくさん下車するため、すぐには発車できなかったためだろう。開通当時、土合駅の乗降者はほとんど登山者で占められ、1日およそ400人にのぼった。

当時の勤労者は休日が少なかった。自家用車は一般に普及しておらず、高速道路も未開通で道路事情は貧弱そのものだった。鉄道、バス、ロープウェイといった公共交通が充実した谷川岳山麓の土合駅に、おのずと週末登山客やスキー客が殺到したのである。休日前後の集中ぶりを称して「カミカゼレジャー」なる言葉さえあったほどで、当時の写真を見ると、土合駅ホームにはキスリングザックを背負った人たちで立錐の余地もないくらいごった返している。ホームからよく人が転落しなかったと思えるくらいの混雑である。

夜行鈍行に約4時間半揺られて、眠い眼をこすりながら新清水トンネル内の土合駅ホームに降り立った登山者の目の前に現れたのが、果てしなくつづく地上への通路だった。最初の登山の難所が、土合駅の462段の険路だったのである。谷川岳登山への期待を膨ませつつ、重いキスリングザックを背負って黙々と階段を上ったにちがいなかった。

現在、途中には数ヶ所、休憩用のベンチが設けられている。階段脇には幅1・5メートルほどの剝き出しの掘り跡があり、水路かと一瞬錯覚するが、通路開設時から確保されているエスカレーターの設置スペースである。だが、列車登山ブームが去り、列車の発着がわずか1日5本となり、土合駅が無人化された今、エスカレーターが設置される機会は永久に来ないだろう。

余談ついでに言えば、時刻表の上越線の下り列車のページの欄外の土合駅に関する註記は、新清水トンネル開通当初の昭和42年（1967）10月号の時刻表には掲載されていない。翌昭和43年（1968）10月号の時刻表に後年と一言一句違《たが》わぬ注意書きが掲載されているところを見ると、10分前改札打ち切りを知らなかった利用者からの苦情が出て掲載するようになったか、あるいは開通後しばらく経ってから10分前改札打ち切り制度を導入し、そのあとで時刻表に反映したか、どちらかだろう。

さて、上越新幹線に話を戻す。新幹線建設に際し、三度《みたび》谷川岳の直下を貫くトンネルが計画された。多様な経路が検討されたが、A案（現在線沿いルート）とB案（直進ルート）に収斂されていく。A案が上越線の清水・新清水トンネルに近接したルートなのに対し、B案は水上付近まで利根川の谷沿いに進み、そこから最初左に半径5000メートルの曲線、次いで土樽《つちたる》付近で半径8000メートルの左曲線を織り交ぜながら、越後湯沢駅の手前まで短絡するルートである。

地質を把握できているという面では在来線に沿ったA案のほうが有利だが、尾根の下を通るB案も地質に大きな差はないだろうとされた。工期の点では斜坑の数を多く取れるA

険しい山が連なる群馬・新潟県境の経路については、さまざまな視点から検討された

案が最長40ヶ月、B案が最長50ヶ月と見込まれ、A案が有利だったが、全長がA案（24・560キロ）より2280メートル短いB案のほうが、工費が30億円ほど少ないことや完成後の所要時間の点ですぐれていた。しかも土被り1000メートル以上の区間で山ハネ（岩盤の一部が突然飛散する現象）が発生することを考えれば、土被りが小さいB案のほうが500メートルも山ハネ発生区間が短い。また土被りが小さい分、湧出する水量も少ないと見込まれた。こうしてB案が採用となったと『上越新幹線工事誌　水上・新潟間』は伝

える。付近の温泉の源泉から500メートル以上離す配慮がなされたというが、それでも影響は避けられなかったようだ。なお、トンネルの縦断面は県境付近を頂点とする拝み勾配で、最急勾配は新潟県側の12パーミルである。湧水量が多いと見込まれたため、トンネル中央部に排水溝を設けた。工事関係者から湧水が美味しいという評判が広がり、上越新幹線開業から2年後の昭和59年（1984）、豊富な湧水を商品化した「大清水《おおしみず》」ブランドの飲料が発売され、ヒット商品に名を連ねている。

昭和47年（1972）5月28日に工事の無事を祈る合同修祓式が行われてからおよそ6年半。昭和54年（1979）1月25日にトンネル貫通式が行われた。大清水《だいしみず》トンネルと名づけられた新トンネルの全長は2万2221メートル。80年近く世界最長の座を守ってきたスイス・イタリア国境のシンプロントンネル（第一トンネル1万9803メートル、第二トンネル1万9823メートル）を抜いて世界一の長さのトンネルに躍り出たのである。関係者が列席する中、群馬県側から日本鉄道建設公団の篠原武司総裁、新潟県側から運輸大臣の代理で出席した住田正二事務次官（のちにJR東日本初代社長）が発破のボタンを同時に押してトンネルは貫通。万雷の拍手が鳴り響く中、二人は固い握手を交わし、参列者は万歳三唱した。

ところが貫通式の記憶もさめやらぬ3月20日夜。トンネル内部で掘削機の解体中に火災が発生、16名の死者を出す惨事となった。死亡した16人のうち12人が出稼ぎの労働者だったという。この事故を含め、上越新幹線工事中に命を落とした人は、95名を数えた。

浦佐は角栄の政治駅ではなかった

新幹線駅誘致をめぐって駅前や構内に建立された人物像は、管見の限り三体である。最も有名なのは岐阜羽島駅前公園に設置された巨大な「大野伴睦先生御夫妻之像」（原型制作は北村西望《きたむらせいぼう》。台座を含め、高さは5メートル）だろう。この駅と大野伴睦の関係については第二章で詳述した。一方、駅構内の目立たぬ位置に建立されている小ぶりの胸像が、鹿児島中央駅の小里貞利《おざとさだとし》である。小里に関しては、さまざまな困難な状況を打破して九州新幹線を当初予定の鹿児島中央駅まで完成に導いた功労に報いてのことだろう。策士然とした小里がいなければ、新幹線が鹿児島県内まで建設されたかどうかは微妙なところである。小里については第九章で述べることになる。

異彩を放つのが浦佐駅東口の「田中角榮先生像」である。右手を上げて「ヨッ！」とポーズをとる、生前の田中を知る世代にとってはおなじみの姿だ。

銅像の除幕式は昭和60年（1985）10月28日。田中角栄は存命である。だが除幕当日、田中の姿はなかった。同年2月27日夕刻、脳梗塞で倒れ、目白の自邸で静養していたからである。
除幕式で配付されたパンフレットには、昭和60年（1985）2月26日に「銅像建立につい
て田中角栄先生のご了承をいただく」とある。文面を信じるならば、田中自身が建立を承
諾した翌日に倒れたことになる。
「田中角榮先生像」という題字を揮毫したのは、側近を自任した二階堂進《にかいどうすすむ》だ。「趣味は田
中角栄」と公言して憚らなかった鹿児島県選出の政治家である。田中角榮記念館による像
前の金属板の文面によれば、「旧新潟県第三選挙区在住一二〇〇〇余名の地元の皆様の浄
財により建立」とある。
銅像が建立された昭和60年（1985）といえば、東北・上越新幹線の上野延伸（3月14日）
と関越自動車道全線開通（10月2日）が実現した記念すべき年である。反面、田中にとって
は、復権に向けて旺盛な政治活動をつづけてきた自身の政治生命が終わりを告げた年でも
ある。以後、歿するまで田中の口から政治的言語が発せられることはなかった。
台座を含んだ銅像の高さは約8・5メートル（台座の高さは6・5メートル）。平成17年（2
005）に屋根が取り付けられたときは大きなニュースになった。当時の新聞によれば、「パ
パが寒くてかわいそうだから屋根をつけてほしい」という田中の娘からの要望だったらし
い。

田中角栄は旧浦佐村《うらさむら》（昭和の大合併で大和町《やまとまち》となり、平成の大合併で南魚沼市《みなみうおぬま》）の出身ではない。田中が生まれ育ったのは、浦佐よりずっと北の、原子力発電所が立地することで知られる柏崎《かしわざき》に近い刈羽郡《かりわ》二田村《ふただむら》（昭和の大合併で西山町《にしやままち》となり、平成の大合併で柏崎市）だった。田中の生家と浦佐駅とは、直線距離にして約40キロも離れている。

では、なぜ浦佐駅に銅像が建立されたのだろう。碑文を読むと、上越新幹線と関越自動車道の「歴史的開通を記念」とあるだけだ。浦佐駅のことはひと言も出てこないが、浦佐駅に新幹線駅を誘致したのは田中角栄という風聞が公然とまかり通っていた。つまり「言わずもがな」だったのである。だが、はたしてそれは事実だろうか。

たしかに田中は昭和30年代、国道17号が堀之内町《ほりのうちまち》（現在は魚沼市《うおぬま》）を通過するよう建設省に直談判し、変更させたことがある（堀之内町が後援会幹部の地盤だったという理由らしい）。この件については当時の官僚も認めている。しかし一国の総理に上りつめてなお新幹線の駅位置まで介入するものだろうか。

『上越新幹線工事誌　水上・新潟間』には越後湯沢〜長岡間の経路について、「日本有数の豪雪地帯であるこの地区については保守上の便を考えて大部分をトンネルで通過することとし、魚野川《うおのがわ》右岸案と同左岸案とについて検討した。右岸案は線路延長が左岸案よりも長く、駅設置にも難点がある」として、まず小出《こいで》駅を通る魚野川右岸案を落選させた。「駅

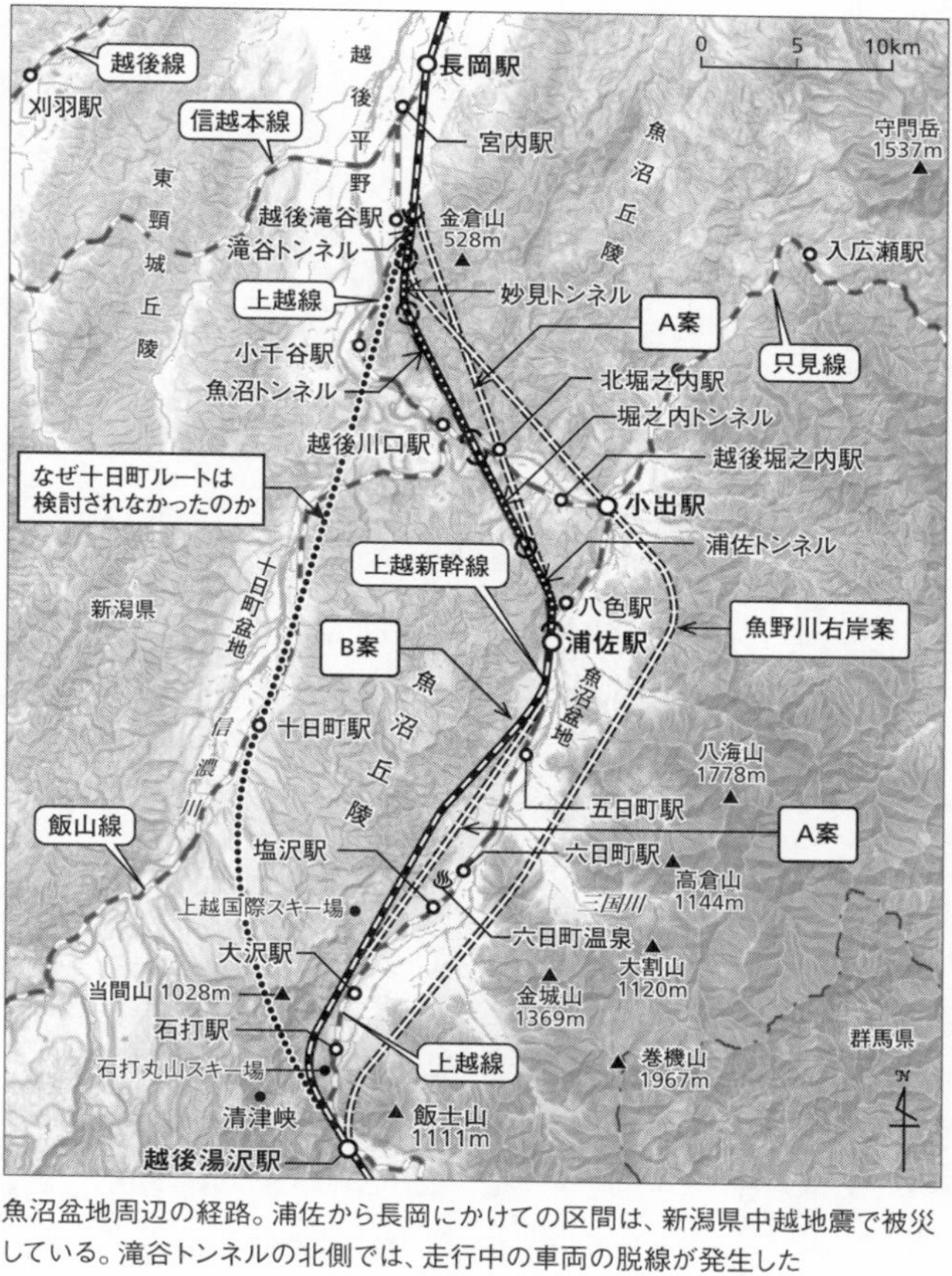

魚沼盆地周辺の経路。浦佐から長岡にかけての区間は、新潟県中越地震で被災している。滝谷トンネルの北側では、走行中の車両の脱線が発生した

設置にも難点がある」とは、おそらく魚野川べりの狭隘地に立地する小出駅に新幹線駅を併設することの困難さを述べたものだろう。

このあたりは地盤が軟弱なため、トンネル掘削には困難が伴うとされ、工事路が確保しやすい丘陵部を縦貫する魚野川左岸案が採用された。ところがそれでも途中の浦佐《うらさ》トンネル（全長6087メートル）は、軟弱地盤に泣かされ、完成まで6年を費やした。

平成16年（2004）の新潟県中越《ちゅうえつ》地震では、震源域に近い浦佐、堀之内《ほりのうち》、魚沼《うおぬま》、妙見《みょうけん》、滝谷《たきや》の各トンネルで被害を生じた。なかでも魚沼トンネルと妙見トンネルの被害は大きく、覆工《ふっこう》コンクリートの剥落や地盤の隆起が発生し、復旧までに2ヶ月を要した。

工事誌は六日町《むいかまち》付近の経路にも言及している。「現在線に近い東側のA案は多数の家屋移転を伴うこと、及び前述のようになるべくトンネルで通過したいことなどを考え、西側の丘陵へ入るルートで、地すべり地帯を極力避け、工事用道路が短く、かつ、長大トンネルを横・斜坑で施工できるB案を採用した」として、六日町駅付近を通るルートも選定から外したのである。このほか、六日町駅が越後湯沢駅から近すぎ、長岡駅から遠すぎる点も大きかったと思われる。在来線（上越線）の距離での比較となるが、越後湯沢〜六日町が17・6キロなのに対し、六日町〜長岡は53・8キロもある。あまりにも偏っている。

それでは、浦佐駅についてはどうか。「越後湯沢・長岡間約62㎞のほぼ中間に位置する浦佐駅は、将来、周辺町村の発展並びに観光開発によって鉄道利用客は増大するものと推測され、在来線との乗換えに便利」と消極的な記述である。そのあとにつづけて、「しかも、小出町《こいでまち》・六日町《むいかまち》の両町へは国道17号線を利用して短時間で到達可能である」と言及しているのは、北魚沼郡の中心の小出町（現在は魚沼市）と南魚沼郡の中心の六日町（現在は南魚沼市）双方の誘致合戦が激しかったことを物語る。おそらく両町の顔を立てて（もしくは漁夫の利で）、中間の浦佐（立地する自治体は大和町）に駅を設置したのではないだろうか。黒磯駅か西那須野駅かで紛糾し、中間の東那須野駅（現在の那須塩原駅）に新幹線駅を設置することになった東北新幹線を思い返してほしい。

田中角栄と浦佐駅の関係は、大野伴睦と岐阜羽島駅の関係にも似ている。その場所に駅を設置したかったのは、実は政治家ではない。国鉄だった。国鉄総裁を務めた磯崎叡は退任後に執筆した「私の履歴書」の中で、岐阜羽島と浦佐は新幹線に夜行列車を運転した場合の待避駅だったと明言している。

両駅の設置をめぐって大野伴睦や田中角栄の名前が取りざたされるのは、話をまとめるための「重し」というか、「顔役」として担ぎ出されたのではないだろうか。政治家として「顔が利く」ことを示すことができれば、悪い気はしない。しかも地元にとっては、大恩人ということになる。八方丸く納まるのである。大野と田中の銅像がそれぞれの駅前に

当時の衆議院の選挙区と1970年代以降の社会資本。新潟3区が突出している

建立されたことが、この説の正しさを証明している気がするのだ。

不思議なのは、『上越新幹線工事誌』のどこにも十日町《とおかまち》経由のルートについて言及した箇所がないことである。十日町盆地を通るほうが線形としては自然のように思われ、しかも盆地の中心の十日町駅は越後湯沢と長岡のちょうど中間付近に立地する。こちらのほうが経路として最適だったと思うのだが、検討された形跡はない（少なくとも表には出ていない）。

だが、これこそ「言わずもがな」だろう。既存の上越線が魚沼盆地を通っていた事情がいちばん大きかったのだろうが、田中角栄の大票田である魚沼盆地に新幹線が通らず、駅が設置できないというのは、絶対にあってはならないことだった（十日町盆地の選挙区は新潟四区である）。

新駅の位置や名前をめぐる激しい争い

海の物とも山の物ともつかなかった最初の東海道新幹線はともかく、その後の新幹線は誘致運動が過熱し、駅位置や駅名をめぐって激しい陳情合戦が繰り広げられた。東北新幹線の那須塩原や水沢江刺、北陸新幹線の上越妙高《じょうえつみょうこう》、北海道新幹線の新函館北斗《しんはこだてほくと》など、二つの地名を合成した駅名には、誘致合戦の末の妥協から誕生した駅名が少なくない。

その点、燕《つばめ》市と三条《さんじょう》市の境界上に設置され、両市の名称を合成した駅名の燕三条駅は、隣接する北陸自動車道の出入口の名称が「三条燕インターチェンジ」だったこともあって、両者痛み分けの象徴とされてきたが、はたして真相はどうだったのだろうか。

長岡〜新潟間の経路について、『上越新幹線工事誌　水上・新潟間』には海岸沿いを通るA案、越後平野を縦貫するB案、新津《にいつ》丘陵をトンネルで抜けるC案の三つの案を検討したと記されている。「A案は比較的降雪の少ない海岸線沿いのルートであり、雪害対策上は有利であるが、延長がB案に比べて長くなること、在来線との乗りつぎが宮内《みやうち》駅（長岡市）になること、及び宮内と新潟との中間に駅を設けるためのメリットがないことなど難点が多い」と低評価だったのに対し、「B案は長岡・新潟間をほぼ最短距離で結べること、中間に三条市・燕市を中心とした新駅設置に値する駅勢圏がある」と高く評価された。一方、「C案は長岡・新潟間のうち35％がトンネルとなり雪害対策上は有利であるが、工事費が割高になること、延長がB案に比べて長くなること、中間に駅を設置するメリットがないことはA案と同じである」と評価は芳しくない。

結果、B案を選定したわけだが、工事誌はつづけて「B案を採用するにあたっては、新潟平野における軟弱地盤対策、地盤沈下対策、さらに雪害対策等種々解決すべき問題点があった」とするが、「特に高速運転上問題となる燕市から黒埼町《くろさきまち》に至る間の地盤沈下地帯については、県の地下水くみ上げ規制によって沈下量が少なくなっていることなどを総合的に判断して高架橋は建設可能であると考えた」としている。

燕三条の位置に関して、工事誌は以下のように記述する。

「燕市と三条市とは、ともに新潟県内の工業地帯として戦後急激に人口が増加したところであり、両地域の工場増加によって首都圏との交流はますます増大している。

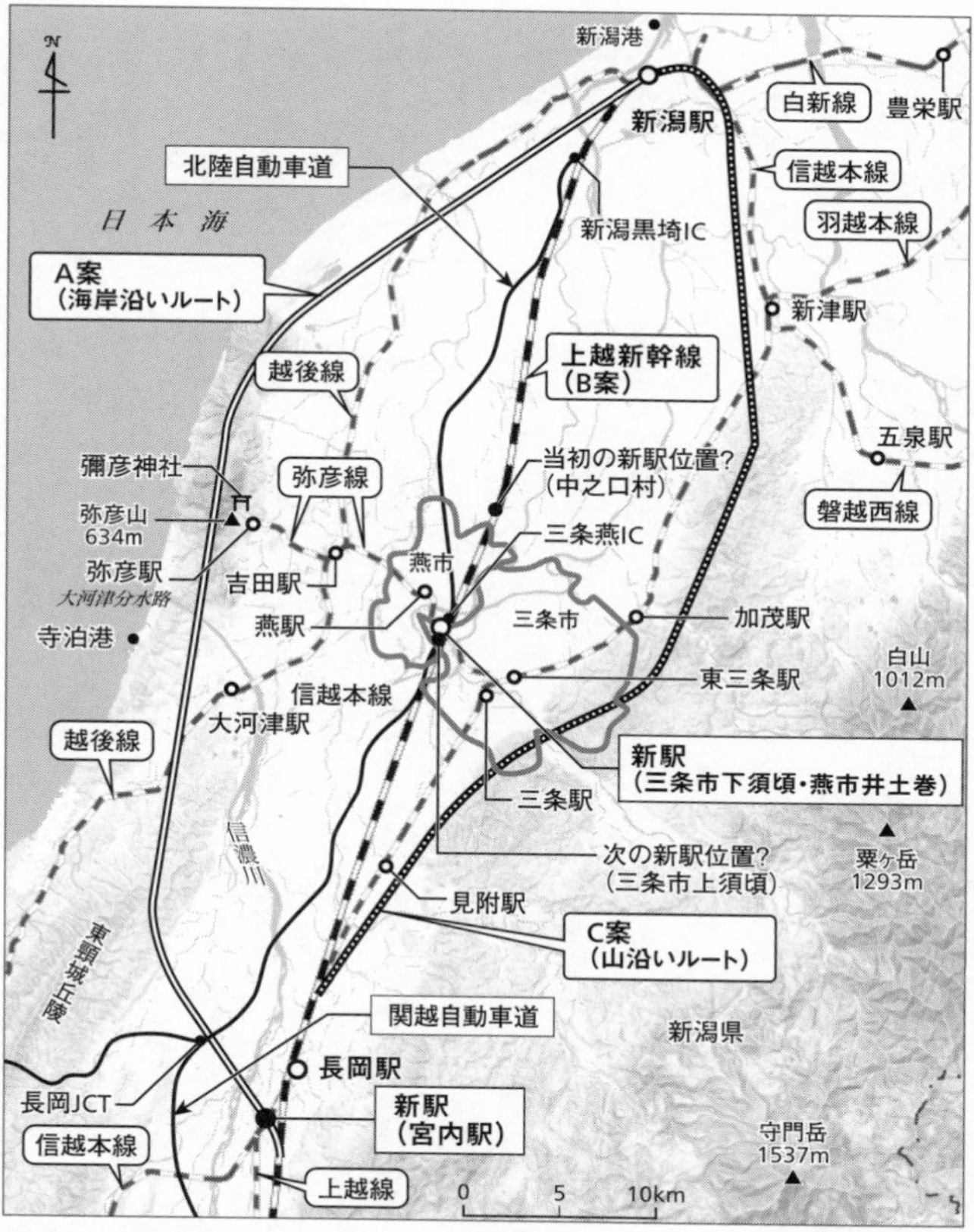

長岡〜新潟間は3ルートが検討された。中間案に決まると、今度は新幹線駅の位置や駅名をめぐる駆け引きが始まった

この両地域の利用客の便を考え、在来線（弥彦《やひこ》線）との連絡が可能で新駅までの経過地に支障家屋が少なく将来開発余地の見込める上須頃《かみすごろ》地区の水田地帯に新駅を設置することにした」

ただし、開通当時の新聞報道では、昭和46年（1971）秋の新潟県知事の亘四郎《わたりしろう》（もともと三条市を地盤とする新潟三区選出の代議士。田中角栄とも選挙で争ったが、当落線上をさまようようになり、県知事に転出）への内示では、新駅設置場所は西蒲原《にしかんばら》郡中之口《なかのくち》村（新潟一区である）だったという。驚いた知事が三条市議だった滝沢賢太郎《たきざわけんたろう》（のち三条市長）らを呼び、ただちに夜行急行「天の川」で東京目白の田中角栄邸に向かわせた。その場で「新三条駅」を陳情したところ、「よしわかった」と言って赤鉛筆で三条市内にマルを書いたという。ところが、隣の選挙区（新潟一区）ながら自派の大幹部だった小沢辰男《おざわたつお》への政治的配慮からか、「最後は市境まで引っ張られた」という滝沢の生々しい証言が伝わっている。もし事実とすれば、最初の駅位置は500メートル以上南の三条市内だったことになる。

昭和46年（1971）11月24日付の上越新幹線の工事実施計画認可時の官報（付録「資料版」）には、上越新幹線の「九駅の中《うち》、上毛高原（仮称）燕三条（仮称）を除きすべて在来線と接続させている」と明記されている。これはすなわち、燕三条駅（仮称）が当初、現位置とは異なる在来線とは接続しない場所が候補地だったか、あるいは現位置でも弥彦線の新駅設置を考えていなかったのかのどちらかだろう。在来線と接続しない場所が当初案だったとするならば、はからずも滝沢賢太郎の証言を裏付けていることになる。

燕三条駅が開設されたのは信濃川《しなのがわ》と中ノ口川《なかのくちがわ》に挟まれた水田の真ん中だった。建設前は弥彦線の線路が横切る以外、後背湿地を整備した圃場と農道以外見当たらなかった。標高わずか7~8メートル程度の低地で、このあたりの信濃川と中ノ口川のふだんの水位(6~7メートル)とほとんど変わらない。

工事誌に具体的記述はないが、日本鉄道建設公団総裁だった篠原武司は、日本道路協会が発行している『道路』という専門誌の昭和48年(1973)11月号に、燕三条駅の立地に関して、「新潟の一つ手前の燕三条駅(仮称)は田圃の中である。高速道路のランプの近くで自動車の乗り入れを便利にし、なるべく広大な駅前広場をつくつて、バスや自家用車の乗り付けを便利にした」という文章を残している。道路専門誌へのリップサービスが含まれていることを割り引いても興味深い見方である。

篠原武司は鉄道技師出身で鉄道土木に造詣が深く、全国高速鉄道網構想を発表したことをきっかけに田中角栄と関係を深め、新幹線建設に影響力を持っていた。榛名《はるな》トンネルと中山《なかやま》トンネルを連ねた高崎以北の上越新幹線の経路を決めたキーパーソンだったともいわれている。

高崎以北の本命の経路は、渋川・水上経由の利根川の谷沿いを通る経路だったという。ところが、磯崎叡国鉄総裁と篠原武司鉄建公団総裁が会談した際、番狂わせが起きた。岩手県内の東北新幹線の中間駅設置要求に苦慮していた磯崎総裁の、駅間距離の短い渋川《しぶかわ》・水上に新幹線駅設置が実現した場合の東北方面からの圧力が強まることを避けたい思惑と、直行路線に思い入れのある篠原総裁の思惑が合致し、現場サイドではダミー案だった直行ルートに決まってしまったというのである。二人の総裁が推進した直行案は、いわば当て馬にすぎず、渋川ルート案と較べて地質などの調査がおざなりだったというのだ。

ただし、これには、沼田《ぬまた》市内中心部が水没する巨大な沼田ダム計画の水没予定地を避けたのだとする異論がある。利根川本流をせき止める沼田ダムの計画がもちあがったのは昭和24年(1949)で、吉田茂《よしだしげる》内閣の昭和27年(1952)に閣議決定されていたものの、ダム計画が大きく報道されたのは昭和28年(1953)8月だった。2200戸が水没するという空前の計画で、突然水没地域と知った当時の沼田町《まち》とその周辺の村々は死活問題として反対運動に立ち上がる。

沼田ダム建設が白紙撤回されたのは、田中内閣発足直後の昭和47年(1972)10月だった。計画が明るみに出てから20年目である。

昭和30年代後半に路線計画が具体化した関越自動車道の沼田市内の経路は、沼田ダム建設を見越したかのように、水没予定地を避けて利根川の河岸段丘最上部を迂回して通っている。片品川《かたしながわ》を横断する区間には橋脚の高さが50メートルに達する片品川橋《かたしながわばし》が緩やかな曲線を描いて架橋されているが、水没予定地を当てはめてみるとまるで湖畔道路のようである。

関越自動車道から数年遅れて計画が始まった上越新幹線の路線選定時期は、まがりなりにも沼田ダム計画が生きていた時代であり、ダム計画による迂回説の完全否定はできない。ただしダムによる水没予定地を避けたにしては大げさすぎる経路変更で、仮にダムが建設されたとしても渋川~水上間の経路変更で充分対応できた。沼田ダム計画が経路変更に影響を与えた可能性は皆無とはいわないが、大幅な経路変更がなされた理由は、ダム計画だけではなかったと思われる。

ともかく実際の工事が始まると、桁外れの難工事に現場は泣かされることになった。とくに中山トンネルは、度重なる出水事故のためトンネルの経路を二度も迂回させる羽目になった。工期厳守ということから、最小限の経路変更にとどめたため、トンネル内に予定外の半径1500メートルの急曲線が生じたことで、現在も中山トンネル内を通過する際は160キロに減速しなければならない。

なぜ「燕三条」という駅名になったのか

燕三条駅といえば、燕市と三条市の市境に立地する特異な駅位置が有名である。位置選定の背景に燕市と三条市双方の激しい誘致合戦があったかと思いきや、そうではないらしい。新幹線駅誘致活動に奔走し、関係各所に陳情を繰り返したのはもっぱら三条市で、燕市の側は積極的な運動はしなかったようなのである。

だが、傍目には三条市と燕市双方の顔を立てたように思える新駅の位置が、駅名の問題を引き起こした。上越新幹線の経路が決まる前、燕三条駅のすぐそばに北陸自動車道のインターチェンジ設置が決まっていたが、名称は三条燕インターチェンジだった。当初の北陸自動車道の整備計画では、インターチェンジの位置は三条市とされており、早い段階から関係者の間で「三条・燕インターチェンジ」という名称が登場している。

ところが三条市に立地したのは連結道路の国道289号の出入口付近のみで、インターチェンジの施設の敷地のほとんどが燕市内だった。燕市としては面白かろうはずがない。三条燕インターチェンジは昭和53年(1978)9月に開設されている。

昭和40年(1965)に結成された「三条・燕地区都市建設推進協議会」しかり、昭和43年(1968)に両市の境界付近に完成した「三条・燕総合グラウンド」しかり、いずれも燕より三条が先に来ている。北陸自動車道や上越新幹線が予定されていた信濃川と中ノ口川に挟まれた地域では、三条・燕両市による区画整理事業が昭和56年（1981）に認可されたが、その名称は「三条・燕土地区画整理事業一部事務組合」だった。三条と燕を並べる場合、三条を頭に持ってくるのがそれまでの「常識」だったといえるかもしれない。昭和45年（1970）の国勢調査で人口を比較すると、燕市が4万2427人、三条市が7万7814人。三条市のほうがほぼ2倍と圧倒していた。おまけに燕市の市域は、新潟県内で最小だった。

朝日新聞編集委員だった早野透《はやのとおる》の『田中角栄と「戦後」の精神』には、「嵐川会《らんせんかい》」（三条の商工業者による田中角栄支持団体）の会長だった加藤重利《かとうしげとし》（大工道具などを手広く扱う角利産業《かくりさんぎょう》創業者）が、新幹線駅の名称を「新三条」か、さもなくば三条を上にかぶせた「三条燕」かで決定することを求めて、昭和55年（1980）9月に田中角栄を訪ねて直談判した際の生々しいやり取りが記されている。著者の早野透はいわゆる角栄番記者で、このころ新潟支局に赴任していたから、内容の信憑性は高いといえるだろう。

当時の燕市長の南波憲厚《なんばのりあつ》（市長として3選目）が、「新幹線のレールは三条地内より燕地内の方がよけい走っている。燕の方を上に、燕三条の仮称でそのまま決定しよう」とうそぶいたと記述されているのは、インターチェンジ用地のほとんどが燕市だったのに「三条燕」になったことへの意趣返しだったのではないだろうか。

それに対して加藤は、「駅ができたのは三条の努力なんだよ。忘れちゃ困る。レールの長短で駅名を決められてたまるか」という憤懣やる方ない思いをぶつける。新幹線駅の誘致活動に積極的だったのは三条市で、燕市は動かなかった。ほかならぬ『燕市史』が認めている。

「三条では市民運動として関係方面に何度も陳情に赴いたり、町中に新幹線絶対誘致のポスターを張り出すなどして、一件一〇〇万円単位のキャンペーンを張ったという。これに比べて、もともと鉄道にしろ道路にしろ、幹線を持たなかった燕市民はこれという目立った動きを見せなかった。両市の置かれた交通上の位置関係から、それぞれの考えは異なったものと思われる」

当事者とは思えぬほど冷ややかな記述に終始している。一方、三条に関して言えば、昭和46年（1971）の参議院選挙の際は、国鉄当局が推薦する全国区《ぜんこっく》の候補（田中派）に票を集めて国鉄に貸しを作るため、票集めに奔走している。

三条と燕の誘致活動への取り組みは対照的だったようだが、駅の位置が決定したあとは燕市もがぜん熱を帯びていったようだ。再び『燕市史』より引用する。

「現実に発表された駅舎の位置は、燕市と三条市の行政区画境界上にほぼ半々にかかるという全国でも珍しいケースとなった。これが後に駅名をめぐっての大きな論争に発展したのである」

昭和46年（1971）9月に「三条市付近」に新駅設置が決まり、「燕三条」という仮称駅名（「燕・三条」と記述する文献もある。一方、一部全国紙はフライングで「新三条」と報道）と決まる。このことが表沙汰になると、三条市民から、「燕」を頭にすることに対する反発が起きている。三条市とすれば、鳶《とび》ならぬ燕に油揚げをさらわれたような気分だっただろう。しばらくの間、駅名は仮称のまま、宙ぶらりんの状態がつづいた。三条・燕両市が「紳士協定で表面的な陳情合戦を自粛してきた」とする新聞報道もある。だが、上越新幹線開業というタイムリミットが迫るにつれ、両市の有力者らによる陳情合戦が再び始まる。

上越新幹線工事が佳境に差しかかった昭和55年（1980）9月、「嵐川会」会長の加藤重利は目白の田中角栄邸を訪ねた。このとき田中はロッキード事件の収賄容疑で逮捕され、自民党籍を離れてはいたが、無所属で戦った三度の衆議院選挙では他の候補を寄せ付けず、2位以下の候補の2倍から3倍の得票差をつけて圧勝していた。相変わらず自民党最大派閥の木曜クラブ（田中派）のオーナーとして、総理の座を左右することができるキングメーカーの立場は揺らいでいなかったのだ。それどころか田中派の勢力は、逮捕前よりずっと増えていた。

以下は早野透の『田中角栄と「戦後」の精神』からの引用である。

「五十五年九月、加藤は田中をたずね裁定を求めた。『東三条とか北三条とかいうんだから、下につく名前が本物で、上が飾りなのではないか』。田中は『燕三条』の仮称でなだめようとしたが加藤は譲らず、田中も『それほどいうなら』と『三条燕』をいったん引き受けた。

ところが二日後、田中事務所から加藤に電話が入った。『駅名は燕三条で決めた。説明はあとだ』。加藤は小沢辰男にやられたと思った。燕は新潟一区で小沢の地盤、三条は新潟三区で田中。しかし田中派の一の子分の小沢の頼みをどうして田中が断れよう」

文中では「子分」扱いだが、小沢辰男は単なる陣笠《じんがさ》議員ではない。この時点で当選8回のベテラン代議士で、しかも最初の選挙以外はすべてトップ当選している。田中派の大幹部として木曜クラブ事務総長を務める田中の金庫番だった。もし小沢辰男にねじ込まれたら、田中角栄とて話を聞くほかないだろう。後援者の一人にすぎない加藤と小沢辰男を天秤にかけたらどちらの言葉が重いかは歴然としていた。

『燕市史』の記述は、「駅名をめぐっては高度な政治判断が働いたとか、最初からの予定だとかいろいろな話題も呼んだが、真相はどこにあるのか分からない」と煙に巻いている。一方、『三条市史』には、そもそも燕三条駅に関する記述は存在しない。燕三条の駅名に関しては、どちらが「勝利」と認識しているかを雄弁に語っている。

駅の外観に関しても、燕三条はほかの駅とは変わっている。西側の燕市側が燕口、東側の三条市側が三条口というのだが、燕口と三条口の駅の外面の意匠が同一といっていいくらい似通っているのだ。普通は意匠に独自色を出して競い合うと思うのだが、この駅に限っては遠目にはまるで差異がわからない。三条口・燕口双方に広がるおよそ1万平方メートルもの駅前広場というか駐車場が異彩を放つ。

ところで巷間噂されるように、三条市と燕市の関係が最初から険悪だったという都市伝説は真実なのだろうか。昭和40年(1965)8月には三条・燕地区都市建設推進協議会が結成され、両市の協力で特急停車運動を進めた結果、特急「とき」の東三条《ひがしさんじょう》駅(信越本線)停車が実現している。また、昭和43年(1968)には信濃川左岸河川敷に両市の名前を付けた「三条・燕総合グラウンド」が完成している。もともとここは信濃川の旧河道だった場所で両市の境界がグラウンドの中央付近を通っていたが、昭和45年(1970)5月に境界を変更して施設全体が三条市域になった。

平成の大合併に際しては、那須塩原のように駅名決定のいきさつを水に流してとはならなかったようで(むろんそれだけが理由ではないだろうが)、三条市と燕市の合併は実現しなかった。また、三条市と燕市を対象地域とした「燕三条」のご当地ナンバー導入を平成29年(2017)に燕三条青年会議所が打ち出した際は、三条市・燕市当局はどちらも冷淡だった。因みに燕三条青年会議所というのは、当時の燕青年会議所と三条青年会議所が「燕三条市」の設立を目指して、平成の大合併の論議たけなわの平成9年（１９９７）に統合して誕生した一般社団法人である。

　ともかく新幹線新駅の駅名決定ほど厄介なものはない。40万職員の頂点に君臨した国鉄総裁すら苦慮したというのだから、推して知るべし。すでに紹介した那須塩原や水沢江刺しかり、平成28年（２０１６）に開業した北海道新幹線の新函館北斗《しんはこだてほくと》も大揉めした駅の一つである。

　仮称である「新函館」をそのまま命名するよう主張していた函館市に対し、平成の大合併で誕生した北斗市は「北斗函館」を主張する。人口規模や知名度は函館市が圧倒していたが、駅が立地するのが北斗市内だから、北斗市も負けていない。一本化作業が不調に終わり、ＪＲ北海道が両市から決定を一任されるが、かつて国鉄幹部に駅名問題の矛先が向かった轍《てつ》を踏まないためであろう。ＪＲ北海道の社長は「道《どう》の意見を聞いて決めたい」との意向を示す。当時の新聞記事によれば、ＪＲ北海道社長と北海道知事が会談し、その後北海道がＪＲ北海道に「仮称の『新函館』と、新駅の地元となる『北斗』という名称を考慮して決めてほしい」という意向を伝え、「新函館北斗」と決定された。

羽越新幹線が着工される日

長岡駅には使われない新幹線ホームが存在する。新幹線の長岡駅は、島式ホーム2面4線と中央の通過2線の6線で設計されていたが、外側2線分は、上越新幹線が開業して40年以上経った今なお未完成のまま、線路はおろか路盤すら敷かれていない。実はこれら未完成のホームは羽越《うえつ》新幹線用だったのである。

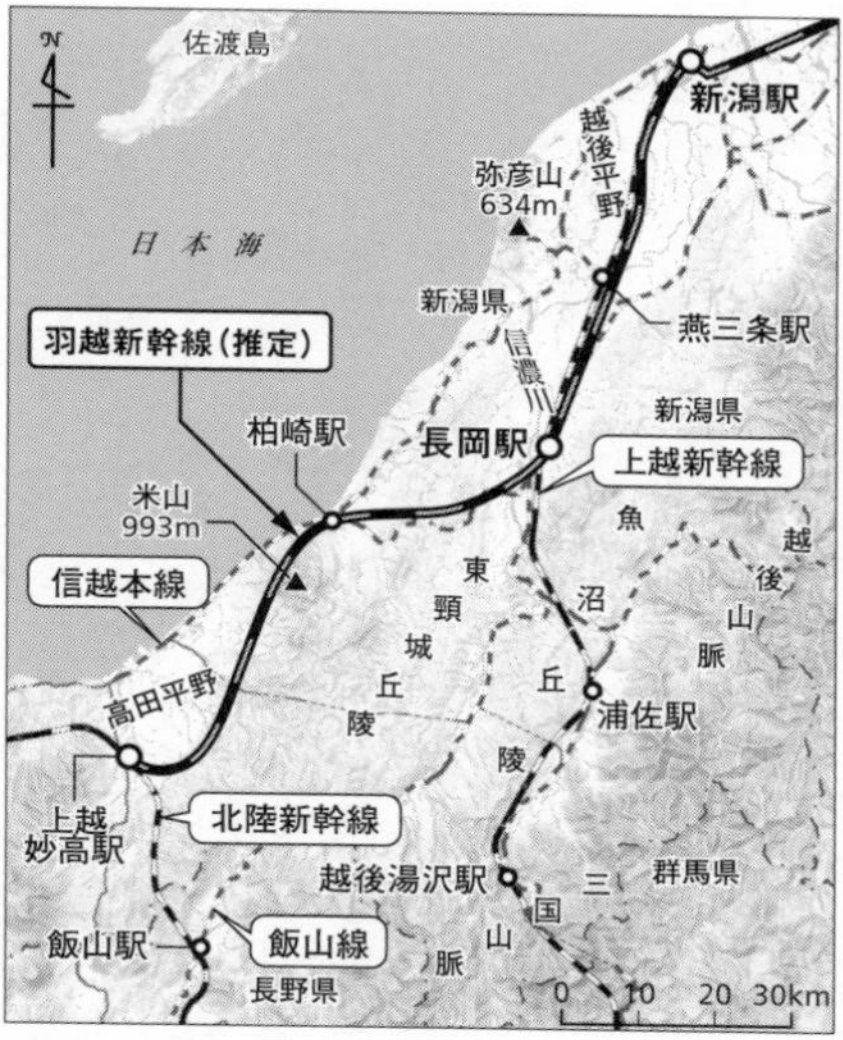

羽越新幹線の予想経路

羽越新幹線と聞いても、知らない人がほとんどだろう。第四章で詳述したように、議員立法で成立を目指した全国新幹線鉄道整備法案の「別表」に「羽越新幹線　富山市から新潟市を経て青森市に至る路線」と明記されていた予定線である。

田中角栄内閣成立翌年の昭和48年（1973）11月15日、羽越新幹線は基本計画追加路線（正式名：全国新幹線鉄道整備法第四条第一項の規定による建設を開始すべき新幹線鉄道の路線を定める基本計画）の一つとして告示された。ようやく実現への第一歩を記したわけだが、直後の石油ショックで計画は凍結。半世紀にわたって宙に浮いたままである。

新潟駅の新幹線ホームも、実は羽越新幹線を意識した構造になっている。新幹線ホームから線路がそのまま約5キロ先の新潟新幹線車両センターへの回送線として延びており、将来羽越新幹線として延長できる構造になっているのだ。これは、博多駅の約10キロ南に設けられた山陽新幹線の車両基地である博多総合車両所までの回送線がそのまま九州新幹線に使用された前例とまったく同じである。

さらに言えば、北陸新幹線の上越妙高《じょうえつみょうこう》駅は、各停タイプの「はくたか」しか停車しない駅だが、ホームは2面4線の規模である。線路に余裕があるのは、羽越新幹線分岐駅を見越して設計されたからだという説がある。羽越新幹線が着工される日は来るのだろうか。

うたかたと消えた成田新幹線

昭和46年（1971）4月1日。この日、東北新幹線、上越新幹線とともに運輸大臣から建設指示がなされた路線が成田新幹線である。工事実施計画の認可は、昭和47年（1972）2月10日。前年の10月14日に認可された東北・上越新幹線より約4ヶ月遅れていたのは、実地調査が遅れたためだろう。

成田新幹線は、東京駅と新東京国際空港（現在の成田国際空港）を結ぶ65キロの路線である。当初は途中駅の予定はなかったが、計画を詰めていくうちに千葉ニュータウンに途中駅を設ける構想が浮上していた。これは、国際線発着のピークが午前10時ごろと夜9時ごろの2回と想定されており、朝夕の通勤時間と時間がずれるから、途中駅を造っても通勤客利用が見込める目算があった。当時、千葉ニュータウンでは30万人規模の都市を造成する計画が進んでおり、ニュータウン住民の利便向上という点でも、千葉県側の強い要望があったと思われる。

ただし、東北・上越新幹線と同じ昭和46年（1971）に整備路線に昇格したにも拘らず、その後の工事は空港周辺を除いて遅々として進まなかった。工事途中で事実上中断したまま、国鉄の民営化を控えた昭和62年（1986）4月には計画が失効してそれきりになっていた。このころ成田新幹線に関しては、もはや誰も触れたくない存在と化していた記憶があ

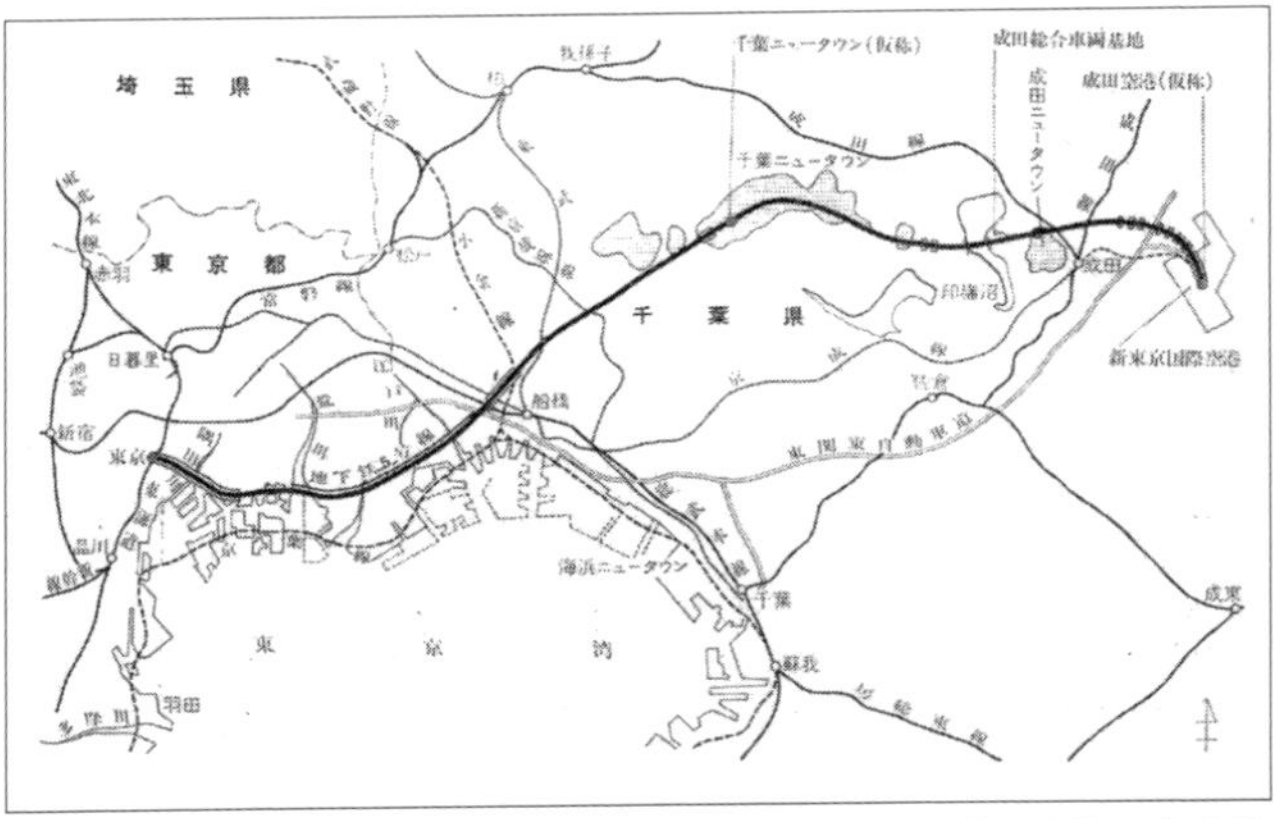

成田新幹線は東京駅と空港を30分で結ぶ計画だった（出典：『新幹線50年史』）

る。

　ともあれ、まずは成田新幹線の建設が決まるまでの流れを振り返ってみよう。成田新幹線らしき鉄道の名がみえるのは、昭和41年（1966）7月の「新東京国際空港の位置決定に伴う施策」の閣議決定事項の中で、「総武線、地下鉄等の整備を促進し、東京—新空港間に高速電車を運行する」とあるのが嚆矢である。

　その後、昭和42年（1967）8月に国鉄が発表した「全国幹線鉄道網・首都圏高速鉄道網の整備計画」という長期構想の中で、前橋、水戸、甲府などを結ぶ新幹線と並んで、成田空港までの新幹線計画が含まれていた。総延長わずか65キロの新幹線が着工にいたった背景には、全国新幹線鉄道網とは別個に首都圏高速鉄道網の計画が研究されていたことが一因だといってよかろう。

昭和44年(1969)5月、「新全国総合開発計画」(新全総)が閣議決定される。この中で「首都圏整備開発の基本構想」として「成田新幹線鉄道の建設」の促進が盛り込まれた。

翌昭和45年(1970)3月に鉄道審議会で決議された全国新幹線鉄道整備法案には別表が添付されており、「常磐新幹線」の一区間として成田新幹線が位置づけられている。この法案は、別表を削除するなどした上で昭和45年(1970)5月に公布されたわけだが、この法律に基づき、翌昭和46年(1971)1月に東北新幹線、上越新幹線、成田新幹線の基本計画が公示される。

新全総や全国新幹線鉄道整備法案別表では多数の新幹線の路線名が列挙されていたわけだが、それが突然この3路線に集約されたのである。当時の人は奇異な思いを抱かなかったのだろうか。

強引に理屈づけるなら、東北新幹線は、西南日本の国土軸を貫く東海道・山陽新幹線に比肩しうる東北日本の国土軸を縦貫する新幹線、上越新幹線は初の本州横断新幹線、成田新幹線は首都圏高速鉄道の先行例。そう位置づけられないこともない。だが、3者の共通点として囁《ささや》かれたのは、自民党三役(幹事長、総務会長、政務調査会長)の選挙地盤であるという点だ。幹事長の田中角栄の選挙区の新潟県に向けて建設される上越新幹線、総務会長

（鉄道建設審議会長を兼務）の鈴木善幸の選挙区の岩手県に向けて建設される東北新幹線、そして成田新幹線は、政務調査会長たる水田三喜男の選挙区である千葉県を走る新幹線である（ただし水田の選挙区は県南部の千葉三区で、成田新幹線や新空港からは外れている）。

さらに言えば、新幹線を所管する運輸大臣の橋本登美三郎《はしもととみさぶろう》（千葉県に隣接した茨城県南部の茨城一区が選挙区。千葉県の旧制佐原《さわら》中学出身）や運輸政務次官の山村新治郎《やまむらしんじろう》（成田を含む県北東部の千葉二区が地盤。佐原町《さわらまち》〔現在の香取《かとり》市〕出身、橋本登美三郎の出身中学後輩）も成田とは浅からぬ縁があった。

東北・上越・成田新幹線の優先着工に関して与党内で議論された際、議論らしい議論や異論はなかったという。その場の雰囲気は想像するしかないが、おそらく最初の新幹線は自民党三役への「供物」として差し出し、残りは我ら運輸族が切取放題という気分でもあったのではないかと邪推したくなる。

昭和46年（1971）4月、磯崎叡総裁は成田新幹線の乗務員を一人にしたり、駅を自動改札にしたり、出札窓口を機械化して無人にしたり、線路をメンテナンス・フリー（一度完成すれば10年は手をかけない）にするなどして、「自動運転に近いものにする」と発言している（航空政策研究会における「新幹線の現状と将来」と題した講演）。それにつづけて、「したがって初期投資はかかりますけれども、あと投資が要らないようにすれば、やっていけると思うのですが、それにはいままでの鉄道の概念ではだめだと思います」とも語っている。まるで21世紀の鉄道を先取りしたかのような発言である。成田新幹線については、それまでの新幹線とは違った姿、ある意味未来を先取りした高速鉄道を目指したのかもしれない。

現在京葉線の東京駅の場所に成田新幹線が乗り入れる予定だったことは知る人ぞ知る逸話だが、成田新幹線は東京駅止まりではなく新宿駅を目指す構想だった。

その後の経緯はいうまでもあるまい。成田新幹線が実現することはなかった。新空港建設は、成田闘争と呼ばれた激しい反対運動を呼び起こし、成田新幹線も環境問題と相まって厳しい反対運動に直面した。途中駅は千葉ニュータウンただ一つ（当初は途中駅を設けない計画）だったから、東京湾岸地域（江戸川区・浦安町《うらやすまち》〈現在の浦安市〉・市川市・船橋市）の沿線住民にしてみれば、新幹線の恩恵はなきに等しかった。

成田新幹線計画の消滅後、空港付近の高架線施設は国鉄清算事業団に受け継がれたが、現在はJR成田線と京成成田空港線が乗り入れている。東京駅と越中島《えっちゅうじま》貨物駅付近を結ぶJR京葉線の区間は、成田新幹線の予定地を利用している。また、千葉ニュータウン中央駅付近の鉄道の切り通し区間が、複々線敷設可能な幅80メートル以上確保されているのは、成田新幹線を敷設する予定だったからである。結果的にこの区間は中央部分に現在の北総《ほくそう》鉄道が通るのみで、両側部分は野草が生い茂る未利用地(県有地)だった時代が30年以上つづいた。

現在は高規格道路の北千葉《きたちば》道路(国道464号バイパス)が通り、それ以外の鉄道用地の空き地には太陽光パネルが設置されている。正式名は「SGET 千葉ニュータウンメガソーラー発電所」といい、稼働開始は平成29年(2017)。土地の賃借料は1平方メートルあたり年額180円(稼働開始当時)、総事業費は約44億円かかっている。太陽光パネルの長さは10・5キロに達するといい、これは日本最長。出力規模は12・8メガワット(1280万ワット)。これは平均的な家庭用パネル(3500ワット)のおよそ3700倍に相当する。

太陽光のパネルの脇を、およそ20分に1本の間隔(上下それぞれ)で都心と成田空港を結ぶ京成スカイライナーが時速130キロで疾走している。高架区間の印旛日本医大《いんばにほんいだい》~空港第2ビル間では在来線最速の時速160キロをたたき出すスカイライナーは、ある意味、成田新幹線の具現化である。JR線との乗り継ぎ駅である日暮里~空港第2ビル間の所要時間は最速36分。東京~成田空港間を最速30分で結ぼうとした成田新幹線と較べてもさほど遜色はない。

第三部　凍結された計画の復活

第七章　国鉄民営化と新幹線

国鉄に最も欠けていたものは何か

昭和の新幹線は、昭和60年（1985）3月14日の東北・上越新幹線上野開業で終わった。ほとんどの人がこれで新幹線は打ち止めになったと、そう考えていた。新幹線凍結を強く打ち出した臨調方針の壁は厚く、しかも当時の中曽根康弘内閣には、国鉄の分割民営化という大仕事が控えており、新幹線だけに構っていられなかった。行政改革と並んで、臨調でとりわけ大きな問題とされたのが3K（国鉄、健保〔健康保険制度〕、コメ〔食糧管理制度〕）の赤字問題だった。

昭和57年（1982）の臨調答申における国鉄に対する認識は、「今や国鉄の経営状況は危機的状況を通り越して破産状況にある」というものだった。当時の国鉄は実質的赤字が単年度2兆円を超えていた。最終的に国鉄の長期債務は約37兆円まで膨れ上がった。

臨調答申の「日本国有鉄道」を扱った章の中に、「現在の国鉄にとって最も必要なことは」から始まる一項がある。そこには以下の文言が記されていた。

「現在の国鉄にとって最も必要なことは、

①経営者が、経営責任を自覚し、それにふさわしい経営権限を確保し、企業意識に徹し、難局の打開に立ち向かうこと、

②職場規律を確立し、個々の職員が経営の現状を認識し、最大限の生産性を上げること、

③政治や地域住民の過大な要求等外部の介入を排除すること、である」

ひとことで言うなら、「親方日の丸」体質の打破である。逆に言えば、「現在の国鉄にとって最も欠けているもの」が、ここに挙げた3項目であると、少なくとも臨調はそうみていた。的を射ているといわざるをえない。

国鉄の分割・民営化を提言したうえで、「新形態移行までの間緊急にとるべき措置」の一つとして、以下の一項が明記されていた。

「設備投資は、安全確保のための投資を除き原則として停止する。

なお、整備新幹線計画は、当面見合わせる」

臨調方針を受け、鈴木善幸内閣は昭和57年（1982）9月24日に「行政改革大綱」の閣議決定を行ったが、その細目については「日本国有鉄道の事業の再建を図るために当面緊急

に講ずべき対策について」で定めた。石油ショックが起きた昭和48年（1973）以降中断されていた整備新幹線の計画を、臨調答申とまったく同一の文言で「凍結」するものだった。

「設備投資は、安全確保のための投資を除き原則として停止する。

なお、整備新幹線計画は、当面見合わせる」

新幹線を心待ちにしていた人々にとって、なんとむごい言葉だっただろう。たとえば九州新幹線鹿児島ルート実現に向かって奔走していた小里貞利（鹿児島二区選出代議士）は、著書『新世紀へ夢を運ぶ　整備新幹線』の中でこのときの気持ちを「夢に胸をふくらませ、希望に燃えていた私たちは失意のどん底へ叩き落とされ、深く、暗い失望感を味わった」と吐露している。多かれ少なかれ、整備新幹線の関係者の心情を代弁する意見といっていいだろう。

ただし、水面下では関係議員たちによる計画復活への努力がつづけられていた。昭和58年（1983）には自民党内に「整備新幹線建設促進特別委員会」が設置され、翌昭和59年（1984）には「整備新幹線早期着工促進議員連盟」が結成されている。

整備新幹線計画凍結のあおりを受けたのは、北海道新幹線（青森市～札幌市）、東北新幹線（盛岡市～青森市）、北陸新幹線（東京都～大阪市）、九州新幹線（福岡市～鹿児島市）、九州新幹線（福岡市～長崎市）の5路線である。いずれも昭和48年（1973）11月に整備計画が決定された路線だが、決定直後に石油ショックに見舞われてしまい、建設は事実上凍結された。国鉄債務処理や分割民営化問題もからみ、その後ずっと中断といっていい状態がつづいた。

息を吹き返した新幹線計画

昭和56年（1981）11月、政府（鈴木善幸内閣）・自民党は、新年度の予算編成にあたって、一律全線同時着工としてきたそれまでの方針から、優先順位をつけて逐次着工へと転換する。全面中止か全面復活かの二者択一ではない「第三の道」の模索が始まったのである。さらに臨調答申後の昭和58年（1983）5月、自民党政務調査会は北海道新幹線を除く整備新幹線4線に関して、建設工事が円滑に実施されるための準備作業および調査を実行することを決定した。

昭和60年（1985）8月には政府・与党による「整備新幹線財源問題等検討委員会」が設置され、復活に向けての地ならしが始まる。その年の12月8日、整備新幹線財源問題等検討委員会幹事会において「新青森駅（仮称）における新幹線駅周辺環境整備事業」の名目で新青森駅建設が了承され、同年12月16日に駅建設に着手している（新青森駅は翌年11月1日、奥羽本線の新駅として開業）。同様に、昭和61年（1986）3月16日には新幹線駅周辺環境整備事業を名目とした北陸新幹線の長野・富山・金沢駅の起工式が挙行される。同年12月8日には新幹線駅周辺環境整備事業として、九州新幹線の熊本・西鹿児島駅の起工式（新幹線待合室の着工）とつづいた。

昭和61年（1986）11月28日、中曽根内閣の下で国鉄の分割民営化を定めた国鉄改革関連8法案が可決成立する。戦後最大の大改革である。すると凍結解除の号砲が鳴ったかのごとく、暮れも押し詰まった12月29日、自民党は昭和57年（1982）9月の「整備新幹線計画は、当面見合わせる」とした閣議決定を変更、解除する方針を確認。昭和62年（1987）1月30日、中曽根内閣は党の方針を追認するかのごとく、「整備新幹線については、財源問題、収支見通し等前提条件を慎重に検討したうえで、その取扱いを決定する」と条件付きながら凍結解除の閣議決定を行ったのである。

東海道新幹線が着工から5年で開業したことを考えれば、途方もない時間の空費に思える。だが、この期間は低成長時代を迎えた日本経済と巨額の赤字を抱える国鉄の処理問題が横たわっており、計画復活の道のりは遠かった。時代が昭和から平成に移るころ、予算措置など新たな枠組みの策定によって、ようやく整備新幹線の計画が息を吹き返すのである。

膠着状態を打開するための運輸省の試案

事業復活の兆しが見えてくるのは、国鉄の分割民営化で誕生したJR各社が予想以上の成功を収めつつあった昭和末期だった。ただし、世論の風向きは、諸手を挙げて賛成というより、いまだ新規の新幹線建設に慎重だった。

昭和62年（1987）12月27日には整備新幹線建設促進特別委員会から「昭和63年度予算編成にあたっての整備新幹線の取扱いについて」が発表。東北、北陸、九州（鹿児島ルート）の3新幹線を順次建設に着手することや着工優先順位を決定すること、その際部分的な区間を検討対象とすることを妨げないこと、具体的着工のための検討を深めるため、整備新幹線建設促進特別委員会の下に「着工優先順位専門検討委員会」と「財源問題等専門検討委員会」を設置し、昭和63年（1988）8月までに結論を得ること、北陸（小松《こまつ》以西）・九州（長崎ルート）・北海道新幹線についても準備・調査を進めることなどが決められた。

これら一連の動きは、整備新幹線建設の流れが途切れないよう後戻りしないよう必死に運動した結果だったともいえるだろう。全体計画にストップがかかった状態でも少しでも可能な部分があればそこから着手して、プロジェクト実現の火は断じて消させないというせっぱ詰まった執念を感じる。

当時、関係者はこれを「足入れ」方式と呼んだ。「足入れ」とは「足入れ婚」のことだ。

正式な披露宴や入籍は後回しにして同衾《どうきん》を先にする結婚形式。つまり「全面着工決定」は後回しにしても、「第一歩を踏み出す」ことから始め、少しでも前に進捗させようとする決意表明だった。政務調査会長だった渡辺美智雄の言葉を借りれば、「嫁（整備新幹線）は大飯食らい（建設費が高い）だが、とりあえず足入れ（部分着工）させて、なかなかよく働く（収支が順調で地域開発効果も高い）となれば、正式に籍を入れる（全線着工）というのは、どうだ」となる（小里貞利の前掲書による）。ミッチー節全開である。

昭和63年（1988）1月には新たに「整備新幹線建設促進検討委員会」が設置され、具体的な検討が始まる。同年8月11日に開催された着工優先順位専門検討委員会と財源問題等専門検討委員会の合同会議において、運輸省は、膠着した整備新幹線問題を打開するため、規格低減などに関する試案を提出した。概要は以下のとおりである。基本原則《ドクトリン》とでもいうべき政府の考えが示されており、結論だけ抜き出すのではなく、あえて概要全体を紹介したい。

(1)基本的考え方

①多極分散型国土の形成を図り、国土の均衡ある発展を達成するためには、鉄道の交通体系上の特性を活かし、航空、高速道路に対して有効かつ適切な競争力と代替・補完機能を有する高速の幹線鉄道の存在は必要であり、また、その現状にか

んがみれば、今後、幹線鉄道の一層の高速化が必要である。
②しかしながら、現在、着実に経営努力を積み重ね、経営基盤の確立に努めているＪＲ各社に対して、過大な設備投資を求め、その結果ＪＲ各社の経営に悪影響をおよぼし、これを「第二の国鉄」とするようなことは、絶対にしてはならない。
③これまでの経緯にかんがみれば、従来型の新幹線規格のもの（約３兆円）を大前提としていては、問題の打開は著しく困難である。したがって、新幹線による幹線鉄道の整備に向けて、①および②の基本的考え方を踏まえた現実的な試案が必要であり、このため、規格の見直しを行なうことにより建設費を圧縮することとする。
(2)規格のあり方
①全国新幹線鉄道整備法の整備計画を前提とし、技術的・専門的立場から検討を加えた結果、段階施工の考え方を導入し、投資効果を考慮して、各線ごとに極めて時間短縮効果の高い施設整備を行なうことにより規格の圧縮（安くて速いもの）を行なうこととする。
②施工に当たっては、次の方策を組み合わせて活用し、高速化を効果的に発揮しうるようにする。
イ　標準軌新線（フル規格）

在来線の線形が悪く、新線を建設すれば時間短縮効果の高い区間について、従来の新幹線規格で整備を行なうこととする。

ロ　新幹線直通線（直通乗入方式）

標準軌新線（フル規格）が整備される場合には、これと併せて、接続する在来線の3線軌化を行ない、新幹線が直接乗り入れられるようにし、高速化の効果を享受できる地域を一層拡大しうるようにする。

ハ　新幹線規格新線（青函《せいかん》トンネル方式）

既設新幹線に直接接続しない区間であっても時間短縮効果の高い区間であれば、その区間の整備を行なうこととし、その工事が完成すれば、当面狭軌の路線を敷設し、高速化の効果を直ちに発揮しうるようにする。

この結果、運輸省案による圧縮後の建設費総額は、1兆3800億円となり、従来の新幹線規格の建設費2兆9200億円の47％まで圧縮されたこととなる。

「ロ」の「新幹線直通線（直通乗入方式）」というのは、ミニ新幹線のこと。在来線を標準軌化して新幹線が乗り入れる方式である。「ハ」の「新幹線規格新線（青函トンネル方式）」というのは、新幹線と同じ規格の新線を建設するが当面狭軌の線路を敷設し、高速の列車を走らせる、いわゆるスーパー特急方式である。

●運輸省による試案

線区	規格案			
	区間	方式	最高速度	建設費
東北	盛岡～沼宮内	ミニ新幹線	時速130km	350億円
	沼宮内～八戸	フル規格	時速260km	2300億円
	八戸～青森	ミニ新幹線	時速130km	900億円

※運輸省案による時間短縮効果は盛岡～青森が35分、上野～青森が49分。従来方式による時間短縮効果は盛岡～青森が1時間16分、上野～青森が1時間31分。従来方式による建設費は盛岡～青森が6400億円、盛岡～八戸が3300億円。

線区	規格案			
	区間	方式	最高速度	建設費
北陸	高崎～軽井沢《かるいざわ》	フル規格	時速260km	1950億円
	軽井沢～長野	ミニ新幹線	時速130km	600億円
	糸魚川《いといがわ》～魚津《うおづ》	スーパー特急	時速160km	1500億円
	高岡《たかおか》～金沢	スーパー特急	時速160km	1600億円
	（北越北線《ほくえつほく》）	（高速化）	時速160km	300億円

※運輸省案による時間短縮効果は上野～長野が52分、上野～富山（上越新幹線・北越北線経由）が38分。上野～金沢（上越新幹線・北越北線経由）が53分。従来方式による時間短縮効果は上野～長野が1時間22分、上野～富山が1時間16分、上野～金沢が1時間40分。従来方式による建設費は高崎～小松が1兆4100億円、高崎～長野が5200億円。

線区	規格案			
	区間	方式	最高速度	建設費
九州	八代《やつしろ》～西鹿児島	スーパー特急	時速200km	4300億円

※運輸省案による時間短縮効果は博多～西鹿児島が1時間59分。従来方式による時間短縮効果は博多～西鹿児島が2時間48分。従来方式による建設費は博多～西鹿児島が8700億円、熊本～西鹿児島が6000億円。

建設費を圧縮しつつスピードアップを図るため、大胆に区間を分割して、ミニ新幹線やスーパー特急方式を組み合わせたのである。建設費については、JR、国および地方公共団体が負担することとしていた。

具体的な施設整備内容案は前ページの表のようになる。

「フル規格」への回帰

沿線関係者からは、「ウナギを注文したら、アナゴやドジョウが出てきた」と揶揄されたほど運輸省案の評判は悪かった。フル規格を注文したが出てきたのはミニ新幹線やスーパー特急だった、長年夢見た「新幹線」とは似ても似つかないものだったというのだ。だが、これを逃《のが》すといつ機会が到来するかわからない。

運輸省案を受けて自民党の整備新幹線建設促進検討委員会においてさらに検討が重ねられ、昭和63年（1988）8月31日に政府（竹下登《たけしたのぼる》内閣）与党（自民党）申合せ「整備新幹線の取扱いについて」が決定する。そこには整備新幹線着工優先順位が以下のとおり示されており、翌年度から整備新幹線の建設に着手するとされていた。
①(i)北陸新幹線（運輸省案のうち、高崎・軽井沢間。標準軌道新線。なお、軽井沢・長野間の取扱いについては、一九九八年冬季五輪の開催地問題等を考慮して、三

年以内に結論を得るものとする。）

(ii)北陸新幹線（運輸省案のうち、金沢・高岡間。新幹線規格新線）

②東北新幹線（運輸省案）

③九州新幹線（運輸省案）

④北陸新幹線（運輸省案のうち、魚津・糸魚川間。新幹線規格新線）

着工優先順位決定にあたっては、①鉄道事業の長期収支、②国民経済的投資効果、③運営主体のＪＲ各社の経営見通し及び新幹線建設に対する考え方、④沿線住民の新幹線に対するコンセンサスなどの諸条件を勘案するものとされた。

最終案には「北陸新幹線（運輸省案のうち、高崎・軽井沢間）については、六十四年度（註：1989年度）には、建設に本格的に着工する。また、その他の区間等についても引き続き着工するが、難工事の部分については早期に着手する」が加えられた。「難工事の部分については早期に着手する」の部分は、小里貞利の考えから始まったといわれる。難工事が予想される工期の長い長大トンネルを先行して建設することで、整備新幹線の全体計画が後戻りできないようにする「保険」というか「担保」の意味合いが秘められていた。

平成元年（1989）1月17日の政府与党申合わせにおいて、整備新幹線の建設財源の基本的枠組みの決定がなされ、着工のための諸条件が整えられていった。このほか「北陸新幹線高崎・軽井沢間については、平成元年度から本格的に着工する」ことや「難工事の部分については、平成元年度予算に、「整備新幹線難工事推進事業費（仮称）」として、18億円を計上する」ことも盛り込まれた。

具体的な内訳は、北陸新幹線の加越《かえつ》トンネルが3・9億円、東北新幹線の岩手《いわて》トンネルが7・7億円、九州新幹線の第三紫尾山《しびさん》トンネルが6・4億円である。

このあと、平成元年（1989）8月からこれらの3トンネルが順次着工。同月には北陸新幹線の高崎〜軽井沢間の起工式が挙行された。

整備新幹線はほとんどの区間で着工され、今では大半が開通にいたった。これまで開業した区間はいずれも「フル規格」である。ミニ新幹線やスーパー特急方式を大胆に取り入れて建設費用を圧縮する条件でようやく着工が決定した整備新幹線が、いかに「フル規格」へと回帰していったか。具体的な道程は複雑かつ多岐にわたる。以下、路線ごとに述べていきたい。

第八章　北陸新幹線

長野オリンピックが後押しとなった路線

北陸新幹線は、高崎～金沢間を結ぶ345・5キロ（実距離）の路線である。ただし東京～高崎間は東北・上越新幹線と線路を共用しており、東京～金沢間450・5キロ（実距離）を最速2時間25分で結んでいる。このうち大宮～高崎間の最高速度は時速275キロ、高崎～金沢間の最高速度は時速260キロである。

北陸新幹線は、後発の整備新幹線5路線の中で初めて開業した路線だ。当初フル規格の着工が認められたのは、高崎～軽井沢間のみだった。この区間の起工式は、平成元年（1989）8月2日に軽井沢駅で行われている。軽井沢～長野間については、1998年冬季オリンピックの長野招致との兼ね合いがあってフル規格かミニ新幹線（在来の信越本線を標準軌に改軌して新幹線乗り入れ）かが保留になっていたが、平成2年（1990）12月にフル規格に決定している。平成3年（1991）6月15日に長野での冬季オリンピック開催が決定すると、3ヶ月後の9月17日、軽井沢～長野間の起工式が軽井沢駅で華々しく挙行された。オリンピック開催地へのアクセスの目玉として位置づけられたのである。

長野オリンピックを4ヶ月後に控えた平成9年(1997)10月1日に高崎〜長野間が開業。開業当日から東京〜長野間の直通運転が実現している。長野から先の開通の見通しが立っていなかった当時、北陸新幹線ではなく、「長野新幹線」と呼ぶのが一般的だった(JR東日本は正式名の北陸新幹線に拘《こだわ》り、「長野行新幹線」と呼称したが、一般には定着しなかった)。

長野以遠の区間については複雑な経緯をたどった。長野以遠への延伸はいったん棚上げされ、上越新幹線の越後湯沢駅から北越北線(国鉄が建設を開始したが国鉄再建問題で工事中断。第三セクターの高規格新線として工事が再開。北越急行ほくほく線として平成9年(1997)に開業)を経由して北陸本線に乗り入れる新幹線鉄道規格新線(「スーパー特急」方式)とされたのである。こうして平成4年(1992)に石動《いするぎ》〜金沢間、平成5年(1993)には糸魚川〜魚津間が着工している。狭軌ながら北越北線と高規格新線の区間に最高時速160キロ(高規格区間)の高速特急を走らせることを狙ったものである。つまりこの時点では、東京〜長野間を走るフル規格の「長野新幹線」(標準軌)と越後湯沢〜小松間の「スーパー特急」(狭軌)が並立していたわけで、傍目には北陸新幹線を諦めたとみられてもおかしくなかった。

北陸新幹線路線図

平成8年（1996）に整備新幹線の建設費用を国と地方自治体が主体となって負担する方式が許容され、整備新幹線は再びフル規格へと回帰する。思えば長い道のりだった。

平成10年（1998）に長野～上越《じょうえつ》（仮称。開業後の駅名は上越妙高）間、平成13年（2001）に上越（仮称）～富山間、平成17年（2005）に富山～金沢間がフル規格での工事認可を受け、あらためて着工されている。平成27年（2015）3月14日、待望の長野～金沢間が開業して、名実ともに北陸新幹線となった。

現在は金沢～敦賀《つるが》間125・1キロ（実距離）の延伸工事が令和6年（2024）春の完成をめざして進められており、開業後は、小松・加賀温《かがおん》泉《せん》・芦原温泉《あわらおんせん》・福井・越前《えちぜん》たけふ・敦賀の6駅が加わることになる。

国鉄最急勾配だった碓氷峠をどう越えたか

信越本線横川《よこかわ》〜軽井沢間は、66・7パーミル（上り線。下り線の最急勾配は66・4パーミル）という国鉄最急勾配区間の碓氷《うすい》峠越えで知られた鉄道の難所だった。標高386メートルの横川駅から18ヶ所（下り線。上り線は11）のトンネルをくぐり、標高941メートルの峠の頂上まで、10キロの区間の標高差は555メートルもあった。文字どおりの峠越えである。横川〜軽井沢間には強力な電気機関車EF63が連結され、昇り（下り線）は時速60キロ、降り（上り線）は時速38キロというゆっくりとした速度で通過していた。途中、車両の前後の傾きがはっきり意識できるほどの急勾配だったことを鮮明に記憶している。

碓氷峠を越えた先にある軽井沢駅の標高は939メートル。峠の最高地点とほとんど変わらない。これは碓氷峠が典型的な片峠（峠の片側にだけ大きな標高差がある）だったからで、どの経路をとっても、群馬県と長野県の県境付近の標高差は避けて通れない問題だった。

昭和48年（1973）に建設が指令された北陸新幹線の区間は東京都〜大阪市で、主要な経過地として「長野市附近」「富山市附近」「小浜《おばま》市附近」が挙げられており、「東京都・高崎市間は上越新幹線を共用する」とされていた。

高崎〜長野間の経路については、軽井沢や上田《うえだ》を経由する信越本線（新幹線開業後、長野

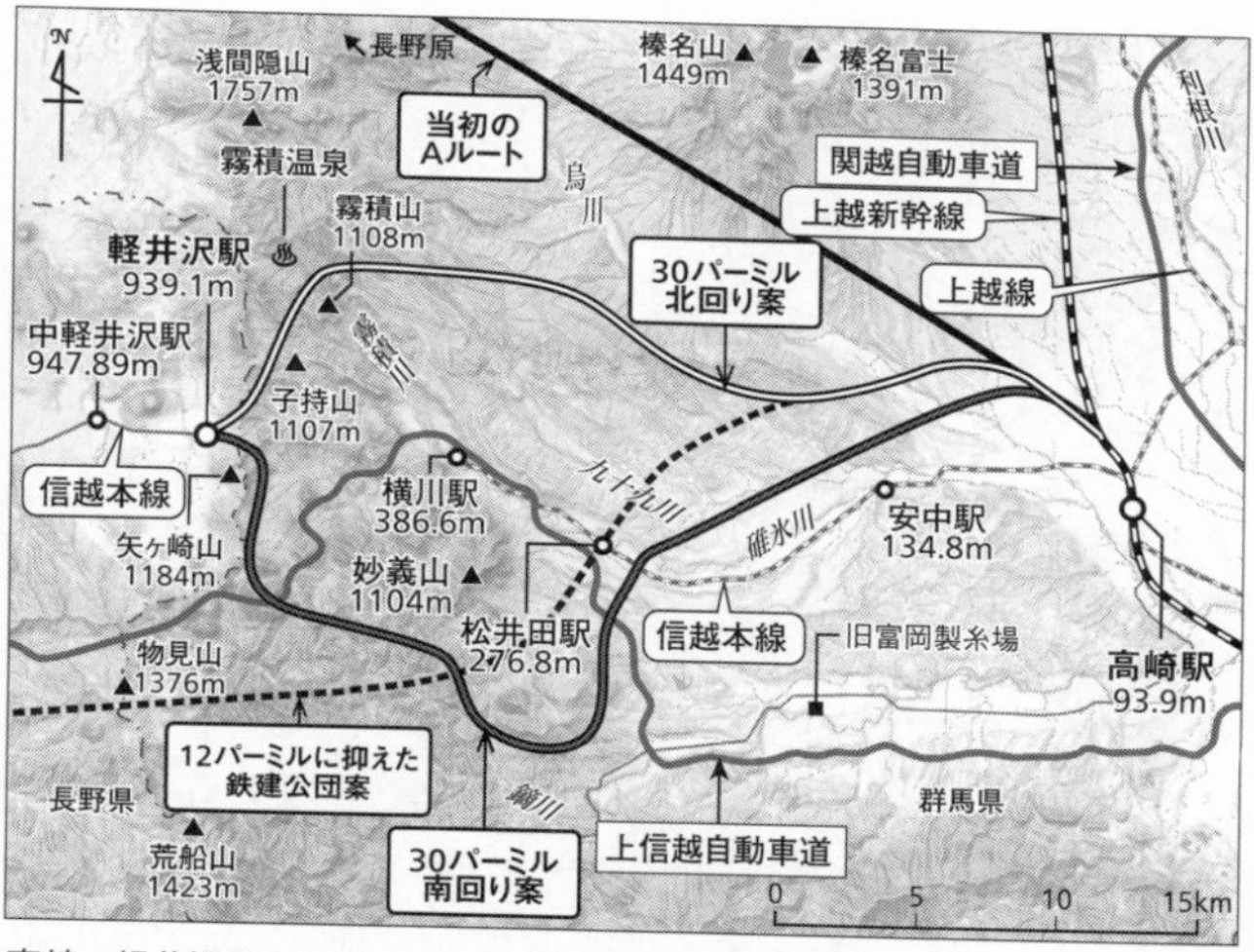

高崎〜軽井沢間の経路。上信国境の急峻な地形との闘いだった

県内の区間は第三セクターの「しなの鉄道」となる）沿いで最初から決まっていたと考えがちだが、昭和48年（1973）10月2日に国鉄と鉄建公団から運輸大臣に提出された『新幹線調査報告書』では二つの経路を比較している。一つ目は「高崎市から長野原町《ながのはらまち》附近を経由して三国山脈を横断し、長野市附近に至るルート」（Aルート）、もう一つが「高崎市からほぼ信越本線沿いに、長野市附近に至るルート」（Bルート）である。信越本線沿い経由を差し置いて長野原経由が「Aルート」とされたのは、Aルートが当初案だったからだった。

机上においてはむろん直線のAルー

トがベストだろうが、Aルートの工事は完成が危ぶまれるほどの難工事が容易に推測できた。『新幹線調査報告書』の結論部分では、「両ルートとも群馬・長野県境にある山脈の横断部が問題となるが、特にAルートの場合は、最長トンネルが30㎞以上となり、その地質条件も大部分火山性堆積物区間で湧水、地圧、高熱等の問題があり、施工は、ほとんど不可能と考えられる」のに対し、「Bルートは地質条件も比較的良く、また、最長トンネルも20㎞程度で工期も約5年程度と考えられるので、高崎市・長野市附近間のルートは、Bルートを選定した」としている。いかにも最良の経路のように記述されたBルートだが、碓氷峠という古くて新しい難所が控えていたことに変わりはなかった。消去法で選ばざるをえなかったのである。

北陸新幹線は、当時の規格（新幹線鉄道構造規則）に基づき、最急勾配15パーミルを前提としていた。一方、高崎〜軽井沢間の標高差は845メートルもあり、距離にして40・9キロ（信越本線）しかなかった。15パーミルという条件で高崎駅と軽井沢駅を結ぼうとすれば、大きく迂回させて70キロくらいの線路延長をしないと無理で、莫大な工費と日数がかかることになる。そこで鉄建公団は、松井田《まついだ》駅付近を高架でひとまたぎし、群馬・長野県境の物見山《ものみやま》（1376メートル）直下をトンネルで通過して、佐久《さく》方面に向ける案を提案する。この案では軽井沢は素通りである。

ところが昭和56年（1981）に入り、年間80万人の観光客が訪れる軽井沢を通らない新幹線には協力できないと、国鉄旅客局から鉄建公団に強い要望が出されるにいたる。当時の鉄建公団総裁は、前職が西武鉄道副社長で、のちに国鉄総裁を務めることになる鉄道技術者出身の仁杉巖《にすぎいわお》だったが、新幹線の規格限界と軽井沢経由の両立というむつかしい課題解決に苦しみ、国鉄工作局長だった石井幸孝《いしいよしたか》（鉄道技術者出身。のちにJR九州社長）に碓氷峠越えの新幹線車両開発について相談している。その後、30パーミルの連続勾配に対応する車両開発の目処がついたことから、勾配が当初の15パーミル以内から30パーミル以内という条件に緩和された。

こうして「軽井沢駅」「30パーミル」という二つのキーワードからたどり着いたのが、「北回り案」と「南回り案」の2案だった。北回り案は、高崎から榛名町《はるなまち》（現在は高崎市に編入）中里見《なかさとみ》付近で烏川《からすがわ》を渡り、30パーミルの連続勾配で北側へ迂回し、秋間《あきま》トンネル、一ノ瀬トンネル、碓氷峠トンネルで霧積山《きりづみやま》から子持山《こもちやま》直下を通って軽井沢に至る経路案（延長約41・2キロ）である。

南回り案は、高崎から榛名町下里見《しもさとみ》付近で烏川を渡った後、南西方向に向かい、信越本線磯部《いそべ》駅と松井田駅の中間付近を通り（新幹線駅設置を考慮）、大小のトンネル群で妙義山《みょうぎさん》南麓を大きく回り込むように迂回し、30パーミルの連続勾配により軽井沢に至る経路案

（延長約50・8キロ）である。

昭和57年（1982）2月、南北2案に関するトンネルの地質会議が開催された。凝灰角礫岩《ぎょうかいかくれきがん》などの比較的安定した地質である北回り案に比べ、南回り案は、碓氷川付近から軽井沢にかけての区間に変質帯や貫入岩帯が複雑に入り組み、軟質な箇所がかなり多いと想定された。しかも南回り案は距離が約9キロ長く、工費も高くつく。こうして、北回り案で内定する。会議の翌月には、駅と経路が公表されている。

その後、環境影響評価を行い、昭和60年（1985）12月に高崎～小松間の工事実施計画を申請する運びとなった。ところが群馬県側から駅設置の強い要請があり、安中市内に新駅を設置する変更案を昭和61年（1986）8月に申請している。北陸新幹線の建設に際しては群馬県も資金を拠出しており、しかも松井田など群馬県内への駅設置案が当初から噂されていたため、群馬県内に駅を配置しない選択はとりづらかったのである。もっとも、建設を担当する鉄建公団側は、北回り案が採用された際の群馬県内の駅設置要望は想定内だったようで、あらかじめ途中に1キロくらい水平の区間を設けていたという。それが現在の安中榛名《あんなかはるな》駅である。

北陸新幹線の高崎～軽井沢の実距離は41・8キロ（工法の変更などにより経路検討時より若干増加）で、在来線時代と比較して、わずか0・9キロしか増えていない。それでいて勾配を66・7パーミルから30パーミルへと半減させたのである。ただし在来線の急勾配区間（50パーミル以上）が7キロ余だったのに比べると、新幹線の30パーミルの区間は約22キロにおよんでいる。

なぜ北アルプス貫通ルートは採用されなかったのか

当初の構想では、北陸新幹線の高崎～富山間は、ほぼ直線で貫く大胆な計画だった。つまり高崎から榛名《はるな》山麓と草津白根山《くさつしらねさん》沿いの長野原付近を経由し、さらに飛騨《ひだ》山脈（北アルプス）をほぼ一直線に貫通する経路だったのである。

もし長野～富山間を飛騨山脈直進ルートで着工していたとしたら、現在工事が進むリニア中央新幹線の赤石《あかいし》山脈（南アルプス）横断工事よりも難工事になったのではないだろうか。ただし、『日本列島改造論』が世間を席巻していた昭和47年（1972）8月に磯崎叡国鉄総裁が交通関係者に語った講演では以下のような弁舌を振るい、難工事と認めつつも開通に自信を示している。

「一番むずかしいのは、やはり北陸新幹線だと思います。雪の問題は何も北陸だけに限りませんから一応別といたしまして、ルート選択としては、非常に考え方によってはおもしろい、日本の地図全体を塗り替えるような性格を北陸新幹線は持っておると思います。それは北陸新幹線のまん中、すなわち日本のどまん中にアルプスがあります。あのアルプスをどこで潜ってゆくかということが一番の問題点だと思います。これは技術的にも青函トンネルと匹敵するほどむずかしい工事になるじゃないかと思います。去年ですか、アルプスの山の上をトンネルで抜ける観光ルートができましたけれども、あれよりももっと北の、ちょうど日本の破砕帯《はさいたい》の一番悪いところをトンネルが通らなければならん、それをどう通すか。結局、長野と富山をどう結ぶかということで、これは非常に技術的におもしろい問題だと思います。海底トンネルと匹敵する難事業だといわれるような山岳地帯の世界最大のトンネルを掘る。これはうちの土木の連中が非常に興味を持って、おれがやりたい、おれがやりたいと言っておる大工事であります」

昭和48年(1973)10月に国鉄と鉄建公団が運輸大臣に提出した『新幹線調査報告書』には、北陸新幹線の長野~富山間について次の記述がある。

「飛騨《ひだ》山脈中軸部は、古生層、変成岩、蛇紋岩《じゃもんがん》等からなり、一部に断層破砕帯及び高熱地帯が存在するため、高圧大湧水、高地熱、強大な膨張性土圧《どあつ》及び高山特有の山ハネが予想され、きわめて困難な地質と考えられる。

飛騨山脈東縁部には、糸魚川―静岡構造線があり、姫川《ひめかわ》沿いは、断層が多く、一部に蛇紋岩が貫入し、きわめて複雑な地質となっているので、膨張性土圧、湧水等が考えられる。

姫川東部の妙高《みょうこう》火山群の山麓部には、未固結の火山性堆積物が厚く分布し、かつ、基盤は複雑な地質となっているので、湧水、崩壊等が考えられる。

妙高東部の丘陵群には、含油帯の新第三紀層が多くの褶曲《しゅうきょく》構造を伴って分布し、膨張性泥岩《でいがん》が含まれ、複雑な地質となっているので、石油ガスの発生、膨張性土圧等が考えられる。

以上のとおり、この区間の地質構造は、広範囲にわたってかなり複雑であり、問題も多いので、実施段階における入念な調査及びこれに基づく計画上の配慮が必要である」

最初の段落の「飛騨山脈中軸部」を通る経路は、285ページの図ではA案（北アルプス案）に相当する。言い回しは慎重だが、長野〜富山を直線で結ぶルートは厳しいと判断していた。次の段落の飛騨山脈東縁部から姫川沿いというのは、千国《ちくに》駅付近を通るB案（白馬《はくば》案）だろう。

3番目の段落は「姫川右岸案」とでもいうべき姫川の東を通る経路だが、この調査報告書以外には登場しないことから、早い時期に候補案から消えたようだ。便宜的に、B案と呼ぶことにする。

4番目の段落の経路は、千曲川《ちくまがわ》に沿って飯山《いいやま》まで下り、長野・新潟県境の関田《せきだ》山脈を横断して高田《たかだ》平野に抜けるC案(上越案)として結実する。現在の北陸新幹線はこの経路で建設されているが、『新幹線調査報告書』の評価は必ずしもよくない。

これら4案のほか、鉄道・運輸機構の他の資料では、妙高山《みょうこうさん》をはじめとする北信五岳《ほくしんごがく》の山塊の東側を信越本線沿いに進み、糸魚川に至るルート案(D案)も検討された記録が残る。

昭和54年度(1979年度)まで鉄建公団によるボーリング調査がつづけられ、昭和55年(1980)に評価が公表された。鉄建公団は、「アルプスルートは糸静線《いとしずせん》(註:糸魚川静岡構造線。本州中部を南北に貫く大断層線)が20キロ~50キロ幅で北から南へ走っており地質構造上弱点があることに加えて、相当の高熱地帯があり、温泉やガスが噴出する危険があることから、トンネル建設後の保守・管理問題も含めて技術的に困難」との見解を示した。そのほかの経路について明言は避けたが、消去法で上越案が残った格好になった。

こうして長野~糸魚川間の経由駅は、飯山、上越(脇野田《わきのだ》駅付近)となり、昭和57年(1982)3月30日の高崎~小松間の駅・ルート概要公表に繋がるのである。

高崎~富山間が当初の直線から大きくS字曲線を描く経路に変更されたため、この区間

北アルプスを突破するにしろ迂回するにしろ、難工事が予想された長野～富山間

の距離が約100キロ増えることになった。東京～新大阪間の距離は、東海道新幹線より200キロ以上長い約700キロとなり、当初の「北回り新幹線」構想から大きく後退したことは否めない。仮に北陸新幹線の東京～新大阪間が全通したとしても所要時間は3時間半程度かかり、東京～新大阪間を2時間半で結ぶ東海道新幹線とは大きな開きが生じる。

昭和63年(1988)の北陸新幹線の運輸省案が、高崎～長野間(標準軌)と北陸本線の区間(狭軌)とで、線路規格が完全に分離されていたのは、長野〜富山間の経路が大迂回していたことも影響したのではないかと考えたくなるのだ。

最初に着工されたトンネルが放棄された理由

富山県と石川県の県境には「加越トンネル」という未完成のトンネルが眠っている。北陸新幹線で最初に着工された記念すべき事業だが、完工の日を見ることなく建設が中止された。地質上の問題があったわけではない。予期せぬ出水などの事故に見舞われたわけでもない。それなのになぜこのトンネルは途中で放棄されたのか。工事中断にいたるいかなる事情があったのだろう。

昭和63年(1988)1月、新たに「整備新幹線建設促進検討委員会」が設置され、8月に整備新幹線の着工優先順位が決まる。着工が決まったのは、北陸新幹線(高崎〜軽井沢)のみで、それ以外の区間の優先順位は低かった。北陸新幹線の場合、次いで順位が高かったのは、軽井沢〜長野間だった。基本的に「ミニ新幹線」方式の建設だが、長野が立候補した冬季オリンピックの開催地問題を考慮して3年以内に結論を得るというものだった。その次に順位が高かったのは高岡〜金沢間で糸魚川〜魚津間は最も優先順位が低かった。

この時点では、高崎〜長野間は、オリンピック招致に成功すればフル規格の新幹線、招致できなければ東京からミニ新幹線を走らせ、日本海側の区間は、越後湯沢駅から上越線を経由し、六日町から第三セクターの北越北線（ほくほく線。新幹線並みの高規格新線）を経由して北陸本線内に高速特急を小松まで走らせるという計画だった。東京と大阪を北回りで結ぶ当初の北陸新幹線とはまったく別物の構想に変質していたのである。

しかし当時は石油ショック直後に整備新幹線の計画が凍結された苦い記憶が鮮明だった。経済情勢などによって約束が反故にされるおそれもある。着工されないまま再び凍結される危機感を抱いた小里貞利ら関係地域の有力議員などが動き、難工事区間の優先着工を認めさせた。これはいわば、全線着工への布石というか、計画を中止させないための担保のような位置づけだった。

こうして平成元年（1989）8月に工事着手されたのが、東北新幹線（盛岡〜新青森）の岩手トンネル（完工後の名称は岩手一戸トンネル）、九州新幹線の第三紫尾山トンネル、そして北陸新幹線の加越トンネルだった。いずれもトンネル区間は当時、「スーパー特急」方式による着工が決まっていた。

加越トンネルの起工式が挙行されたのは、平成元年（1989）8月18日だった。このトンネルは、完成の暁には全長6130メートルとなるはずだった。高崎〜軽井沢間の起工式が軽井沢駅で行われた平成元年（1989）8月2日と同月である。

ところがここで並行在来線問題が浮上する。JR西日本は、新線区間に並行する糸魚川～魚津間と高岡～津幡《つばた》間の経営分離を求める意向だった。とりわけ強く反発したのが石動駅の立地する小矢部《おやべ》市である。加越トンネルの経路が北陸本線から北に離れた位置にあったがために、市内に新幹線鉄道規格新線（スーパー特急）の駅も設置されず、北陸本線だけがなくなるかもしれない危機感を抱いたからだった。

苦慮した富山県は石川・福井両県とともに平成3年（1991）6月、運輸省に対して新規建設線の区間を高岡～金沢から石動（厳密には石動駅西方約1キロの西石動〔仮称〕信号場）～金沢に短縮する「ルート調整案」なる区間変更の要望を提出した。富山県内の新線区間を短くすることにより、経営分離される路線を高岡～倶利伽羅《くりから》間22・8キロから石動～倶利伽羅間6・8キロへと大幅に短縮し、なおかつ石動駅をスーパー特急の停車駅とすることを視野に入れた一石二鳥の目論見だった。加越トンネルに代わって富山・石川県境に建設されたのが、新倶利伽羅トンネル（全長6978メートル）である。

『北陸新幹線工事誌　津幡・金沢間』によれば、富山県主導で海側を通る案（B案）や山側を通る案（C案）も検討されたというが、最初から結論ありきの感は免れなかった。

計画変更は、その年のうちに了承された。加越トンネルに投入された約8億8000万円の建設費は富山県が負担する条件だった。もし富山県の見通しどおりに事態が推移すれ

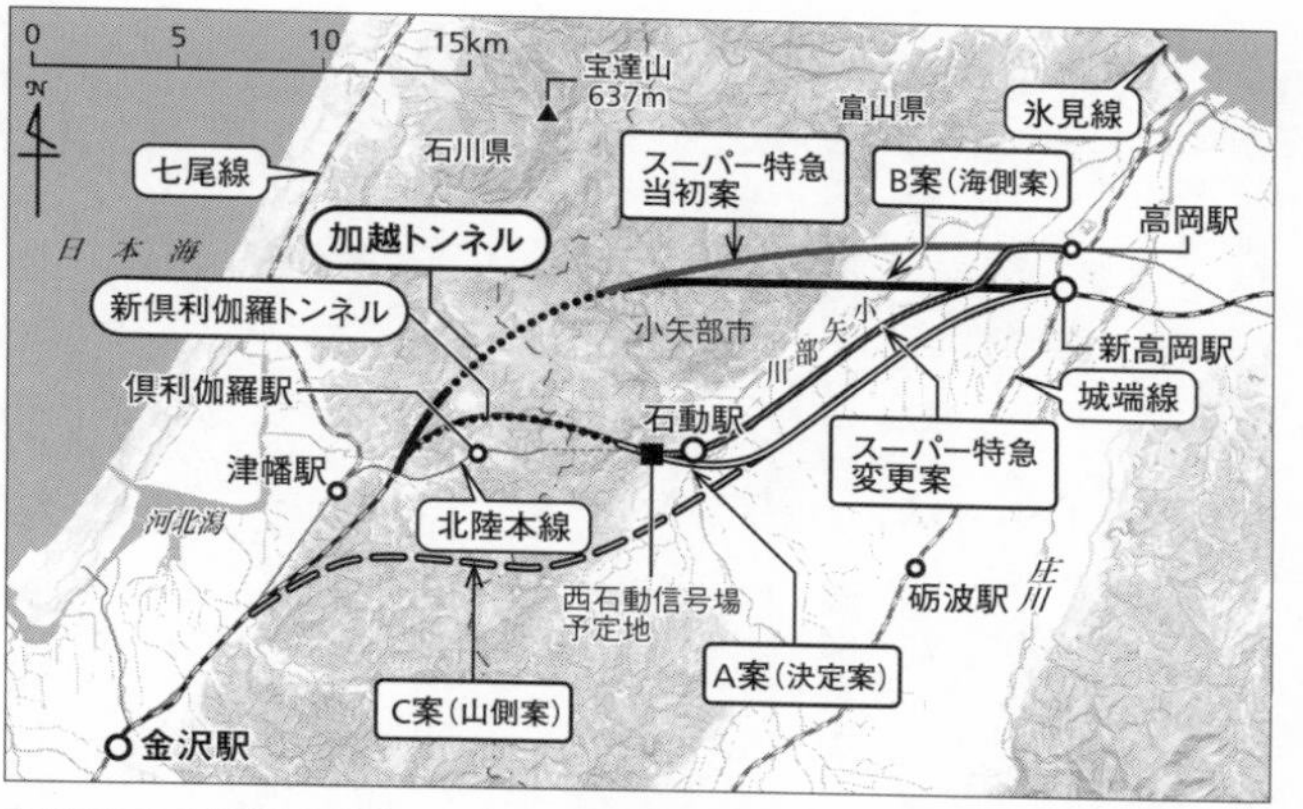

加越トンネル周辺の経路。なぜ新幹線は遠回りルートを選択したのか

ば、加越トンネルへの血税投入は安い出費と理解されただろう。

ところが、北陸新幹線は、全線をフル規格で建設することに変更された。北陸本線の富山県内全線（市振《いちぶり》～倶利伽羅間１００・１キロ）は第三セクターの「あいの風とやま鉄道」に転換され、石動駅がスーパー特急の停車駅になることもなかった。加越トンネルの費用を肩代わりしてまで経路を変えさせた富山県の努力は水泡に帰したのである。富山県には、鉄建公団から無償譲渡された未完成の加越トンネルだけが残された。

刊行された『北陸新幹線工事誌』のうち、『糸魚川・小矢部間』と『津幡・金沢間』には加越トンネルが囲み記事で扱われているが、そこには一言一句同じ言葉が並んでいる。

「加越トンネルは、昭和60年12月に認可申請を行った北陸新幹線『高崎・小松間』の工事実施計画のルート上（富山県小矢部市～石川県津幡町《つばたまち》）にあるトンネルであり、工事実施計画の認可に先がけて難工事に係る調査事業として、平成元年から平成4年にかけて掘削調査を行った構造物である。

作業坑及び本坑の一部の掘削を行い、新第三紀層の性状を把握し、トンネル掘削をするための経済的、合理的な設計・施工法の検討資料を得るために施工が行われた」

建設放棄にいたった事情の記載はいっさいなく、最初から試掘目的のトンネルだったと思わせるかのような記述に終始している。

平成元年（1989）8月18日に、富山県知事の中沖豊《なかおきゆたか》（自民党公認知事として3選目。北陸新幹線建設促進同盟会長）ら関係者が出席して華々しく挙行された加越トンネルの工事安全祈願祭（起工式）の鍬入《くわいれ》はなんだったのか。中沖知事は、その16日前に軽井沢駅で行われた高崎～軽井沢間起工式にも、北陸新幹線建設促進同盟会長の資格で出席していたのである。

新高岡～石動の距離は15キロ以上あり、駅間距離だけでいえば、新幹線駅の建設は不可能ではない。北陸新幹線と「あいの風とやま鉄道」（旧北陸本線）が並行して走る西石動信号場予定地付近は更地になっており、いつでも新駅建設が可能な雰囲気が漂う。

半世紀以上前のしがらみを背負った路線

石川・福井県境の加賀《かが》トンネル（5463メートル）の工事の難航などにより開業が危ぶまれていた北陸新幹線の金沢〜敦賀間だが、予定より約1年遅れの令和6年（2024）春に開業できる目処がついた。福井県内の並行在来線である北陸本線の大聖寺《だいしょうじ》〜敦賀間については、「ハピラインふくい」として生まれ変わることも決まった。これで並行在来線として分離・転換した第三セクター鉄道は、長野県下の「しなの鉄道」、新潟県下の「えちごトキめき鉄道」、富山県下の「あいの風とやま鉄道」、石川県下の「IR《アイアール》いしかわ鉄道」につづいて出揃ったことになる。

北陸新幹線の敦賀以西の区間はどうかといえば、ようやく令和元年（2019）にルートが決定した段階である。この区間ほど、半世紀以上前のしがらみを背負っている経路はあまりないのではないだろうか。

昭和45年（1970）3月の全国新幹線鉄道整備法案の「別表」にある北陸新幹線の経路は、「東京都から富山県を経て大阪市に至る路線」としか書かれていない。昭和47年（1972）7月3日に整備新幹線5路線の基本計画が告示された際の北陸新幹線の「主要な経過地」は、「長野市附近、富山市附近」だけだった。

昭和48年（1973）10月2日、国鉄と鉄建公団がまとめた『新幹線調査報告書』が運輸大

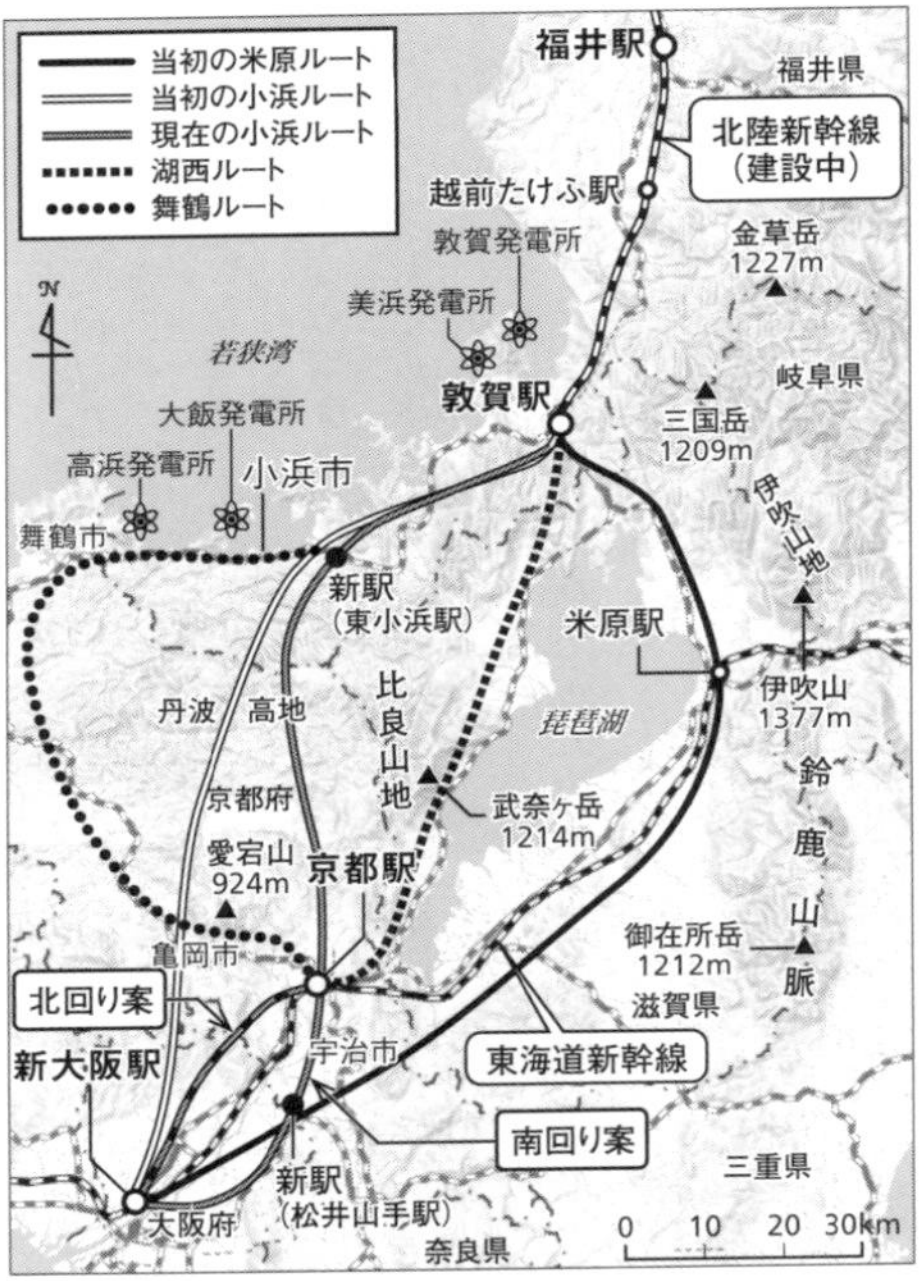

敦賀以西の経路案。完全に政治案件と化している

臣に提出されている。北陸新幹線の福井～大阪間についても、ルートを検討した顚末《てんまつ》が記してあった。以下3行は同書からの引用である。

北陸新幹線福井市附近・大阪市間については、次の二つのルートが考えられる。

○米原《まいばら》ルート（以下「Aルート」という。）

○小浜ルート（以下「Bルート」という。）

そもそも議論の前提がおかしい。検討すべき経路が、米原ルートと小浜ルートの二つしかないことについて、まったく説明がないのだ。地図を見ればわかることだが、琵琶湖西岸を南下する経路をはじめ、滋賀・京都府県境の山間部の谷沿い（朽木《くつき》越えや鯖《さば》街道で知られる安曇川《あどがわ》沿い）を南下する京都経由の経路や、京都・大阪方面に直行する経路がすっぽり抜けている。

以下は『新幹線調査報告書』の結論部分にあたる「ルートの選定」である。米原ルートと小浜ルートしか扱わない時点で恣意的としか思えないわけだが、以下は同書からの引用となる。Aルートが米原ルート（敦賀市～米原町《まいはらちょう》～宇治《うじ》市～大阪市）、Bルートが小浜ルート（敦賀市～亀岡《かめおか》市～大阪市）である。

A、B両ルートを比較すると、次のとおりである。
ア　距離及び所要時分は、Bルートの方が約30㎞、10分短い。
イ　工事費は、Bルートの方が約１５００億円少ない。
ウ　地質は、AB両ルートとも全般的に良好で、施工上あまり問題はないが、用地確保の面からみると、Aルートの方がはるかに困難であると予想される。
エ　北陸と近畿圏との旅客流動（約21千人／日）は、北陸と中京圏との旅客流動（約

11千人／日）の約2倍である。したがって、旅客流動の面からは、流動の多い北陸と近畿圏を短絡できるBルートの方がよりすぐれている。また、東海道新幹線の輸送力が近い将来限界に達すると予想されるが、その対策として、暫定的には北陸新幹線を使うことも考えられる。この場合にも、距離の短いBルートが望ましい。

オ　沿線の人口、産業活動等の規模及び将来の発展性はAルートの方が大きいが、近畿圏の中でのウエイトは小さいので、ルート選択の重要な要素にはならない。

以上の諸項目を総合的に検討した結果、北陸新幹線福井市附近・大阪市間のルートについては、流動の多い北陸と近畿圏とを短絡し、工事費が少なく、かつ、用地確保が容易なBルートを選定した。

なぜ小浜を経由するルートが盛り込まれたかといえば、福井県知事の中川平太夫《なかがわへいだゆう》（若狭出身、2期目）から田中角栄総理に強い要請があったからだとされる。これが何を意味するのか。福井県の若狭湾沿岸の一帯は、敦賀発電所、美浜《みはま》発電所、大飯《おおい》発電所、高浜《たかはま》発電所といった原子力発電所が、稼働、建設、もしくは計画されていた。当時、「原発銀座」という異名があったくらいである。

原子力発電所の建設を容認した地域への見返りというか地域振興の一環として、新幹線駅を誘致したい、誘致して当然という空気だったのだろう。このあたりは、昭和49年（1974）に制定された「発電用施設周辺地域整備法」と平成12年（2000）の「原子力発電施設等立地地域の振興に関する特別措置法」でいっそう明確になった。

『新幹線調査報告書』が運輸大臣に提出されてわずかひと月後の昭和48年（1973）11月13日、5路線の整備計画が決定され、国鉄・鉄建公団に建設指示がなされた。その際、北陸新幹線の「主要な経過地」に「小浜市附近」の文字が加えられていたのである。仕事が早いというか、出来レースといいたくなるほどの早業である。

だがその後、石油ショック後の凍結を経て、昭和57年（1982）9月、整備新幹線計画は「当面見合わせ」と決まる。再び北陸新幹線の計画復活の兆しが見えた後も、敦賀以西については、「小浜ルート」とされたまま、長らく具体的議論の蚊帳《かや》の外に置かれていた。

敦賀以西の経路はどう決まったのか

21世紀を迎え、新たな米原ルート（平成11年〔1999〕にJR西日本が再提案。当初案とは異なり、敦賀〜米原止まり）や湖西《こせい》ルート（敦賀〜京都。もともと、軌間変更可能なフリーゲージトレインを開発した上で、敦賀から湖西線に乗り入れる案があり、やがてフル規格新幹線経路案として浮上）が検討対象に浮上する。高度経済成長期に策定された小浜ルートの実現性に対して、建設費や工期の面で、疑問符が付けられたからだった。平成22年（2010）に設立された関西広域連合（近畿地方を中心に多くの府県が加盟）も、工費が少なく工期も短い米原ルートを支持したほどだった。

平成24年（2012）、国土交通省の交通政策審議会陸上交通分科会鉄道部会に設置された有識者による整備新幹線小委員会において、未開通の整備新幹線のあり方について、JR各社にヒアリングを行う一方、種々の議論がなされた。ただ、北陸新幹線敦賀以西の区間に関しては、小浜・湖西・米原の3ルートの存在が配布資料から確認できる程度で、具体的な議論は深まらなかったようである。

平成27年（2015）8月、与党整備新幹線建設推進プロジェクトチーム北陸新幹線検討委員会が発足し、敦賀以西についての具体的な検討が始まる。機が熟したというか、長い眠りからようやく覚めた感があった。

この委員会では、米原ルート（敦賀〜米原）と湖西ルート（敦賀〜京都）に加え、新たな小浜ルート（敦賀〜小浜〜京都。平成27年〔2015〕にJR西日本が提案）と舞鶴《まいづる》ルート（敦賀〜小浜〜舞鶴〜京都。北陸新幹線検討委員会委員長が提案）が議論された。

最初に脱落したのは意外にも湖西ルートだった。比良颪《ひらおろし》に象徴される強風地帯であったことなどが懸念されたといわれる。また、輸送密度などの問題から東海道新幹線への乗り入れが現状では不可能とされたため、京都～新大阪間について「北回り」と「南回り」の経路が議論された。

平成28年（2016）12月、与党整備新幹線建設推進プロジェクトチームにおいて北陸新幹線敦賀～大阪間が小浜・京都ルートに決定した。京都以西は、片町《かたまち》線（学研都市《がっけんとし》線）松井山手《まついやまて》駅付近を中間駅とする南回り案に決まった。京都府内にリニア新幹線を誘致する布石としての政治意図があるのではないかなどとも囁《ささや》かれた。

敢然と異論を唱えたのが滋賀県である。もし湖西線が並行在来線として分離されるとなれば、新幹線が通らない滋賀県に湖西線転換後の鉄道経営の負担が課せられることになる。その一方、敦賀～小浜間の小浜線は新幹線沿線であるにも拘らず並行在来線に該当しないとされており、原発立地優遇問題や地元負担金、さらに京都府の予定沿線住民から提起された環境問題などと合わせ、この先、まだまだ一波乱も二波乱もありそうな雲行きである。

第九章　九州新幹線・西九州新幹線

末端区間から着工された九州新幹線

平成19年（2007）10月、小里貞利の胸像が、鹿児島中央駅（もとの西鹿児島駅）構内に建立された。東海道新幹線岐阜羽島駅前の大野伴睦夫妻の銅像や上越新幹線浦佐駅前の田中角栄の屋根付きの全身像とは比較にならないほど小さく、西口の目立たない場所にひっそり設置されている。

碑文を寄せたのは元総理の小泉純一郎だった。全国整備新幹線網実現の重要性を唱えて奮闘し、九州新幹線の早期着工・開業に果たした事績を称賛していた。そして「まさにミスター新幹線の本領発揮でありました」と讃えている。地味で目立たない印象だった小里のどこが「ミスター新幹線」と呼ぶにふさわしい存在といえるのだろうか。

九州新幹線は、博多〜鹿児島中央256・8キロ（実距離）を最短1時間16分で結んでいる。最小勾配半径は山陽新幹線と同じ4000メートルを基本としているものの、工費節減などの理由から35パーミルの急勾配区間が設けられるなどしており、最高時速は260

キロにとどまる。この新幹線は、昭和48年（1973）11月、東北新幹線（盛岡～青森）、北海道新幹線（青森～札幌）、北陸新幹線（東京～大阪）、九州新幹線（福岡～長崎〔長崎ルート〕）とともに整備計画が公表されている。

ところが石油ショックをきっかけとして整備新幹線5路線は約四半世紀にわたって凍結の憂き目を見ることになる。いったん凍結された大型事業をいかにして復活させるか。九州新幹線の工事の優先順位は低かった。しかも当時の運輸省が提示したのは、線形の悪い

九州新幹線路線図（西九州新幹線含む）

八代〜西鹿児島間に、新幹線鉄道規格新線（「スーパー特急」方式）による整備を行い、博多〜西鹿児島（現在の鹿児島中央）間に最高時速200キロのスーパー特急を運行する構想である。この手法を選択した公式見解は、八代〜西鹿児島間の鹿児島本線の線路敷の状態が悪く、新線建設による時間短縮効果が見込まれるからというものだった。

確かにこの区間の鹿児島本線の路盤が悪かったのは確固たる事実だが、末端区間から着工してしまえば、やがて全線着工にいたるだろうという思惑が隠されていたのも真実だろう。仮に山陽新幹線との接続駅である博多から九州新幹線を着工した場合、社会情勢の変化で、途中で計画が打ち切りになって熊本止まりになってしまう可能性がないとはいえない。それをあらかじめ封じたともいえるのである。

さらに、着工順位の低かった九州新幹線を北陸新幹線などと同時着工するため、小里貞利は「難工事区間の優先着工」という妙手を考え出し、盛り込むことに成功する。

凍結された整備新幹線の復活に誰よりも精力を傾けた人物が小里だった。それが「ミスター新幹線」たる所以《ゆえん》である。余談ながら、阪神・淡路大震災の初動の遅さが批判された村山富市《むらやまとみいち》総理に請われ、地震発生から3日後に震災対策担当大臣に就任。対応の遅れを取り戻し、復旧・復興の陣頭指揮にあたった。鹿児島中央駅にひっそりと立つ小里貞利の胸像は、目立つことを嫌った人柄がにじみでている気がする。

小里の奔走で、出水《いずみ》山地を貫く9987メートルの第三紫尾山トンネルが、平成元年（1989）8月に先行着工され、これにより東北新幹線（延伸区間）と北陸新幹線、九州新幹線（鹿児島ルート）の同時着工が実現。平成12年（2000）12月には待望の九州新幹線（博多〜西鹿児島）の「フル規格」での着工が本決まりとなった。

九州新幹線の博多〜鹿児島中央間が全通したのは平成23年（2011）3月12日。東日本大震災発生の翌日である。そのため、開業記念イベントはほとんど中止され、開業のニュースが全国的に大きく報道されることはなかった。だが、九州新幹線の沿線の人々が歓迎する様子をさまざまな角度から映したCMが震災前日に公開されており、鮮烈な印象を残した。

八代〜鹿児島間の経路をめぐる歴史

九州新幹線の八代以南の区間について、どういった経路を選択するか。九州新幹線が開業した今となっては「解答」が出てしまっている感があるが、時計の針をこの地に鉄道ができるはるか前の明治27年（1894）まで巻き戻してみたい。

明治27年（1894）の大事件といえば、日清戦争である。近代日本の運命を決したこの戦争が勃発する直前の5月16日、九州の鉄道経路を決定する重要な会議が東京で催されていた。鉄道を所管する逓信《ていしん》大臣の諮問会議で、鉄道会議という。当時、鉄道建設は国防など国策にかかわる重要な問題ととらえられていた。そのため、鉄道会議の議長は陸軍の参謀次長が務め、軍部出身の委員が多数を占めた。民間人の委員もいたが、ほぼ常に陸軍の意向を忖度あるいは代弁する委員が議論を先導した。

この日の議論を主導した委員は、のちに総理大臣に上りつめる寺内正毅《てらうちまさたけ》だった。当初の議題は熊本県の宇土《うと》以南の路線建設を早期建設するかどうかという、ただそれだけだった。ところが、外洋に面した海岸沿いの経路では国防上困る、内陸の人吉《ひとよし》経由の経路でなければならぬと寺内が主張を始めたことで議論の方向が大きく変わり、阿吽の呼吸でこれを受けた鉄道会議議長の川上操六《かわかみそうろく》(参謀次長)が、予定になかった鹿児島までの経路についても緊急動議で採択してしまうのである。これほどの重要案件が、大した議論もないままに圧倒的多数の賛成で通ってしまったのは、日清間の対立が極限に達していた当時の事情を物語る。

こうして鹿児島までの鉄道は内陸ルートで建設された。だが、あまりの険路だったため、着工以来10年以上の月日を要しても開通せず、工費は当初想定の2倍近い金額に膨れ上がった。ようやく鉄道が鹿児島に到達したのは、明治42年(1909)11月。それが現在の肥薩《ひさつ》線経由の鉄道である。因みに、寺内正毅が提起した鉄道ルートは三つあった。球磨川《くまがわ》を遡

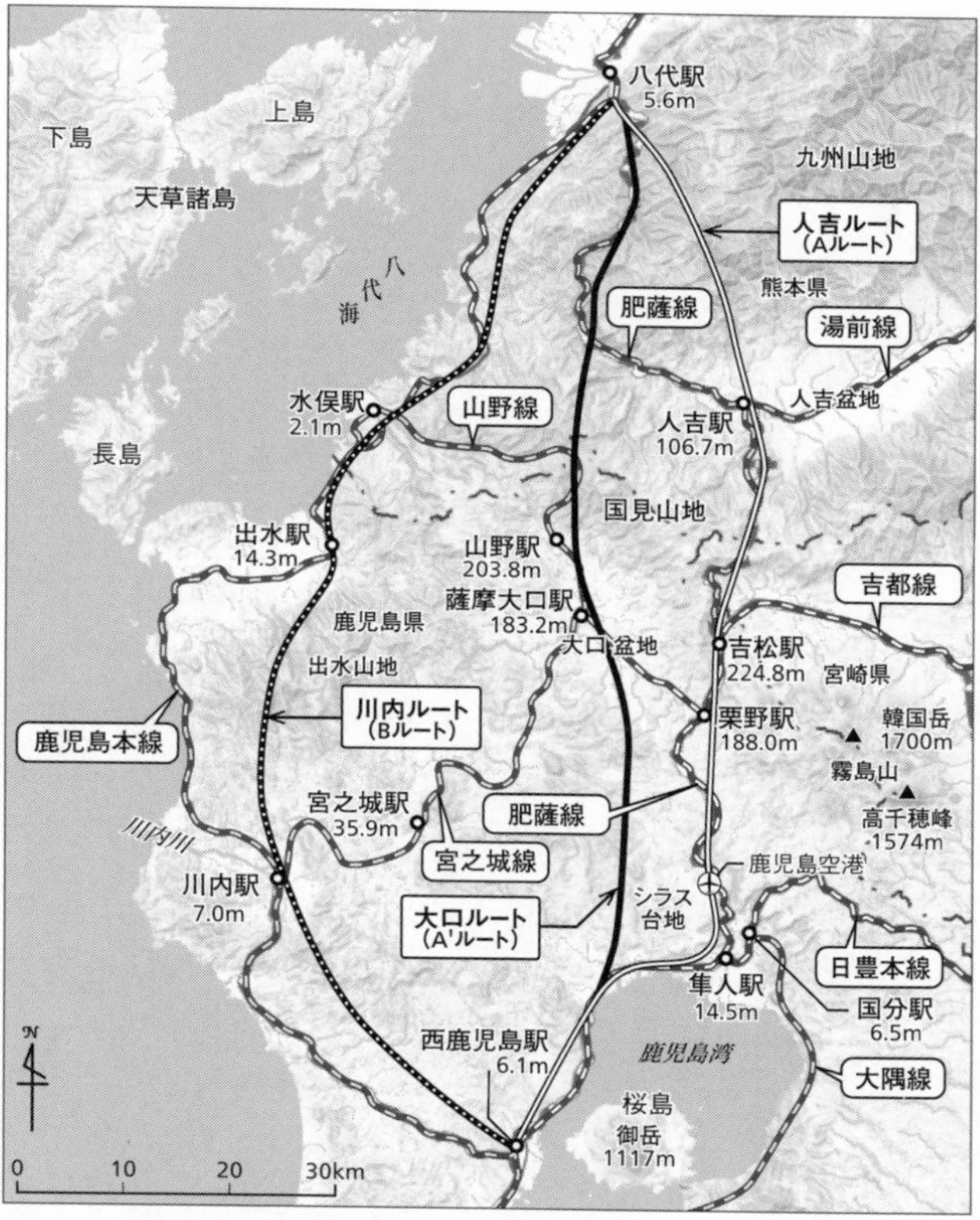

明治時代の路線論争が繰り返された八代以南の経路

り、人吉盆地を通って北から鹿児島を目指す「東目線《ひがしめ》」、海岸経由で天草灘を南下して鹿児島半島を横断して西から鹿児島に入る「西目線《にしめ》」（西目海岸線）、八代から大口《おおくち》盆地を経由して鹿児島までほぼ直交する「西目中央線」である。同じ内陸ルートでも「西目中央線」でなく「東目線」が採用されたのは、宮崎方面の連絡が重視されたためであろう。出水《いずみ》・川内《せんだい》など、海岸経由の測量が開始されたのは、明治42年（１９０９）になってからである。清国とロシアを破ったことで、軍事的脅威が存在しない状況になったからだろう。海岸経由の線路が開通して、こちらが鹿児島本線と呼ばれるようになったのは昭和２年（１９２７）10月。最初の鉄道会議の議論から30年以上が経過していた。

昭和48年（１９７３）10月、九州新幹線に関して『新幹線調査報告書』が作成されている。九州新幹線では、「人吉ルート」（Aルート）、「大口ルート」（A′ルート）、「川内ルート」（Bルート）という三つの経路が比較検討された。ほぼそのまま、明治の「東目線」「西目中央線」「西目線」に対応する。明治の路線検討を再び繰り返したのである。

このうち人吉ルートは熊本付近から南下し、八代市付近からほぼ肥薩線沿いに人吉市付近を経由して鹿児島市に至る経路案である。最初に開通した鹿児島本線（現在の肥薩線）の経路とほぼ等しい。熊本市〜鹿児島市の距離は約１５０キロである。

大口ルートは、熊本市付近から南下し、八代市付近、大口市（現在の伊佐《いさ》市）付近を経由して鹿児島市にほぼ直進する。距離は約140キロと3ルート中最も短い。

川内ルートはほぼ鹿児島本線をなぞる経路だが、距離は約160キロと3ルート中最も長い。地質の点では3ルートとも全般的に良好で、ほとんど差はない。距離、所要時分、工費とも大口ルートが最もすぐれ、次いで人吉ルート、川内ルートの順だった。

ここまで比較すれば、大口ルートで決定したかのように思われるが、沿線の評価は正反対だった。大口ルートは「沿線は過疎化が進んでおり、産業活動、観光地ともにみるべきものはない」と散々な評価で、人吉ルートは、「沿線は過疎化が進んでいるが、現在このルート沿いに、九州縦貫自動車道の建設が進められている」「観光地としては、霧島及びえびの高原があり、宮崎と鹿児島を結ぶ広域観光ルートの一部となっている」と高評価を得た。川内ルートは、「沿線は過疎化が進んでいるが、川内市を中心に工業基盤の整備が進められている」「観光地には、特筆すべきものはない」としながら、「極力多くの都市の新幹線利用を便利にするという点では、沿線都市の多いBルートがまさっている。なお、Bルートは、島しょ部からの利用にも便利である」「沿線の人口、産業活動等の規模及び将来の発展性は、いずれもBルートが大きいと考えられる」「新幹線、在来線それぞれの特性を生かし、効率的な輸送を行なうためには、並行する在来線に高速列車の多いBルートの方がまさっている」などと手放しで絶賛。こうして早々と川内ルートが決まり、昭和

48年（1973）11月に整備新幹線に昇格した際には、「主要な経過地」に「川内市附近」が加えられていた。

川内を含む九州新幹線の鹿児島県内の大半の経路が小里貞利の選挙区である鹿児島二区と重なっているが、『新幹線調査報告書』が編纂された時期の小里は鹿児島県議会議員にすぎなかった。あるいは地元が九州新幹線ルートに選ばれたのが、小里の国政進出のきっかけというか動機の一つだったのかもしれない。

「長崎ルート」が「西九州新幹線」になるまで

西九州新幹線と聞いて、どれほどの人が具体的なイメージを思い浮かべるだろうか。市名にもなっている「北九州」「南九州」はともかく、「西九州」「東九州」という言葉にはほとんどなじみはないのがほとんどの人の実感だろう。

西九州新幹線は半世紀近くずっと、「九州新幹線長崎ルート」あるいは「長崎新幹線」という仮称もしくは俗称のままだった。ようやく西九州新幹線という名称が決まったのは、令和3年（2021）4月。開業のわずか1年半前だった。

整備新幹線は、つねに「政治路線」という影がつきまとったが、西九州新幹線ほど政治に翻弄されつづけた路線も珍しい。最初期の政治介入といえるのが、放射線漏れ事故を起こし、母港が宙に浮いていた原子力船「むつ」を佐世保が引き取る代わり、新幹線を佐世保経由にする案が浮上したことである。その後も、九州新幹線（鹿児島ルート）の着工当時の構想と同じ狭軌新線の「スーパー特急方式」や在来線を標準軌に改軌する「ミニ新幹線」方式、はたまた在来線区間と新幹線区間の軌間の違いを車両で変換して通行を可能にするフリーゲージ案などが浮かんでは消え、いまだに武雄《たけお》温泉《おんせん》駅以東の経路と線路規格は白紙の状態のままである。地元のメリットが少ない割に負担金が重いとする佐賀県側が首を縦に振らないことが大きい（だから佐賀県が悪いと非難するつもりはない）。「長崎新幹線」という名称で半世紀近く親しまれた線名すら、開業直前に西九州新幹線へ変更されたのも、佐賀県への配慮があったことが容易に想像できる。

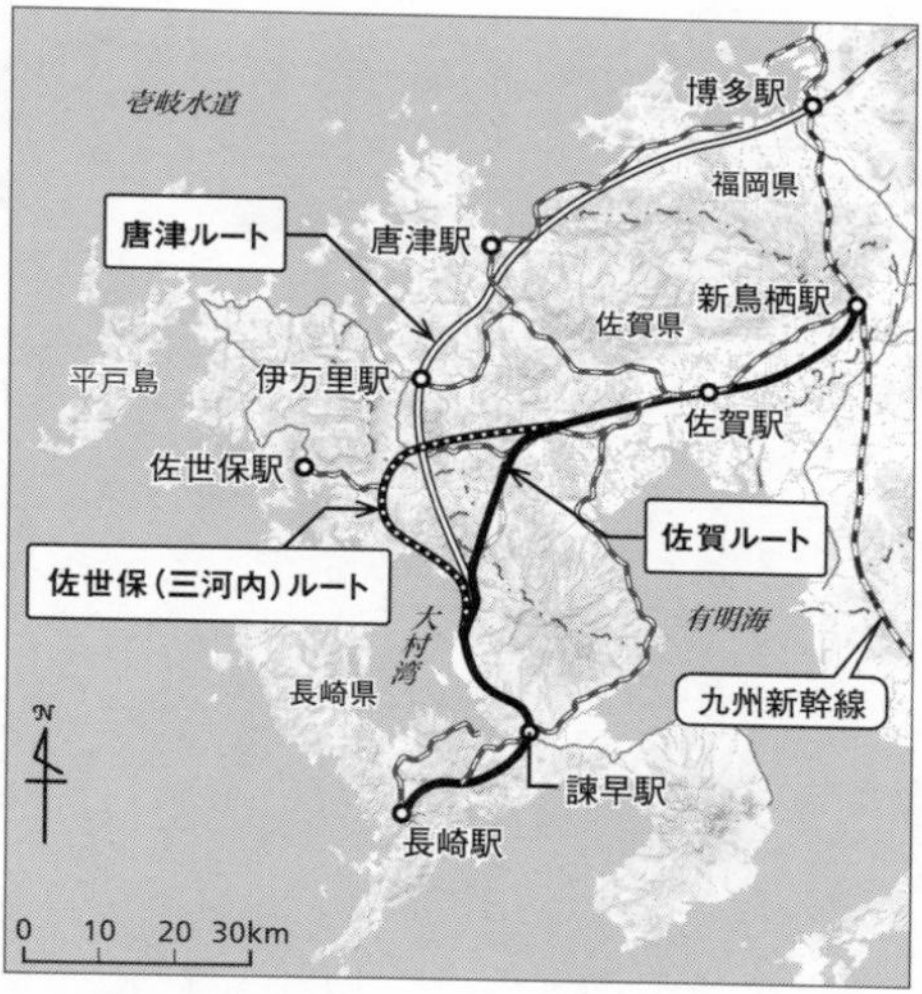

西九州新幹線計画案

整備新幹線計画が具体化した昭和48年（1973）10月には、九州新幹線の長崎ルートに関しても調査報告書が作成されていた。長崎行きの新幹線といえば、鳥栖《とす》付近で分岐と考えがちだが、この報告書では鳥栖から分岐する「佐賀ルート」とともに「唐津《からつ》ルート」が比較検討されていた。

「唐津ルート」は福岡市から唐津市付近を経由して長崎に至る経路案である。距離と所要時間は両案とも大差なかったものの、佐賀ルートは鹿児島ルートとの共用区間が長かった関係で、工費は200億少なく済むと見込まれた。さらに沿線の人口、産業活動等の規模及び将来の発展性で佐賀ルートがまさると判定。佐賀ルートに内定している。

それにしても、と夢想する。県庁所在地の佐賀市を素通りする経路はありえなかっただろうと思う反面、もし万が一にでも唐津ルートで長崎方面の新幹線建設が本決まりになっていたとすれば、現在のような並行在来線をめぐる混乱は起きなかったのではないか。そう思うのは、いささか楽観的すぎるだろうか。

第十章　北海道新幹線

よみがえった半世紀前の計画

北海道新幹線は、新青森と札幌を結ぶ最北の新幹線である。開業しているのは、新青森～新函館北斗間１４８・８キロ（実距離）。新函館北斗～札幌間２１１・９キロは工事中である。現状では本州区間（新青森～竜飛定点《たっぴていてん》〔旧竜飛海底《たっぴかいてい》駅〕58・０キロ）と北海道区間（吉岡《よしおか》定点《ていてん》〔旧吉岡海底《よしおかかいてい》駅〕～新函館北斗67・８キロ）が拮抗しており、北海道新幹線というより青函新幹線といったほうがふさわしい。北海道の大地を駆け抜ける姿が見られるのは、今のところ２０３０年度末の予定だが、工事費用が大幅にかさみ、残土処理や追加工事の発生もあって、予定どおりの開業が危ぶまれている。

北海道新幹線（青森市～札幌市）の基本計画が決定されたのは昭和47年（１９７２）6月。東北新幹線（盛岡市～青森市）、北陸新幹線（東京都～大阪市）、九州新幹線（福岡市～鹿児島市〔鹿児島ルート〕）と同時だった。昭和48年（１９７３）11月13日、九州新幹線の長崎ルート（福岡市～長崎市）を加えた５路線の整備計画が決定され、国鉄と日本鉄道建設公団に対して建設指示が出された。その2日後、北海道新幹線の基本計画上の終点が、札幌市から旭《あさひ》川《かわ》市に変更されている。

北海道新幹線に関しては、基本計画が具体的に決定する以前の昭和46年（1971）4月1日、先進導坑の掘削工事が進展していた青函トンネルを、将来新幹線が通せる構造に設計変更する運輸大臣通達がなされた。当時最新の山陽新幹線の基準（最急勾配15パーミル、連続勾配12パーミル、最小曲線半径4000メートル）に照らし合わせ、なおかつ新幹線と在来

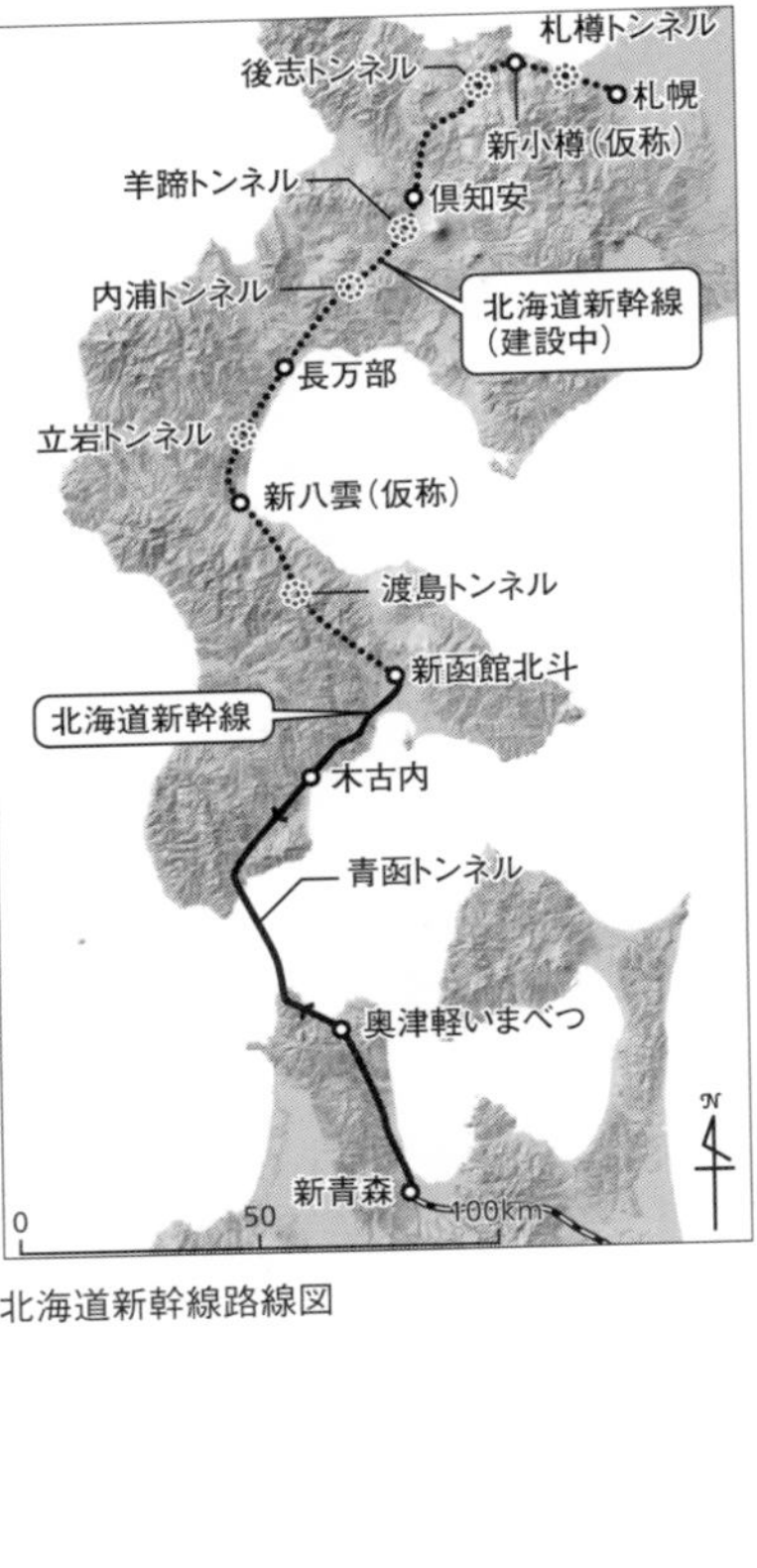

北海道新幹線路線図

線貨物列車が共用する特殊条件から検討が重ねられ、トンネル断面の拡大はもとより、勾配12パーミル、最小曲線半径６５００メートルへと、大幅な設計変更がなされることになったのである。９月27日に工事実施計画が認可され、トンネルの本工事が着手されている。このとき、北海道新幹線の建設が実質的に決まったといっていいだろう。

石油ショックと臨調方針による「凍結」を挟んで、北海道新幹線の建設が再び具体的に動き出すのは、30年以上経った平成16年（２００４）12月である。新青森〜新函館（仮称）の区間は、平成17年（２００５）５月に着工され、平成28年（２０１６）３月に開業した。函館本線の渡島大野《おしまおおの》駅に併設され、新函館と仮称されていた終点の駅名は、平成の大合併で誕生した所在地の北斗市の名を加えて、新函館北斗となった。

青函トンネルは昭和63年（１９８８）３月に在来線（海峡線）の鉄道トンネルとして開業しており、四半世紀以上狭軌在来線による客貨輸送が行われてきた。このトンネルも新幹線開業と同時に、旅客輸送が全面的に新幹線に切り替えられている。

北海道新幹線の開業区間では、トンネル区間が全体の65パーセントを占める。区間の３分の１強を占める青函トンネルの印象が大きいし、ずいぶんトンネル区間が長いと考えがちだが、新函館北斗〜札幌間の工事区間と比較すればむしろトンネルの割合は少ない。未開通の新函館北斗〜札幌間は、２１１・９キロ中１６８・９キロがトンネルという。

約8割がトンネル区間で、明り区間はわずか43キロにすぎない。多少なりとも車窓風景が見られるのは、新八雲《しんやくも》（仮称）・長万部《おしゃまんべ》・倶知安《くっちゃん》各駅とその前後の区間に限られそうだ（新《しん》小樽《おたる》〔仮称〕駅は両側をトンネルに挟まれた構造のため、車窓は望めそうにない）。函館本線の雄大な車窓を堪能してきた者にとっては残念というほかない。

長短合わせて17本を数える工事区間のトンネルのうち、全長の長い順に代表的なトンネルを挙げると、陸上トンネルとして日本最長となる渡島《おしま》トンネル（新函館北斗～新八雲（仮称）、3万2675メートル）を筆頭に、札樽《さっそん》トンネル（新小樽（仮称）～札幌、2万6230メートル）、後志《しりべし》トンネル（倶知安～新小樽（仮称）、1万7990メートル）、立岩《たていわ》トンネル（新八雲（仮称）～長万部、1万7035メートル）、内浦《うちうら》トンネル（長万部～倶知安、1万5565メートル）がつづく。渡島トンネルは複数のトンネルの計画を一つにまとめたため、札樽トンネルは高架橋区間をトンネルに変更したため、それぞれ長大トンネルになった。このほか羊蹄《ようてい》トンネル（長万部～倶知安、9750メートル）は、トンネル掘削時の高水圧の影響や、周辺地域の水利用への影響を考慮し、線路勾配を地表面に近い浅い位置に変更している。

途中区間には、北陸新幹線高崎～軽井沢間の連続勾配と同等の30パーミルの勾配区間が複数箇所ある。新函館北斗駅直前には半径2500メートルの印象的な曲線があり、札幌駅に入る直前に半径600メートルをはじめとするこまごました曲線があるが、それ以外は曲線半径6500メートル以上が確保されている。

北海道新幹線の最高速度は時速260キロだが、青函トンネル付近の線路共用区間（約82キロ）は、貨物列車とのすれ違いのため、時速160キロに制限されており、時間短縮の壁になっている。今後はすれ違い列車対策などにより速度の向上が図られる予定だ。

新青森～新函館北斗間の駅は、新青森を含めて四つ。札幌までの全線開業時には駅の数は九つになる。

「青函トンネル」構想の原点とは

かつて津軽海峡の両岸を結んでいたのが、青森～函館間を運航する青函連絡船である。連絡船に乗船するときは、住所・氏名・年齢・性別を書き込む「青函連絡船旅客名簿」に記入して職員に渡さなければならなかった。運賃のかからない6歳未満の幼児・乳児についても記入が必須だった。昭和29年（1954）の洞爺丸《とうやまる》の悲劇が脳裏をよぎったから、青森駅もしくは函館駅の長い連絡船通路の中途に設けられた記入所で、みな黙々と記入したものである。

青函連絡船は、本州と北海道を結ぶ交通の大動脈だった。1980年ごろになっても、津軽海峡の海底直下を列車が通る時代が到来するというのは、実感に乏しかった。

昭和46年（1971）9月の本工事着手から17年、昭和39年（1964）5月の斜坑掘削開始から数えて24年、昭和21年（1946）4月の地質調査開始から数えれば、昭和戦後期と重なる42年という途方もない歳月をかけ、7000億円ともいわれる天文学的な巨費を投じて、昭和63年（1988）3月に青函トンネルが完成している。

津軽海峡に海底トンネルを通そうとする構想は、少なくとも昭和14年（1939）6月まで遡る。青函トンネルの最初の具体的な動きといえる公文書は、同年6月1日付で鉄道省盛岡建設事務所が大畑《おおはた》～大間《おおま》間の鉄道建設地質調査に付随して津軽海峡東口の調査を大臣官房技術研究所に依頼した文書である。津軽海峡東口とは、津軽半島沖ではなく下北半島沖だった。

現実感は乏しいが、もし戦前の体制が温存され、対米戦争がなかったと仮定するなら、青函トンネルの経路は下北半島経由に決まった可能性が大きかっただろう（実現できたかどうかは別問題）。帝国陸海軍の要衝（要塞の所管は陸軍、軍港の所管は海軍）を経由していたからである。

終戦まで津軽海峡に面した地域は、要塞地帯法の規定で要塞地帯に指定されていた。砲台のあった函館山《はこだてやま》も例外ではなかった。要塞地帯の区域内では、建築物の新築や土木工事一つとってても要塞司令部の許可を必要とするなど、面倒この上なかった。

津軽海峡付近の海防の歴史は、明治時代に函館港防備のための函館要塞が設置され、明治31年（1898）に砲台の建設が着工されたことに始まる。明治37年（1904）に開戦した日露戦争では、緒戦期にウラジオストクを母港とするロシア軍艦（いわゆる浦塩《ウラジオ》艦隊）が津軽海峡や日本近海を巡航して青森沖や東京湾入口付近などで商船を砲撃して撃沈あるいは拿捕する事件を次々と起こした。だが、要塞があったためだろう、東京湾内と函館付近には近寄らなかった。ただし函館では恐慌状態を呈した住民が、大八車《だいはちぐるま》に家財を積み込み、大挙して函館を脱出する騒ぎとなったため、日露戦争中は戒厳令が布告された。

第一次世界大戦が終わった大正8年（1919）、新たに津軽要塞を設置し、やがて函館要塞を包含している。軍縮条約で廃艦になった軍艦の主砲を転用するなどして津軽海峡の封鎖を可能にした砲台群が、本州と北海道それぞれに建設されていった。

日露戦争直後の明治38年（1905）12月、横須賀《よこすか》軍港を補完する目的で大湊要港部《おおみなとようこうぶ》が設置され、北方海域に睨みを利かせる存在となった。対米戦を控えた昭和16年（1941）11月には大湊警備府《けいびふ》に昇格している。軍港設備を使用して戦後発足したのが、海上自衛隊大湊地方隊であり、大湊には司令部にあたる大湊地方総監部が置かれている。大湊地方隊の管轄区域が大湊警備区で、津軽海峡と宗谷《そうや》海峡を含む青森県以北の北方海域を担任している。

津軽要塞が設置された翌年の大正10年（1921）、東北本線の野辺地駅と軍港都市の大湊駅を結ぶ大湊線が開通していた。大湊〜大間間の鉄道が実現に向けて動き出すのは、昭和11年（1936）である。まず大畑までの区間が着工され、昭和14年（1939）12月に大畑線として開業。残る大間までの区間も昭和16年（1941）開業を目指して建設が進められたが、戦局悪化で昭和18年（1943）12月に工事は中止された。対岸の亀田《かめだ》半島沿いにも軍用目的を主眼に戸井《とい》線が計画されており、昭和16年（1941）の開通を目指して昭和12年（1937）に着工していたが、昭和18年（1943）に中断している。

鉄道省盛岡建設事務所が大臣官房技術研究所に津軽海峡東口調査を依頼する文書を発給したのは、昭和14年（1939）6月1日付である。津軽海峡東側最狭部の両岸に鉄道建設の気運が盛り上がった時期と一致している。この時点で津軽海峡の海底トンネル構想が具体化しつつあったといえるだろう。

なぜ津軽半島を通っているのか

終戦からまもない昭和21年（1946）4月、津軽海峡連絡隧道調査委員会が設立され、津軽海峡で地質調査が実施されている。唐突というか、いかにも早すぎるのは否めないが、想像をたくましくするなら、戦前の調査が進行していたことに加え、戦時中に本州と九州

を結ぶ関門トンネルが完成していたことや米軍の空襲ですべての青函連絡船が沈没もしく

は航行不能の状況となった鮮明な記憶などが影響したのかもしれない。

調査委員会設立を決めた昭和21年（1946）2月の津軽海峡連絡隧道調査法打合せ会議では、地質、水深などを綿密に調べた内容が提出され、調査は西ルート主体で行い、東ルートは踏査程度の調査にとどめるといった方針が決まる。席上、全長38・2メートル、海底部延長21・5メートル、最急勾配16パーミルという具体的数値入りの計画案が発表されているから、おそらく現場では、すでに研究が進んでいたのだろう。調査委員会メンバーのある技官はこのころ、津軽半島経由の西ルートが全長24キロ（勾配20パーミルの場合）もしくは38キロ（勾配12・5パーミル）、下北半島経由の東ルートの場合、41キロ（勾配20パーミル）もしくは61キロ（勾配12・5パーミル）という試算結果を専門誌に発表している。

一連の調査では重要な結果がもたらされた。津軽半島側の海底に水深140メートル程度の鞍部が存在したのに対し、下北半島側の水深は約270メートル。しかも下北半島側には断層帯や破砕帯が多数確認され、那須火山帯《なすかざんたい》（当時の考え方。現在では東日本火山帯として一括され、地理上の火山列という認識）に位置しており、地質も良くないとされた。工事可能なのは西ルートという認識が、さらに強固になった。

ところが昭和24年（1949）に入ると状況は一変する。鉄道事業が運輸省から切り離され

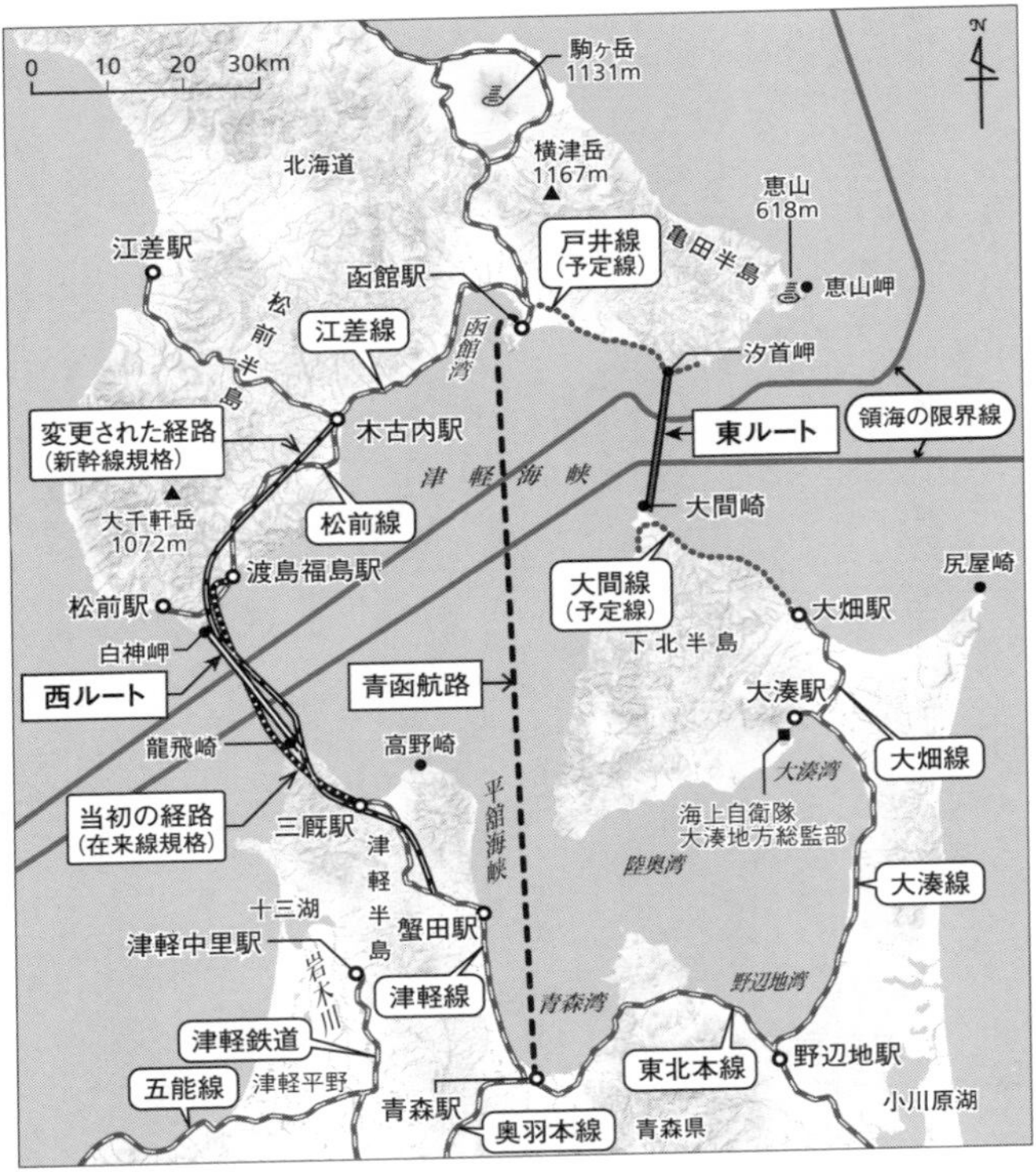

青函トンネル周辺の地形と経路案

て独立採算制の日本国有鉄道が設立されると、青函トンネルに関する調査は中止を命じられ、調査委員会も消滅してしまうのだ。ドッジラインと呼ばれた超緊縮路線の導入が影響したと思われるが、再び計画が動き出すのは、講和条約発効を待たねばならなかった。

講和条約発効直後の昭和27年（1952）7月、津軽本四連絡鉄道委員会が国鉄本社に設置された。昭和28年（1953）8月、「鉄道敷設法等の一部を改正する法律」が公布され、「青森県三厩《みんまや》附近ヨリ渡島国福島《おしまのくにふくしま》附近ニ至ル鉄道」が、初めて明文化された。

昭和29年（1954）9月の洞爺丸の海難事故の記憶もさめやらぬ昭和30年（1955）2月、国鉄本社に各界の専門家を結集した津軽海峡連絡隧道技術調査委員会が設置され、翌昭和31年（1956）5月、工期10年で掘削可能、工費は約600億円とする結論を得て、国鉄総裁の十河信二に中間報告書を提出している。

新幹線計画には人一倍熱心な十河だったが、青函トンネルの計画には冷淡だった。昭和36年（1961）5月の鉄道建設審議会において、「三厩―福島」の鉄道は、「予定線」から「調査線」への昇格が決まるが、「わが国において、いまだ例のない大規模なものであり、巨額の資金と高度の技術を要するので、引続いて詳細な調査を行なう」という及び腰ともいえる一文が加えられていた。このとき青函トンネルと同格の扱いだったのが本四連絡の「須磨《すま》―鳴門《なると》」の鉄道である。こちらは淡路島《あわじしま》を介した道路橋（明石《あかし》海峡大橋と大鳴門橋《おおなるときょう》）による架橋は実現したものの、鉄道線はまぼろしに終わった。

国鉄総裁が三井物産出身の石田禮助に交代した昭和38年（1963）8月、国鉄常務会は青函トンネル試掘調査を決定。青函トンネルの建設が動き出した。昭和39年（1964）5月に北海道の吉岡斜坑の掘削が開始され、昭和41年（1966）3月には竜飛斜坑（本州側）掘削も始まる。昭和42年（1967）3月、北海道側の先進導坑の掘削が始まり、昭和43年（1968）12月、北海道側の作業坑掘削開始。ほぼ3年遅れで昭和45年（1970）1月に本州側も先進導坑掘削に着手。同年7月には、まるで遅れを取り戻すかのように、本州側の作業坑掘削が始まる。

昭和36年（1961）5月に津軽海峡線が調査線になって以来さまざまな角度から調査が重ねられたが、9年後の昭和45年（1970）5月に『津軽海峡線調査報告書』としてまとめられている。この結果を受け、9月には津軽海峡線の工事線昇格が決まる。おりしも同年5月、自民党幹事長だった田中角栄らの主導による議員立法で、全国新幹線鉄道整備法が成立していた。東海道・山陽新幹線の時の輸送量逼迫による新幹線建設という論理から飛躍し、国土開発の必要性に基づいて新幹線による全国鉄道網を構築しようとする趣旨だった。昭和46年（1971）1月の青函トンネルの新幹線規格への変更も、この流れの延長線上にあったのである。

青函トンネルの全長は53・85キロだが、最初からそう決まっていたわけではない。昭和29年（1954）11月の報告書ではトンネルの全長は38・5キロだった。それが昭和31年（1956）には36・5キロ、昭和40年（1965）には36・4キロと変更されている。このときは最小曲線半径2500メートル、勾配はトンネル両端部が20パーミルの下り勾配だった。新幹線規格への変更を受けて認可された工事実施計画では、全長53・85キロ、最小曲線半径6500メートル、最急勾配は12パーミルとなった。途中、出水の大きかった龍飛崎《たっぴざき》付近の火成岩を避けて、経路を岬の東側に変更している。勾配を緩和して全長が大幅に延びたことで、本州側のトンネル入口は三厩村《みんまやむら》（現在の外ヶ浜町《そとがはままち》）から今別町《いまべつまち》に、北海道側のトンネル入口は福島町《ふくしまちょう》から知内町《しりうちちょう》へと変更されている。

昭和58年（1983）1月の先進導坑貫通、昭和60年（1985）3月の本坑貫通を経て、昭和62年（1987）11月に青函トンネルは完成する。そして昭和63年（1988）3月13日、待望の開業の日を迎えたのである。

ところで、日本の領海法（領海及び接続水域に関する法律）の附則には、「当分の間、宗谷海峡、津軽海峡、対馬海峡東水道、対馬海峡西水道及び大隅海峡（これらの海域にそれぞれ隣接し、かつ、船舶が通常航行する経路からみてこれらの海域とそれぞれ一体をなすと認められる海域を含む。以下『特定海域』という。）については、第一条の規定は適用せず、特定海域に係る領海は、それぞれ、基線からその外側三海里の線及びこれと接続して引かれる線までの海域とする。」という一項がある。

津軽海峡にも公海（どの国にも属さず、自由に航行できる海域）が帯状に設定されたのである。国際海峡であれば領海であっても通航は可能だが、その場合は無害通航が義務づけられており、潜水艦も浮上して、国旗など所属を示す旗の掲揚をしなければならない。自由な作戦行動を求めた米側の要請もしくは日本政府の忖度により、公海部分が残されたと考えられている。そのため、青函トンネルの一部区間は、公海の海底を通過していることになる。

「山線」ルートか、「海線」ルートか

1980年代前半、青函連絡船があったころの話。まだ夜が明ける前の午前4時25分に函館港に到着する1便が接岸するやいなや、長い栈橋では徒競走《ときょうそう》のような光景が繰り広げられていた。栈橋の先の函館駅ホームの両側に、2本の特急が待ちかまえていたからである。「山線《やません》」こと函館本線経由の特急「北海《ほっかい》」と、「海線《うみせん》」こと室蘭本線経由の特急「おおぞら1号」。自由席車がそれぞれ2両設定されていたから、当時発売されていた北海道ワイド周遊券では両方の列車が選択可能で、どちらに乗るか考えるのが楽しみだった。

「海線」ルートと「山線」ルート。過去には噴火湾横断ルートもあった

山線と海線は対照的だった。函館〜札幌間の距離は山線を走行する「北海」が約30キロ短かったが、所要時間は海線経由の「おおぞら」が20分まさっていた。海線の勾配が10パーミル止まりなのに対して、山線では黒松内《くろまつない》低地帯を越える区間や倶知安〜然別《しかりべつ》間、蘭島《らんしま》〜小樽間で20パーミルの勾配がつづくためである。しかも、山線は、途中半径３００メートルの急曲線で線路が右へ左へと細かく曲がりくねっていた。

所要時間では劣るが、車窓の景色はニセコ連峰や羊蹄山《ようていざん》が望見できる山線のほうが変化に富んでいた。私はといえば、沿線人口の多い室蘭本線経由の「おおぞら」は、駅に着くたび乗客が増えて込み合うので避け、静かで車窓に集中できる山線経由の「北海」に好んで乗車することが多かった。

沿線人口の格段に少ない「山線」ルートを北海道新幹線が選んだことは、北海道新幹線の主目的が、本州（とくに東京）との所要時間短縮だったことを暗に示している。ほかの整備新幹線の経路選定に際して、駅勢人口（その駅を利用すると期待される人口規模）の多寡が大きな要素を占めたこととの余りにも大きな乖離を感じてしまうのだ。暴論を承知で言ってしまえば、北海道内相互の連絡交通は二の次、三の次だったのだろう。

邪《よこしま》な考えを抱いてしまうのは、昭和48年（１９７３）にまとめられた『新幹線調査報告書』の長万部〜札幌間のルート選定を示す記述が、最初から「山線回り」という結論ありきだったように読めてしまうからだ。少々長いが、両ルートの優劣を論じた箇所を引用してみよう。なお、文中の「Aルート」は長万部からほぼ室蘭本線と千歳《ちとせ》線沿いに札幌に至る「室蘭・苫小牧《とまこまい》ルート」（海線）、「Bルート」は長万部からほぼ函館本線沿いに倶知安町や小樽市付近を経由して札幌に至る「小樽ルート」（山線）を示す。

「ルートの概要」の項目では、Aルートに関して「沿線の人口は、約50万人（昭和45年）であり、都市としては、道央新産業都市区域に指定されている室蘭（16万人）、苫小牧（10万人）、千歳（6万人）、登別《のぼりべつ》（5万人）及び伊達《だて》（3万人）の5市がある。この沿線は、第3期北海道総合開発計画の進捗に伴い、苫小牧・室蘭地区を中心としてかなりの発展が期待される」（記述は同報告書による。以下も）とあるのに対し、Bルートに関しては、「沿線の人口は、約33万人であり、都市としては小樽市（19万人）」とあるだけ。Aルートが圧倒している。

ところが結論にあたる「ルートの選定」をみると、驚くべき記述の連続となる。少し長くなるが引用する。

ア　距離及び所要時分は、Bルートの方が約65㎞、20分短い。

イ　工事費は、Bルートの方が約８００億円少ない。

ウ　地質上問題となる箇所としては、Aルートの場合には、有珠山《うすざん》山麓附近の火山性堆積物区間があり、Bルートの場合には、羊蹄山附近の火山性堆積物区間並びに小樽峠附近及びこの南部の熱水変質帯がある。

地質不良区間は、Bルートの方が長いが、両ルートとも設計、施工段階の配慮で十分対処できる。
エ　雪害については、Bルートの方が降雪日数が多く、降雪強度、積雪深が大きい。一方、雪害対策を要する区間の延長は、Aルート約150km、Bルート約60kmで、Bルートの方がかなり短い。
したがって、雪害対策の難易は、両ルート同程度と考えられる。
オ　長万部以南との旅客流動をみると、札幌以遠が約10千人／日、Aルート内が約3千人／日、Bルート内が約1千人／日であり、通過流動の割合がきわめて大きい。通過流動、特にその大宗を占める本州対北海道の旅客（7千人／日）に対しては、その時間距離を極力短縮することが最も重要と考えられるので、北海道の中心である札幌と短絡できるBルートがまさっている。
カ　沿線の人口、産業活動等の規模及び将来の発展性は、Aルートの方がまさっている。
キ　沿線都市と新幹線のアクセスをみると、Aルートの場合は小樽が、Bルートの場合は室蘭及び苫小牧が問題であるが、小樽は約40分、室蘭及び苫小牧は、在来線の強化により1時間程度で、それぞれ新幹線を利用することができる。
新幹線、在来線それぞれの特性を生かし、効率的な輸送を行なうためには、並行する在来線に高速列車の多いAルートの方がまさっている。
将来における北海道新幹線の札幌以遠への延伸を考えると、Bルートの方がスイッチバックとなるAルートよりも、旅客サービス、所要設備等の面でまさっている。

以上の諸項目を総合的に検討した結果、北海道新幹線長万部町附近、札幌市間のルートについては、本州との短絡効果が大きく、かつ、工事費が少ないBルートを選定した。

おそらく国鉄当局は、距離・所要時分が短く・工事費が安価なBルートを推したかったのだろう。ただ、牽強付会としか思えない強引さが目立つのも事実である。あえて深読みするなら、北海道新幹線の整備路線昇格のわずか2日後に北海道新幹線の終点が旭川市に変更されたのも、Aルートの、「スイッチバックとなる」欠点を浮き彫りにするためではないかと勘繰りたくなるのだ。

「オ」の本州対北海道の時間距離を極力短縮することが最も重要というのは、はからずも整備新幹線の本質と限界を示しているようで興味深い。東京との連絡ばかりに血道を上げているように見えてしまうのである。Bルート上には、終点近くの小樽を除き、途中に都市が存在しない。反対にAルート上には室蘭・苫小牧・千歳などの都市が点々と並び、「沿線の人口、産業活動等の規模及び将来の発展性は、Aルートの方がまさっている」とはっきり記述されているのだ。北海道新幹線における東京中心主義にはどうにも釈然としないものがある。高度経済成長期最末期にまとめられた『新幹線調査報告書』の「論理」からずいぶん時間が経過し、社会情勢も激変したはずだが、北海道新幹線の建設再開に際して、ついに発想の転換はなかった。

Aルート・Bルートと同時に比較されたのが、中山《なかやま》峠直下に長大トンネルを掘削して直行する路線である。ただしこれは最短経路にも目配せしていますといった「手続上」という色合いが濃く、現実的な案としては最初から検討されていなかったようだ。『新幹線調査報告書』には、「なお、このほかに、最短ルートとして、中山峠ルートも検討したが、地形地質条件がきわめて悪く、施工が非常に困難であるので、比較ルートから除外した」という一文で片づけられている。

Bルートに決まった背景には、当時の選挙区事情が関係した可能性もある。衆議院では、札幌・小樽・千歳《ちとせ》を含む石狩《いしかり》・後志《しりべし》支庁管内が当時の北海道一区だった。定数は5だが北海道は社会党が強く、自民党の議席はせいぜい二つ。当時の自民党代議士は、札幌を地盤とする人物と小樽を地盤とする人物だった。小樽を地盤とする人物は、総裁派閥である田中派に属し、北海道新幹線誘致に熱心だったという。

「山線」ルートへの根本的疑問

それからすでに半世紀が経った。はたして21世紀の現在、東京〜札幌間の旅客を航空から取り返すことが可能なのか。東京都から道央《どうおう》（札幌含む地域）までの旅客人数は、航空が99パーセントを占め、JR利用者は1パーセントにも満たない（令和2年度〔2020年度〕国土交通省調査による）。昭和52年度（1977年度）の『日本国有鉄道監査報告書』によれば、東京〜札幌間の航空のシェアは93パーセント、国鉄のシェアは7パーセントだった。当時、青函連絡船と特急を乗り継いで最短17時間程度だったのに対し、羽田〜千歳の空路の所要時間は1時間半しかかからない。

北海道運輸局の調査によると、航空と鉄道の輸送人員のシェアが逆転したのは、国鉄が大幅値上げを決めた昭和50年（1975）である。昭和51年（1976）11月には約50パーセントの値上げが実施されるなど、大幅な値上げを重ねた国鉄に対し、航空各社は昭和49年（1974）から昭和55年（1980）までの間値上げはせず、学生対象のスカイメイトなどの割引制度を拡充して両者の価格差は縮まった。着実にシェアを拡大していったのである。

シェア1パーセント未満の現状では、東京〜札幌間に鉄道の出る幕すらない。北海道新幹線全線開業時、東京〜札幌の所要時間は5時間程度といわれ、将来的には4時間30分まで短縮されると噂されるが、はたして航空機にどこまで迫ることが可能なのか。

因みに東京〜博多間は新幹線で5時間弱だが、東京都から福岡県への鉄道と航空のシェアは、航空利用が92パーセントを占め、鉄道利用は8パーセントにすぎない（前述の国土交通省統計）。おそらく北海道新幹線が札幌まで延長されたとしても、シェアの伸長はこの程度が限界だろう。

新幹線開通後は、函館本線の長万部〜小樽間が廃止（バス転換）されるという。後志地域は、倶知安駅一つと引き換えに地域の鉄道を失ってしまうのである。この期におよんで自分の首を絞めているようにしか見えない結論を導いた行政に対し、怒りを通り越して無力感しか湧いてこない。いったい誰のための新幹線なのだろう。

北海道内の鉄道連絡を考慮するなら、やはり海線つまり室蘭本線回りを選定すべきだった。それであれば、長万部〜小樽間の函館本線を残す方策が見つかったかもしれないし、都市が連続している室蘭本線や千歳線についても、少なくとも廃止されることはないだろうと思うのである。

それにしても、はたして北海道新幹線が黒字化する日はやって来るのだろうか。

第十一章　ミニ新幹線とリニア新幹線

ミニ新幹線の先駆けとしての山形新幹線

　山形新幹線は、いわゆる「ミニ新幹線」の先駆けである。

福島～新庄間148・6キロ（実距離）の奥羽本線の線路を新幹線と同じ標準軌に拡幅（1067ミリ→1435ミリ）することで東北新幹線への乗り入れを可能にし、東京～新庄間421・4キロ（実距離）を最短3時間11分で結ぶ。東京～山形間（実距離342・2キロ）にかぎれば、最短所要時間は2時間26分。距離が150キロ以上長い東京～盛岡間より少しよけいにかかるのは、奥羽本線区間の最高速度が130キロに抑えられているからだ。しかも福島・山形県境付近は、33・3パーミルの連続勾配と半径300～400メートルという急曲線が約20キロにわたってつづく板谷《いたや》峠越えという日本屈指の鉄道の難所があり、この区間の一部では時速55キロ以下に制限されている。

　高速化を阻む理由はそれだけではない。新幹線といえば完全立体交差という先入観があるが、奥羽本線区間は、踏切が今も約40ヶ所存在している。速度を上げられないのは踏切の存在も大きい。

山形新幹線の計画の萌芽は1980年代半ばといったところだが、実際に着工されたのは、昭和63年（1988）8月で、福島～山形駅が開業したのは平成4年（1992）7月。この年は山形県内で国民体育大会（愛称「べにばな国体」）が開催されており、それに間に合うよう建設が進められたのである。平成11年（1999）12月には山形～新庄間の延伸が実現し、山形県内陸部に広がる米沢・山形・新庄盆地を南北に縦貫することとなった。

山形新幹線は、厳密にいえば新幹線ではない。新幹線の基本法である「全国新幹線鉄道整備法」による新幹線の定義が「その主たる区間を列車が二百キロメートル毎時以上の高速度で走行できる幹線鉄道をいう」とされているからである。山形新幹線の奥羽本線区間の最高速度は時速130キロにすぎず、その意味では新幹線ではない。

そして既存のトンネルや橋梁施設を使用するため、フル規格の新幹線（たとえば東北新幹線）と比較して車両がひと回り小さい。そのため、東北新幹線の駅に停車中の山形新幹線用の車両からは、ホームに向けて可動式ステップが飛び出し、ホームとの隙間をうめている。

当初、国鉄は仙山《せんざん》線ルートを想定していた。奥羽本線経由（福島～山形、90・0キロ）のほうが仙山線経由（仙台～山形、62・8キロ）より約27キロも長く、しかも奥羽本線には板谷峠越えという難所もある。山形新幹線構想に寄与した山形一区選出の有力代議士である鹿野《かの》道彦《みちひこ》や地元自治体がこぞって奥羽本線ルートを推したのは、山形県全域に新幹線の恩恵をもたらすためだった。仙山線経由だと山形駅周辺以外の恩恵は小さいのである。

東京〜山形間の最短所要時間は2時間26分。最速列車で比較すれば、実距離で150キロ以上長い東京〜盛岡間より数分よけいにかかる。しかし山形新幹線の停車駅数は山形県内に10駅あり、これを「新幹線駅」とみなす場合、全都道府県中いちばん多い（フル規格の新幹線でいちばん駅数が多いのは岩手県内で7駅）。日本海側の庄内《しょうない》（鶴岡《つるおか》・酒田《さかた》地域）を除き、山形県は高速鉄道で東京と直結している。首都圏との往来に限ればだが、

山形新幹線路線図

山形県は最もアクセスに恵まれている県の一つといえる。

ミニ新幹線のよいところは、整備新幹線の新規開業区間の沿線自治体を悩ませてきた並行在来線問題が発生しないことだ。しかも建設費はフル規格の新幹線の10分の1から20分の1程度だという。ミニ新幹線を最初期に構想した山之内《やまのうち》秀一郎《しゅういちろう》（技術者出身。国鉄運転局長、常務理事、JR東日本会長、JAXA《ジャクサ》理事長などを歴任）は、「東京都心に地下鉄を一キロメートル建設するだけの工事費で、福島〜山形間のミニ新幹線ができたのだから、公共事業としても効果の大きい事業だったと言ってもよいのではなかろうか」と述懐している。

大宮〜盛岡間の東北新幹線建設当時、地上の奥羽本線と新幹線の高架を結ぶアプローチ線の計画はなかった。在来線を改軌して新幹線に乗り入れる構想が具体化していなかったからである。ただし福島駅の新幹線ホームは、奥羽新幹線（基本計画線。今にいたるまで未着工）の分岐駅として設計されており、東北新幹線開業時は島式ホームと対面式ホームの2面5線（中央2線は通過線）だったが、対面式ホームを島式ホームに改造することで2面6線にすることが可能だった。山形新幹線乗り入れに際して増設したのが、奥羽新幹線乗り入れ用に確保していた用地で、下りのいちばん端のホームを新設し、山形新幹線の停車ホームとしている。これが山形新幹線の上下線が発着する14番線である。

在来線の奥羽本線から山形新幹線につながるアプローチ線は下り側1線しか建設されなかったため、山形新幹線の上り「つばさ」と併結する東北新幹線の上り「やまびこ」は、東北新幹線の上下本線を「渡り線」で横断して平面交差を二度しなければならない。列車横断中は前後5キロ以内にほかの列車は入線できず、ダイヤ編成上も大変な障害となっている。この不便を解消するべく、令和8年度（2026年度）末完成を目指し、上り列車用のアプローチ線の建設工事が始まっている。

なお、奥羽本線経由で行われていた貨物輸送は、奥羽本線改軌とともに仙山線経由に切り替えられた。そのため、山形駅と貨物輸送のあった隣駅の蔵王までの区間も上り線が3線軌（3本のレールで狭軌と標準軌に対応）になっていたが、仙山線経由の貨物扱いが廃止された現在、狭軌レールは撤去されている。

「4時間の壁」を突破した秋田新幹線

秋田新幹線は、山形新幹線につづくミニ新幹線である。秋田から奥羽本線と田沢湖《たざわこ》線計127・3キロを経由して盛岡から東北新幹線に乗り入れ、乗り換えなしで東京駅まで直通する。東京〜秋田間の最短所要時間は3時間37分である。秋田新幹線開業を契機に東北新幹線は最高速度を240キロから275キロに上げ、これにより秋田までの所要時間は

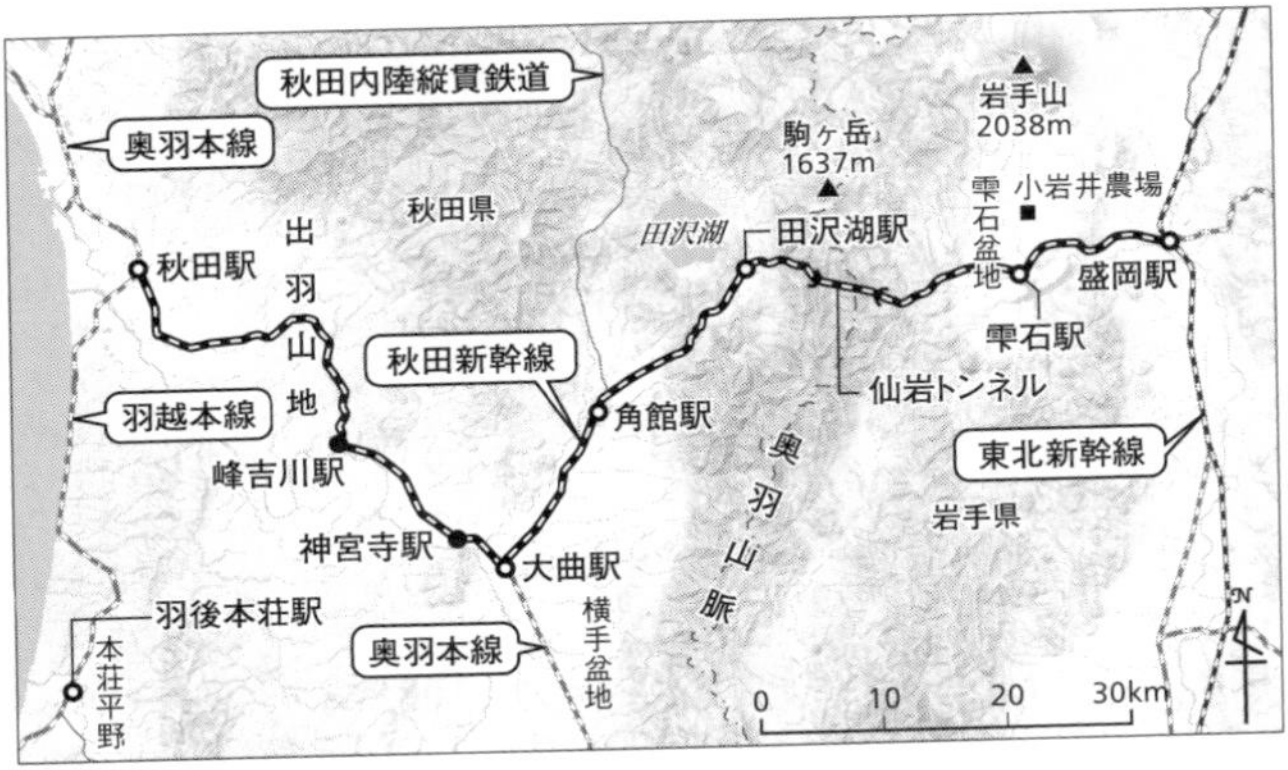

秋田新幹線路線図

4時間を切ることになった。いわゆる「4時間の壁」を意識したのだろう。

山形新幹線と同様、秋田新幹線も田沢湖線と奥羽本線を改軌したわけだが、単線の田沢湖線は全線標準軌に改軌し、奥羽本線の区間は全線複線化し、従来の上り線のみを標準軌に改軌している。ただし神宮寺《じんぐうじ》～峰吉川《みねよしかわ》間約13キロの下り線は新幹線列車同士の行き違いを考慮して3線軌になっている。また、線形の都合で田沢湖線終端の大曲《おおまがり》駅で折り返しとなるため、大曲～秋田間は列車の向きが逆になる。

秋田新幹線については、平成4年（1992）3月に着工され、平成9年（1997）3月の開業。特急の愛称が決まったのは開業の半年以上前で、しかも小野《おのの》小町《こまち》の故郷に因んだ「こまち」（ブランド米の「あきたこまち」に因んだと思った人も多かった）という「人名」である珍しさも手伝い、開業に向けて大きな盛り上がりとなった。

盛岡駅へのアプローチ線は下り線に接続されているが、福島駅とは異なり、秋田新幹線の列車が上り線ホームにも進入できる構造になっている。また盛岡駅には全列車が停車するため、東北新幹線下りダイヤへの影響はほぼない。

秋田新幹線開業からすでに四半世紀が経ったが、山形新幹線・秋田新幹線以降、ミニ新幹線の話はとんと聞かれなくなった。フル規格での整備新幹線計画復活が相次いだこともあるだろう。たしかにフル規格の新幹線を望む声は相変わらず多い。「四国新幹線」や「山陰新幹線」など、具体的な路線名が取り沙汰され始めているのも事実だ。だが、冷静にその効果や長所、短所を考えるとき、ミニ新幹線という選択は決して悪くなかった。むしろわずかばかりの新幹線駅と引き換えに巨額の建設負担金や並行在来線問題（地元自治体の維持費負担や廃止問題）などで苦しんでいる地域のことを考えると、ずっと賢明な選択だったのではないかと考えるのである。

リニア中央新幹線の行方

日本人が最初にリニアという言葉を意識したのは、昭和45年（1970）の大阪万博の日本館に展示された「リニアモーターカー」の走行模型だった。のちに登場した新幹線500系を思わせる流麗なフォルムが、多くの子供たちに「21世紀の未来」を実感させ、魅了したのである。

万博から7年後の昭和52年（1977）、国鉄と運輸省（国土交通省の前身の一つ）は宮崎県に7キロの実験線を完成させている。平成8年（1996）にはJR東海などにより、山梨に18・4キロという本格的な実験線が完成（その後、42・8キロに延長）。この路線はリニア中央新幹線の一部区間へと発展する。平成27年（2015）4月に実施した高速域走行試験において、鉄道の世界最高速度である時速603キロを記録している。

平成23年（2011）5月の「国土交通大臣決定」によれば、正確には「中央新幹線」といい、東京都と大阪市を結ぶ新幹線の整備計画路線の一つである。ただし従来と異なり、走行方式は「超電導磁気浮上方式」。最高設計速度は時速505キロと設定され、「主要な経過地」は「甲府市附近、赤石山脈（南アルプス）中南部、名古屋市附近、奈良市附近」である。品川〜名古屋間の工事が進行中で、名古屋以西の着工時期などは未定だ。JR東海が自己資金で建設を進めていることも、地元負担が当然のように行われている昨今の新幹線建設とは正反対だ。政治家や地方公共団体など外部勢力が介入してくることを予防したのだろう。

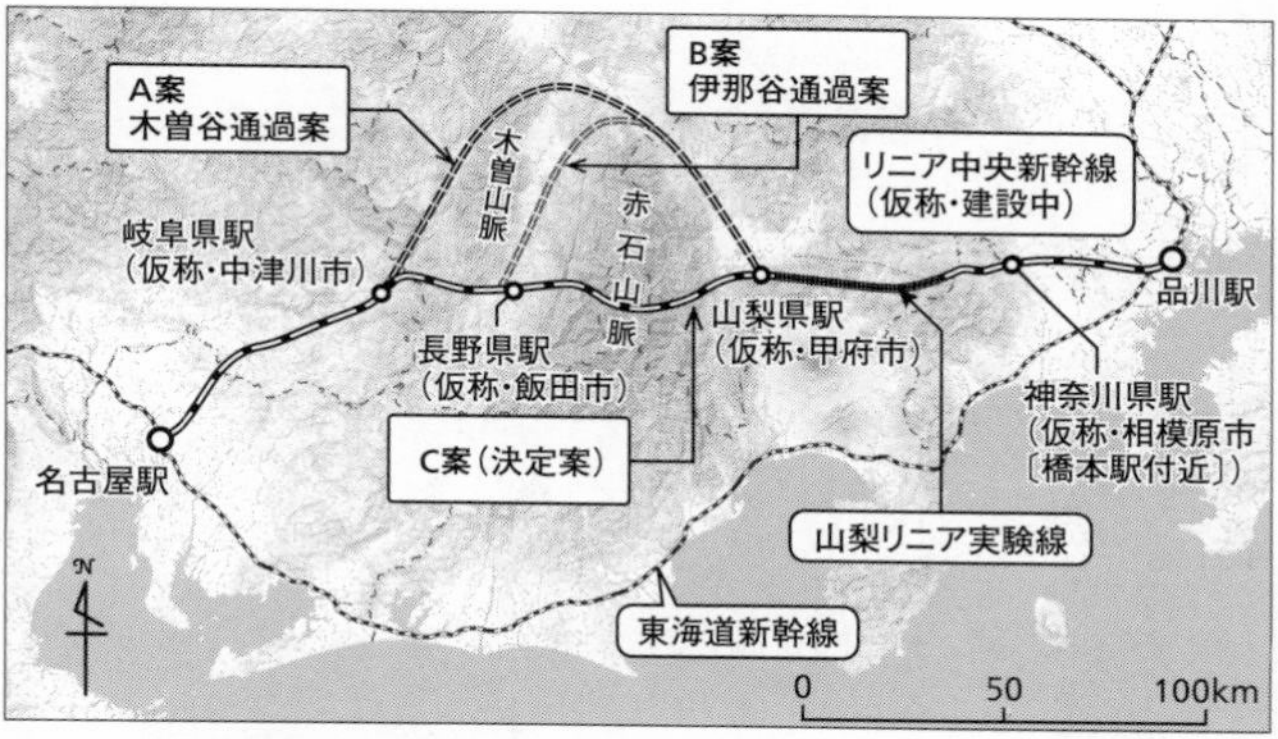

リニア中央新幹線の路線計画図

さて、リニア中央新幹線の経路で、「主要な経過地」に記された二つの点が問題となった。「赤石《あかいし》山脈（南アルプス）中南部」と「奈良市附近」である。「奈良市附近」としたことは、リニアの京都駅接続がなくなったことを意味するが、京都府選出の議員などが京都府南部も「奈良市附近」に含まれるとする解釈を提示しており、北陸新幹線の京都府内新駅の位置ともからんで予断を許さない。

また、「赤石山脈（南アルプス）中南部」と明記したことは、木曽谷《きそだに》や伊那谷《いなだに》を通るほかの経路案が消えたことを意味した。リニア中央新幹線の経路案には3案があり、有力だったのは、伊那谷を通る案とされていたのである。

それがなぜ南アルプスを横断する案へと変わったのか。半世紀にわたり新幹線の経路選定や設計に携わってきた地質技術者の大島洋志による貴重な証言(『地質と調査』2015年第2号所収)がある。

「国鉄が担当していた時代は東京から甲府へ至る区間も対象としたが、主対象は中部山岳地帯であった。この赤石・木曽の中部山岳を通る路線として、木曽谷、伊那谷、南ア横断の三路線(順にA、B、Cルートと略称した)を考え、それらを対象に広域の地形・地質調査を実施した。しかし、三路線全てを対象に進めることは困難であり、最も現実的とみなされていたB路線に重きをおいたものにならざるを得なかった。個人的にはAは受益者が他と比較して少ないこと、Cは赤石山地という巨大な山塊を貫く大土被りの長大トンネルにならざるを得ず、国費を用いてやる限りB路線にならざるを得ないからだろうと理解していた」

それがなぜ南アルプスを横断するC案に変わったか。引用をつづける。

「JR東海がこれに挑むとなれば、①極力短い、②他社の営業圏内に重ならない、③当該区間のトンネルは、わが国のトンネルが未経験の地形・地質条件であるため、難工事になる可能性があるが、総合的に見て、そのリスクを覚悟で挑戦する価値が十分にある優れた路線で、それを突破する技術力もある、という観点から導かれたトップ判断だったのではなかろうか」

いちばんの難関は、赤石山脈を貫く南アルプストンネル（仮称。約25キロ）であろう。「陸の青函トンネル」とも称せられるのは、単にその長さや土被りの厚さだけではない。大断層線である糸魚川静岡構造線の真ん中を突っ切るその経路にある。急峻な山の深部の性状を直接確認できないことから、本坑に先行する先進坑を掘削するとともに、最先端の探査技術を用いて地質の状況を確認しながら進めていく計画だという。工事の無事を祈らずにはいられない。

南アルプストンネルを通過した後も、地盤が脆《もろ》いことで知られる中央構造線を伊那山地トンネル（仮称。約15キロ）で横断し、その先には中央アルプストンネル（仮称。約23キロ）が控えている。トンネルの長さも気になるが、実は最長のトンネルは、山岳トンネルではない。品川から神奈川県相模原市内まで約37キロにもおよぶ第一首都圏トンネル（仮称）がいちばん長いトンネルである。次いで長いトンネルは、岐阜県可児《かに》市から名古屋駅まで約34キロつづく第一中京圏トンネル（仮称）。品川～名古屋間約286キロのうちの86パーセント、およそ250キロの区間がトンネルになるというのだから、もはや「地下鉄」といった印象だが、所要時間が約40分なので、さほど気にならないだろう。

日本屈指の山岳地帯を通過するだけあって、最高標高地点の標高も1200メートルを超える（南アルプストンネル内）。八ヶ岳山麓を走る高原路線として知られる小海《こうみ》線に次ぎ、

ＪＲで二番目に高い場所を走る路線となる予定である。

途中駅は、大井川源流域で長大トンネル区間の静岡県を除く通過各県（神奈川・山梨・長野・岐阜）にひと駅ずつ設置される。在来線との併設は、始終点の品川と名古屋に加えて、神奈川県駅（仮称）が相模原《さがみはら》市の橋本《はしもと》駅付近に建設されている。当初、２０２７年としていた品川～名古屋間の開通時期は、南アルプストンネル静岡工区の工事に伴う大井川の水資源への影響や残土問題などを理由に静岡県知事の川勝平太《かわかつへいた》（現在４期目）が工事を認可していないため、見通せない状況となっている。

おもな参考文献

・日本国有鉄道／編『日本国有鉄道百年史』各巻　日本国有鉄道　1969～1974
・『東海道新幹線工事誌　土木編』日本国有鉄道東海道新幹線支社　1965
・東京幹線工事局／編『東海道新幹線工事誌　土木編（東幹工）』日本国有鉄道東京第二工事局　1965
・東京幹線工事局／編『東海道新幹線工事誌　一般編』日本国有鉄道東京第二工事局　1965
・東京工事局／編『東海道新幹線工事誌（東工）』日本国有鉄道東京工事局　1967
・静岡幹線工事局／編『東海道新幹線工事誌（静幹工）』日本国有鉄道東京第二工事局　1965
・名古屋幹線工事局／編『東海道新幹線工事誌（名幹工）』日本国有鉄道岐阜工事局　1965
・大阪幹線工事局／編『東海道新幹線工事誌（大幹工）』日本国有鉄道大阪第二工事局　1965
・『山陽新幹線新大阪岡山間建設工事誌』日本国有鉄道大阪新幹線工事局　1972
・『山陽新幹線岡山博多間工事誌』日本国有鉄道新幹線建設局　1977
・『山陽新幹線工事誌　岡山・大門間』日本国有鉄道大阪工事局　1975
・『山陽新幹線工事誌　大門・小瀬川間』日本国有鉄道広島新幹線工事局　1975
・『山陽新幹線工事誌　小瀬川・博多間』日本国有鉄道下関工事局　1976
・『東北新幹線工事誌　大宮・盛岡間』日本国有鉄道　1983
・『東北新幹線工事誌　大宮・雀宮間（総合試験線区間を除く）』日本国有鉄道東京第三工事

局　1984

・『東北新幹線総合試験線工事誌』日本国有鉄道東京第三工事局　1979

・『東北新幹線工事誌　雀宮・黒川間』日本国有鉄道東京第二工事局　1984

・『東北新幹線工事誌　黒川・有壁間』日本国有鉄道仙台新幹線工事局　1983

・『東北新幹線工事誌　有壁・盛岡間』日本国有鉄道盛岡工事局　1982

・『東北新幹線工事誌　上野・大宮間』日本国有鉄道　1986

・『東北新幹線工事誌　盛岡・八戸間』日本鉄道建設公団盛岡支社　2003

・『東北新幹線工事誌　八戸・新青森間』鉄道建設・運輸施設整備支援機構鉄道建設本部青森新幹線建設局　2012

・『上越新幹線工事誌　大宮・新潟間』日本鉄道建設公団　1984

・『上越新幹線工事誌　大宮・水上間』日本鉄道建設公団東京新幹線建設局　1983

・『上越新幹線工事誌　水上・新潟間』日本鉄道建設公団新潟新幹線建設局　1983

・『北陸新幹線工事誌　高崎・長野間』日本鉄道建設公団北陸新幹線建設局　1998

・『北陸新幹線工事誌　東京乗入れ工事』東日本旅客鉄道東京工事事務所　1999

・『北陸新幹線工事誌　長野・糸魚川間』鉄道建設・運輸施設整備支援機構鉄道建設本部東京支社　2017

・『北陸新幹線工事誌　糸魚川・小矢部間』鉄道建設・運輸施設整備支援機構鉄道建設本部富山工事事務所　2017

・『北陸新幹線工事誌　津幡・金沢間』鉄道建設・運輸施設整備支援機構鉄道建設本部大阪支社　2017
・『九州新幹線工事誌　新八代・西鹿児島間』鉄道建設・運輸施設整備支援機構鉄道建設本部九州新幹線建設局　2005
・『九州新幹線工事誌　博多・新八代間』鉄道建設・運輸施設整備支援機構鉄道建設本部九州新幹線建設局　2012
・『津軽海峡線工事誌』日本鉄道建設公団　1990
・日本鉄道建設公団盛岡支社津軽海峡線工事誌編集委員会／編『津軽海峡線工事誌　中小国・浜名間』日本鉄道建設公団盛岡支社　1988
・日本鉄道建設公団札幌支社津軽海峡線工事誌編集委員会／編『津軽海峡線工事誌　湯の里・木古内間』日本鉄道建設公団札幌支社　1989
・『津軽海峡線工事誌　青函トンネル』日本鉄道建設公団札幌工事事務所　1990
・『北海道新幹線工事誌（新青森・新函館北斗間）本州方』鉄道建設・運輸施設整備支援機構青森工事事務所　2019
・『北海道新幹線工事誌（新青森・新函館北斗間）北海道方』鉄道建設・運輸施設整備支援機構北海道新幹線建設局　2020
・『新幹線50年史』交通協力会　2015
・『日本鉄道建設公団三十年史』日本鉄道建設公団　1995

・日本国有鉄道・日本鉄道建設公団『新幹線調査報告書』1973
・『日本鉄道請負業史 大正・昭和(前期)篇』日本鉄道建設業協会 1978
・下河辺淳／編 経済企画庁総合開発局／監修『資料 新全国総合開発計画』至誠堂 1971
・宮脇俊三・原田勝正／編『日本鉄道名所 勾配・曲線の旅』各巻 小学館 1986～1987
・稲葉通彦記念出版刊行会／編『稲葉通彦君追想録』稲葉通彦記念出版刊行会 1971
・地田信也『弾丸列車計画』交通研究協会 2014
・川島令三／編著『山陽・九州新幹線ライン 全線・全駅・全配線』講談社 2011
・佐藤榮作 伊藤隆／監修『佐藤榮作日記 第4巻』朝日新聞社 1997
・田中角榮『日本列島改造論』日刊工業新聞社 1972
・小里貞利『新世紀へ夢を運ぶ整備新幹線』文藝春秋企画出版部 2007
・鹿野道彦『山形新幹線――鉄路の復権』翠嵐社 1992
・磯崎叡『あの日も列車は定時だった』日本経済新聞社 1991
・磯崎叡「国鉄の現状」(『汎交通』第72巻11号所収)日本交通協会 1972
・磯崎叡『新幹線の現状と将来』航空政策研究会 1971
・篠原武司「新時代の鉄道」(『道路』393号所収)日本道路協会 1973
・山之内秀一郎『東北・上越新幹線』JTB出版事業局 2002
・山之内秀一郎『新幹線がなかったら』東京新聞出版局 1998
・石井幸孝『国鉄』中央公論新社 2022

・早野透『田中角栄と「戦後」の精神』朝日新聞社　1995
・高松良晴『鉄道ルート形成史』日刊工業新聞社
・『歴史への招待　24　昭和編』日本放送出版協会　1982
・磯忍／編『東那須野駅から那須塩原駅へ』東那須野サービスグループ　1982
・黒磯中学校郷土研究部『黒磯駅99年の歩み』1985
・『東北新幹線物語　〃ひかりは北へ〃の時代』仙台放送　2011
・青函トンネル物語編集委員会／編著『青函トンネル物語』交通新聞社　2013
・北川修三『上越新幹線物語1979』交通新聞社　2010
・仙台市史編さん委員会／編『仙台市史　通史編6（近代1）』仙台市　2008
・水沢市史編纂委員会／編『水沢市史5（近代2）』水沢市史刊行会　1990
・沼田市史編さん委員会／編『沼田市史　通史編3』沼田市　2002
・三条市史編修委員会／編『三条市史』下巻　新潟県三条市　1983
・燕市／編『燕市史　通史編』燕市　1993
・「全国幹線鉄道網・首都圏高速鉄道網の整備について」（『工業立地』第6巻10号所収）日本工業立地センター　1967
・奥猛「全国新幹線鉄道網と首都圏高速鉄道網」（『交通運輸計画』所収）日本科学技術連盟　1968
・『地質と調査』143号　全国地質調査業協会連合会　2015

・『国有鉄道』各号　交通協力会
・『東工』各号　日本国有鉄道東京第一工事局
・『汎交通』各号　日本交通協会
・『電気鉄道』各号　鉄道電化協会
・『鉄道と電気』各号　鉄道電化協会
・『鉄道と電気技術』各号　日本鉄道電気技術協会
・『日本鉄道施設協会誌』各号　日本鉄道施設協会
・『ＪＲＥＡ』各号　日本鉄道技術協会
・『トランスポート』各号　運輸振興協会
・『運輸と経済』各号　交通経済研究所
・日本トンネル技術協会『トンネルと地下』各号　土木工学社
・『運輸公報』各号　運輸省大臣官房
・骨まで大洋ファンby革洋同「上越新幹線燕三条駅と北陸自動車道三条燕ＩＣの命名経緯を検証する」http://kakuyodo.cocolog-nifty.com/blog/
・『国鉄監修　交通公社の時刻表』各号　日本交通公社出版事業局
・『ＪＴＢ時刻表』各号　日本交通公社出版事業局／ＪＴＢパブリッシング

●本書掲載の地図のうち出典の表記のない地図は、国土地理院の「地理院地図」をもとに制作したものです。

おわりに

およそ60年前に誕生した新幹線の「成功体験」をいまだに嬉々として語るのは気恥ずかしい。そうは思わないか。日本にはほかに「成功体験」はなかったのかと、つい嫌味の一つも言いたくなる。本書は、新幹線の成功体験に酔いしれたり、苦労話を噛みしめたりする本ではない。むしろ、いかに試行錯誤を重ねてきたかを詳細に記述した。

調べれば調べるほど、新幹線の成り立ちは面白い。あたかも最初から成功が約束されたプロジェクトのように語られがちだが、実際はそんな生易しいものではなかった。国鉄幹部すらその多数が消極的で、東海道本線の複々線化で充分だという認識が支配的だった。ところが、ひとたび東海道新幹線が予想以上の成功を収めると、政治家が群がり、有象無象の人間が首を突っ込みたがった。筒井康隆の言葉を借りれば、「俗物図鑑」の趣がある。

東海道新幹線で印象的な車内風景といえば、ワゴンを押して歩く販売員の姿だった。ところが、ひところに較べてワゴンの往復する回数がめっきり減った。構内売店の充実もあって、乗車前に弁当や飲料を購入しておく習慣が定着したことも一因だろう。

JR東海は、今年の10月をもって東海道新幹線の車内販売を終了すると発表した。ワゴンの往来が減った代わり、東海道新幹線の車内を大手警備会社の警備員(「セキュリティクルー」と呼ぶのだそうだ)が始終巡回している。

空の旅の場合、テロ対策で搭乗前の保安検査を徹底して行う。新幹線は乗車前の保安検査はなく、すぐに乗車できる便利さを優先するが、その代償として車内の警備に万全を期しているのだろう。正しいか誤りかと問われれば、まちがいなく正しい措置だと思う。

反面、淋しい思いにとらわれるのも事実である。新幹線車内にそこはかとなく漂っていた旅情が消えてしまったのだ。警備員の姿が安心の象徴であるのは認めるのだが、どうしても忌まわしい事件の記憶がよみがえってしまうのである。

新幹線が目的地までの時間短縮に特化しているのも時代の要請なのだろうか。日々の通勤の延長なのかもしれない。

新幹線はトンネルが長くて嫌だと愚痴をこぼす年輩の人がかつては必ずいたものだが、すっかり世代が入れ替わったのだろう。トンネル区間の長さをうんぬんする時代ではなくなった。それが良いとか悪いとか言うつもりはない。

こちらは、「ただ、一《いっ》さいは過ぎて行きます」という太宰治の言葉を呟くのみである。

竹内正浩　たけうち・まさひろ
地図や鉄道、近現代史をライフワークに取材・執筆を行う。
著書に『ふしぎな鉄道路線——「戦争」と「地形」で解きほぐす』
『写真と地図でめぐる軍都・東京』(NHK出版新書)、
『地図と愉しむ東京歴史散歩』シリーズ(中公新書)、
『妙な線路大研究』シリーズ(実業之日本社)ほか多数。

NHK出版新書 706
新幹線全史
「政治」と「地形」で解き明かす
2023年 9 月10日　第1刷発行
2023年10月 5 日　第2刷発行
著者　竹内正浩　
発行者　松本浩司
発行所　NHK出版
〒150-0042 東京都渋谷区宇田川町10-3
電話 (0570) 009-321(問い合わせ) (0570) 000-321(注文)
https://www.nhk-book.co.jp (ホームページ)
ブックデザイン　albireo
印刷　新藤慶昌堂・近代美術
製本　藤田製本

Printed in Japan　ISBN978-4-14-088706-6 C0221

NHK出版新書好評既刊

徹底解説
エネルギー危機と原発回帰
水野倫之
山崎淑行

原発回帰の課題から再生可能エネルギーの現状まで、NHK解説委員・デスクが日本のエネルギー問題を徹底解説。池上彰氏との特別鼎談も収載！

702

昭和ブギウギ
笠置シヅ子と服部良一のリズム音曲
輪島裕介

大衆音楽史研究の第一人者が楽譜草稿などの貴重資料を渉猟し、「ブギの女王」と「スウィングの申し子」コンビが近代の芸能に遺した業績を書き尽くす。

703

絶滅する「墓」
日本の知られざる弔い
鵜飼秀徳

土葬、風葬から男女別葬、骨仏、肉体と魂を分けて埋葬する両墓制まで。全国各地を取材した著者が、滅びゆく日本の葬送文化を明かす。

704

生成AIの核心
「新しい知」といかに向き合うか
西田宗千佳

社会現象となった生成AIは、我々の生活、働き方をどう変えるのか。リスクや限界も押さえつつ、人間とのベストな協業体制、活かし方を考える。

705

新幹線全史
「政治」と「地形」で解き明かす
竹内正浩

なぜ新駅や路線はその場所につくられたのか。誕生から拡大期を経て、リニア中央新幹線まで。新幹線の歴史を路線ごとに書き尽くす決定版。

706